AF563350

N° 119

Julio - Septiembre 2009

Director Fundador: Allan R. Brewer-Carías
Editorial Jurídica Venezolana

SUMARIO

ESTUDIOS

Artículos

Comentarios Jurisprudenciales

ÍNDICE

Allan R. **BREWER-CARÍAS**, Director
abrewer@bblegal.com
arbrewercarias@cantv.net
www. allanbrewercarias.com

José Ignacio **HERNÁNDEZ G**, Sub-Director
jihernandezg@cantv.net

Mary **RAMOS FERNÁNDEZ**, Secretaria de Redacción
mary-ramos@cantv.net

CONSEJO DE REDACCIÓN

Dolores **AGUERREVERE,** Juan Domingo **ALFONZO PARADISI,** Jesús María **ALVARADO ANDRADE,** Francisco **ASTUDILLO GÓMEZ**, Caterina **BALASSO TEJERA,** Juan Carlos **BALZÁN**, Carlos Luis **CARRILLO ARTILES,** Antonio **CANOVA GONZÁLEZ,** Juan Cristóbal **CARMONA BORJAS**, Jesús María **CASAL**, Jorge **CASTRO BERNIERI,** Rafael **CHAVERO**, Ignacio **DE LEÓN,** Margarita **ESCUDERO LEÓN**, Luis **FRAGA PITTALUGA**, Fortunato **GONZÁLEZ CRUZ,** Gustavo **GRAU FORTOUL,** Rosibel **GRISANTI DE MONTERO,** Lolymar **HERNÁNDEZ CAMARGO,** Víctor **HERNÁNDEZ-MENDIBLE**, Miguel J. **MÓNACO**, José Antonio **MUCI BORJAS,** Claudia **NIKKEN,** Ana Cristina **NÚÑEZ,** Luis **ORTIZ ÁLVAREZ,** Cosimina **PELLEGRINO PACERA,** Humberto **ROMERO-MUCI**, Jorge Luis **SUÁREZ,** María Elena **TORO,** José Luis **VILLEGAS MORENO**, Emilio J. **URBINA MENDOZA**, Carlos **URDANETA SANDOVAL**, Daniela **UROSA MAGGI**

COMITÉ ASESOR

Germán **ACEDO PAYAREZ**, Asdrúbal **AGUIAR**, José Guillermo **ANDUEZA**, Ana Elvira **ARAUJO GARCÍA**, José **ARAUJO JUÁREZ**, Alfredo **ARISMENDI A.**, Carlos **AYALA CORAO,** Eloisa **AVELLANEDA**, Rafael **BADELL MADRID**, Alberto **BAUMEISTER TOLEDO**, Alberto **BLANCO URIBE**, Isabel **BOSCÁN DE RUESTA**, Mary **BOVEDA**, Gustavo **BRICEÑO,** Humberto **BRICEÑO**, Josefina **CALCAÑO DE TEMELTAS**, Juan **D'STEFANO**, Román José **DUQUE CORREDOR,** Héctor **FAÚNDEZ LEDESMA**, Gerardo **FERNÁNDEZ**, Juan **GARRIDO ROVIRA**, María Amparo **GRAU**, Eugenio **HERNÁNDEZ BRETÓN**, Henrique **IRIBARREN**, Gustavo **LINARES**, Irma Isabel **LOVERA DE SOLA**, Henrique **MEIER**, Alfredo **MORLES**, José **MUCI-ABRAHAM**, Pedro **NIKKEN,** Gonzalo **PERÉZ LUCIANI**, Rogelio **PÉREZ PERDOMO**, Gustavo **PLANCHART MANRIQUE**, Armida **QUINTANA**, Manuel **RACHADELL**, Belén **RAMÍREZ LANDAETA,** Judith **RIEBER DE BENTATA**, Armando **RODRÍGUEZ G.**, Nelson **RODRÍGUEZ**, Hildegard **RONDÓN DE SANSÓ**, Gabriel **RUAN SANTOS**, Ana María **RUGGERI RODRÍGUEZ**, Magdalena **SALOMÓN DE PADRÓN**, Nelson **SOCORRO**, Gustavo **URDANETA**

CONSEJO CONSULTIVO

Juan Carlos **CASSAGNE**, Julio R. **COMADIRA**, Alberto R. **DALLA VIA**, Agustín **GORDILLO,** Antonio María **HERNÁNDEZ,** Néstor Pedro **SAGÜES (Argentina)**, José Mario **SERRATE PAZ, (Bolivia),** Romeo Felipe **BACELLAR FILHO,** Celso Antonio **BANDEIRA DE MELLO**, Marcelo **FIGUEIREDO, (Brasil)**, Sandra **MORELLI**, Libardo **RODRÍGUEZ RODRÍGUEZ,** Jaime Orlando **SANTOFIMIO,** Consuelo **SARRIA**, Jaime **VIDAL PERDOMO (Colombia)**, Humberto **NOGUEIRA ALCALÁ,** Rolando **PANTOJA BAUZÁ (Chile)**, Rubén **HERNÁNDEZ VALLE**, Aldo **MILANO**, Enrique **ROJAS FRANCO, (Costa Rica)**, Joffre **CAMPAÑA**, Javier **ROBALINO ORELLANA (Ecuador)**, Francisco **FERNÁNDEZ SEGADO**, Lorenzo **MARTÍN-RETORTILLO BAQUER**, Luciano **PAREJO ALFONSO**, Jaime **RODRÍGUEZ ARANA MUÑOZ,** Santiago **GONZALEZ-VARAS IBÁÑEZ (España)**, Hugo H. **CALDERÓN MORALES**, Jorge Mario **GARCÍA LA GUARDIA, (Guatemala)**, Héctor M. **CERRATO**, Edmundo **ORELLANA, (Honduras)**, Miguel **CARBONELL**, Jorge **FERNÁNDEZ RUÍZ**, Eduardo **FERRER MAC-GREGOR**, Diego **VALADES (México)**, Carlos Alberto **VÁSQUEZ, (Panamá)**, Luis Enrique **CHASE PLATE, (Paraguay)**, Jorge **DANOS ORDOÑEZ**, Domingo **GARCÍA BELAÚNDE, (Perú)**, Eduardo Jorge **PRATS**, Olivo A. **RODRÍGUEZ H.**, **(República Dominicana)**, Mariano **BRITO**, Juan Pablo **CAJARVILLE P.**, Carlos E. **DELPIAZZO (Uruguay)**

Revista de Derecho Público
Email: revistadederechopublico@bblegal.com

Fundación Editorial Jurídica Venezolana, Avda. Francisco Solano López, Torre Oasis, P.B., Local 4, Sabana Grande, Caracas, Venezuela. Telf. (58) 212 762-25-53/38-42/ Fax. 763-52-39
Apartado Nº 17.598 – Caracas, 1015-A, Venezuela.

Email: fejv@cantv.net
Pág. web: http://www.editorialjuridicavenezolana.com.ve

© 1980, FUNDACIÓN DE DERECHO PÚBLICO/EDITORIAL JURÍDICA VENEZOLANA

Revista de Derecho Público
N° 1 (Enero/marzo 1980)
Caracas. Venezuela

Publicación Trimestral

Hecho Depósito de Ley
Depósito Legal: pp 198002DF847
ISSN: 1317-2719
1. Derecho público–Publicaciones periódicas

Las opiniones expuestas en los trabajos publicados en esta Revista son de la exclusiva responsabilidad de sus autores y no se corresponden necesariamente con las de la Fundación de derecho Público ni con las de la Fundación Editorial Jurídica Venezolana o las de sus directores.

Esta Revista no puede ser reproducida en todo o en parte, salvo permiso escrito de los editores.

Normas para el envío de originales

La Revista de Derecho Público aceptará artículos inéditos en el campo del derecho público. Los artículos deberán dirigirse a la siguiente dirección secretaria@revistadederechopublico.com

Se solicita atender a las normas siguientes:

1. Los trabajos se enviarán escritos a espacio y medio, con una extensión aproximada no mayor de 35 cuartillas tamaño carta.
2. Las citas deberán seguir el siguiente formato: nombre y apellidos del autor o compilador; título de la obra (en letra cursiva); volumen, tomo; editor; lugar y fecha de publicación; número de página citada. Para artículos de revistas u obras colectivas: nombre y apellidos del autor, título del artículo (entre comillas); nombre de la revista u obra colectiva (en letra cursiva); volumen, tomo; editor; lugar y fecha de publicación; número de página citada.
3. En su caso, la bibliografía seguirá las normas citadas y deberá estar ordenada alfabéticamente, según los apellidos de los autores.
4. Todo trabajo sometido deberá ser acompañado de dos resúmenes breves, en español e inglés, de unas 120 palabras cada uno y con una palabras clave (en los dos idiomas)
5. En una hoja aparte, el autor indicará los datos que permitan su fácil localización (N° fax, teléfono, dirección postal y correo electrónico). Además incluirá un breve resumen de sus datos académicos y profesionales.
6. Se aceptarán para su consideración y arbitraje todos los textos, pero no habrá compromiso para su devolución ni a mantener correspondencia sobre los mismos.

La adquisición de los ejemplares de la Revista de Derecho Público puede hacerse en la sede antes indicada de la Fundación Editorial Jurídica Venezolana, o a través de la librería virtual en la página web de la Editorial: http://www.editorialjuridicavenezolana.com

La adquisición de los artículos de la Revista en versión digital puede hacerse a través de la página web de la Revista de Derecho Público: http://www.revistadederechopublico.com

Las instituciones académicas interesadas en adquirir la Revista de Derecho Público mediante canje de sus propias publicaciones, pueden escribir a canje@revistadederechopublico.com

La Revista de Derecho Público se encuentra indizada en la base de datos CLASE (bibliografía de revistas de ciencias sociales y humanidades), Dirección General de Bibliotecas, Universidad Nacional Autónoma de México, LATINDEX (en catálogo, Folio N° 21041), REVENCYT (Código RVR068) y DIALNET (Universidad de la Rioja, España).

Portada: Lilly Brewer (1980)

Diagramado y montaje electrónico de artes finales: Mirna Pinto,
en letra Times New Roman 9,5, Interlineado 10,5, Mancha 20x12.5

Hecho el depósito de Ley
Depósito Legal: DC2017000543
ISBN Obra Independiente: 978-980-365-383-5

Impreso por: Lightning Source, an INGRAM Content company
para Editorial Jurídica Venezolana International Inc.
Panamá, República de Panamá.
Email: ejvinternational@gmail.com

ESTUDIOS

Artículos

Sujeción al impuesto al valor agregado de los aportes de bienes y servicios a los consorcios

Betty Andrade Rodríguez*
Profesora de la Universidad Central de Venezuela y Universidad Metropolitana

Resumen: *Se precisa conocer si los aportes realizados por los participantes a los consorcios podrían calificar como venta de bienes o prestación de servicios y si, en consecuencia, están sujetos al pago del Impuesto al Valor Agregado o si, por el contrario, el aporte de estos bienes y servicios carece de las características propias de las operaciones sujetas al gravamen en referencia.*

SUMARIO

I. PROBLEMÁTICA PLANTEADA

Los consorcios constituyen unidades económicas destinadas a la ejecución de un fin común, en el cual participan un conjunto de personas naturales o jurídicas, quienes deben aportar un conjunto de bienes y servicios para llevar adelante ese propósito colectivo. Tales entes carecen de personalidad jurídica, pero poseen capacidad económica que les permite definirlos como contribuyentes de tributos. La posibilidad de calificar a entes sin personalidad jurídica como contribuyentes, deriva del propio artículo 22 del Código Orgánico Tributario[1], habiendo sido reconocida en atención a que es la capacidad económica y no la jurídica la que delimita quiénes pueden calificar como sujetos pasivos tributarios, concepto que revisaremos con más detalle más adelante.

---

* Abogado Summa Cum Laude egresada de la Universidad Católica Andrés Bello (1996). Especialista en Derecho Tributario de la Universidad Central de Venezuela (2001). Doctorado en Ciencias, Mención Derecho de la Universidad Central de Venezuela (Tesis pendiente). Profesora de la Cátedra Imposición Municipal de la Universidad Central de Venezuela. Profesora de la Cátedra Contencioso Tributario en la Maestría en Gerencia Tributaria de la Universidad Metropolitana. Profesora en Imposición Estadal y Municipal del Programa de Asesor Tributario del Instituto de Desarrollo Profesional del Colegio de Contadores Públicos del Distrito Capital y del Estado Miranda.

1 El artículo 22, numeral 3 del Código Orgánico Tributario dispone que la condición de contribuyente podrá recaer: "En las entidades o colectividades que constituyan una unidad económica, dispongan de patrimonio y tengan autonomía funcional".

Para la formación del patrimonio del consorcio, así como para la ejecución de su actividad, los consortes o participantes deben aportar un conjunto de bienes o servicios a la unidad económica, sin los cuales ésta sería inoperativa y carente de contenido. La vida económica del consorcio depende, en consecuencia, de la actuación de sus participantes.

El objetivo del presente trabajo es considerar si los aportes referidos realizados por los participantes a los consorcios podrían calificar como venta de bienes o prestación de servicios y si, en consecuencia, están sujetos al pago del Impuesto al Valor Agregado o si, por el contrario, el aporte de estos bienes y servicios carece de las características propias de las operaciones sujetas al gravamen en referencia.

A los fines de dar solución al problema planteado, revisaremos en primer lugar cuál es la materia gravada con el Impuesto al Valor Agregado, elemento esencial para entender el alcance del hecho imponible definido en la Ley reguladora del tributo. Posteriormente, nos detendremos en los aspectos esenciales en la conformación del patrimonio de los consorcios y la titularidad de sus bienes, para proceder entonces al examen de la naturaleza de los aportes efectuados por los consortes a los consorcios y su eventual sujeción al Impuesto al Valor Agregado.

II. MATERIA GRAVADA EN EL IMPUESTO AL VALOR AGREGADO

No es el propósito de este trabajo hacer un estudio detallado de la materia gravada con el Impuesto al Valor Agregado. No obstante, creemos relevante destacar aquí que este tributo es un impuesto indirecto que grava el consumo de bienes y servicios, en donde el consumidor final es el verdadero contribuyente –quien debe soportar la carga- del tributo. Así, CASADO OLLERO indica que: "*... la inteligencia ordenadora del sistema IVA lo concibió para gravar todo el consumo, involucrando en su órbita de aplicación a todo agente económico (contribuyente ordinario en el IVA venezolano) que habrá de inocular el impuesto, trasladándolo, a lo largo de todo el circuito de producción y comercialización de bienes y servicios hasta alcanzar al consumidor final: este sí, contribuyente real y único del IVA, por ser titular (único) de la única capacidad económica que con él pretende gravarse*"[2].

En efecto, el Impuesto al Valor Agregado constituye un impuesto indirecto, real y objetivo, que grava la enajenación de bienes, la prestación de servicios y la importación de bienes y servicios. Es un impuesto plurifásico que grava todas las fases de la cadena de comercialización, pero es no acumulativo, en el sentido que la carga económica del tributo deberá ser soportada en su integridad por el consumidor final y no por los miembros intermedios de la cadena[3].

---

2 Casado Ollero, Gabriel. *Prólogo al Libro La Imposición al Valor Agregado (IVA) en Venezuela*, XXXV Aniversario AVDT, Caracas 2005, p. XX).

3 El Dictamen emanado de la Gerencia Jurídico Tributaria del Servicio Nacional Integrado de Administración Tributaria Nº DCR-R-1346 del 26 de junio de 1998, reconoce la naturaleza de este tributo indicando que: "*En lo que se refiere a la Ley de Impuesto al Consumo Suntuario y a las Ventas al Mayor –equivalente al Impuesto al Valor Agregado-, es menester hacer ciertas precisiones vinculadas al carácter de* ***impuesto indirecto*** *de este tributo (impuesto al consumo del tipo plurifásico no acumulativo). La naturaleza de ese tipo de impuestos, en el cual el gravamen se causa en distintas etapas de producción y distribución, determina la existencia de dos tipos de sujetos que se ven afectados por la carga tributaria: los* ***contribuyentes de derecho****, que son los que realizan los hechos imponibles contemplados en la ley y actúan como recaudadores y pagadores anticipados del impuesto, permitiéndoseles su traslado a la persona que ocupa el siguiente eslabón en la cadena de comercialización de los bienes y servicios; y los* ***contribuyentes de hecho****,*

A fin de garantizar el carácter no acumulativo del Impuesto al Valor Agregado, se estableció el sistema de créditos y débitos fiscales. Este sistema opera de la siguiente manera: Al precio o la contraprestación por la enajenación del bien o la prestación del servicio, se le aplica la alícuota correspondiente, siendo el resultado el monto de la obligación tributaria causado por la operación. Este monto resultante es denominado "débito fiscal". Todos los débitos fiscales deben trasladarse por obligación legal a los adquirentes de los bienes y servicios, en el momento de la facturación respectiva[4]. Para el adquirente que sea contribuyente del Impuesto al Valor Agregado, el monto del impuesto soportado constituye un "crédito fiscal". Ahora bien, a fin de determinar la cuota tributaria a pagar en un período de imposición determinado, el contribuyente (enajenante de los bienes o prestador de los servicios) debe restar al total de débitos fiscales causados en el mes, el total de los créditos fiscales por éste soportados, constituyendo el resultado el monto del impuesto a pagar[5].

Este sistema es establecido a fin de garantizar que el consumidor final, quien es el sujeto que en definitiva debe soportar el tributo, tenga la misma presión tributaria por la adquisición de los bienes o servicios, con independencia del número de eslabones que haya comprendido la cadena de comercialización.

El Impuesto al Valor Agregado, entonces, constituye un gravamen que utiliza como medida de la capacidad contributiva el gasto, entendiendo que el consumo de bienes o servicios constituye manifestación de riqueza. Ello es así, bajo la asunción de que todo consumo supone la existencia de un ingreso anterior que permite la erogación correspondiente, comprendiendo que la sumatoria del consumo y del ahorro de cada contribuyente totaliza el ingreso percibido por éste. Conforme a lo indicado, aunque parezca evidente, creemos pertinente subrayar que es necesario detectar una operación que implique *consumo* de un bien o servicio para que pueda entenderse verificado el hecho imponible del Impuesto al Valor Agregado, presupuesto que deberemos tener como norte en el análisis que haremos de seguidas de las disposiciones relevantes de la Ley reguladora del tributo bajo análisis.

---

quienes son los destinatarios económicos del tributo, debiendo soportar la carga impositiva trasladada por los contribuyentes de derecho" (Interpolado nuestro). Posteriormente la Sala Constitucional del Tribunal Supremo de Justicia ratificó que el Impuesto al Valor Agregado es un impuesto indirecto, real, objetivo e instantáneo, de carácter plurifásico no acumulativo (Sentencia de la Sala Constitucional del Tribunal Supremo de Justicia del 21 de noviembre de 2000, caso *Heberto Contreras Cuenca*).

4 Pueden verificarse casos en los cuales el contribuyente decida asumir la carga del Impuesto al Valor Agregado y no trasladarlo a sus adquirentes. En estos casos el tributo deja de constituir un verdadero impuesto al consumo y se altera el comportamiento de las cargas de las distintas fases de la cadena de comercialización, lo cual podría conllevar a distorsiones en el mercado respectivo.

5 Así, señala Jesús Sol Gil sobre la concepción de este tributo en Venezuela que: "en el ciclo económico el valor añadido corresponde al valor del producto que se obtiene en cada etapa, menos el costo de los productos intermedios de etapas anteriores y es allí donde precisamente recae la filosofía del impuesto tipo valor agregado; que gravar en cada etapa el valor añadido hasta el consumidor final, con el objeto de que el tributo recaiga sobre éste; por lo tanto, en cada etapa la determinación de la cuota tributaria a pagar por parte de los contribuyentes ordinarios se realiza sobre la base financiera de la sustracción del impuesto cobrado en las ventas o prestación de servicios de impuesto soportado en las importaciones, adquisiciones de bienes y servicios" (Sol Gil, Jesús, *Clasificación de los Impuestos y el Impuesto Tipo al Valor Agregado*. Imposición al Valor Agregado (IVA) en Venezuela. XXXV Aniversario AVDT, Caracas 2005, p. 83 y ss.).

III. TITULARIDAD DE LOS BIENES ASIGNADOS A LOS CONSORCIOS

El artículo 19 del Código Civil reconoce a las personas jurídicas como "*capaces de obligaciones y derechos*", de modo tal que las formas asociativas que carezcan de personalidad, no podrán jurídicamente contraer derechos u obligaciones y, en consecuencia, carecerán de patrimonio propio. Las personas jurídicas, de acuerdo con esta norma, están formadas por los entes político-territoriales, las iglesias, las asociaciones, corporaciones y fundaciones lícitas de carácter privado, incluyendo claramente a las sociedades civiles y mercantiles.

La jurisprudencia[6] ha señalado que los consorcios son agrupaciones de empresas que carecen de regulación legal en Venezuela, a cargo de la ejecución de un proceso productivo atendiendo a un fin económico común, constituyendo asociaciones contractuales y que no detentan personalidad jurídica[7]. Igualmente, ha sentado que los consorcios pueden actuar en nombre de sus miembros o, igualmente, que es posible que el consorcio celebre contratos en su nombre, en cuyo caso estará actuando por cuenta de sus miembros, asignándoles a éstos una porción del contrato[8]. Ello se derivaría del hecho de que los consorcios carecen de personalidad jurídica y, en consecuencia, no poseen patrimonio ni son titulares de derechos y deberes.

De allí entonces que los tribunales venezolanos han sentado que todos los contratos celebrados por los consorcios se entenderán firmados por cada uno de sus miembros en proporción a la participación de ellos en esta agrupación empresarial. En efecto, la Sala Político-Administrativa del Tribunal Supremo de Justicia ha señalado lo siguiente:

> "De este modo, al no ser sujetos de derecho, estas agrupaciones no pueden ser titulares de un patrimonio, lo cual impone a las sociedades consorciadas afectar total o parcialmente sus propios activos a la consecución de los objetivos que inspiraron la creación de la estructura consorcial"[9].

La doctrina foránea ha indicado igualmente que los consorcios, carentes de personalidad jurídica, poseen un *fondo común* para garantizar la prestación de la actividad económica común. Sin embargo, ello no implica que este fondo "*pueda identificarse con el capital ni*

---

6 Sentencia de la Sala Político-Administrativa del Tribunal Supremo de Justicia N° 75 de fecha 23 de enero de 2003, caso *Consorcio Radiodata-Datacraft-Saeca.*

7 La Gerencia Jurídico Tributaria del Servicio Nacional Integrado de Administración Aduanera y Tributaria (SENIAT) en Dictamen Nº DCR-5-7587 de fecha 14 de enero de 2001, ha indicado cuáles son las características de las cuales están revestidos los consorcios, ratificando así una opinión del 4 de agosto de 1991 emanada de la Administración General de Impuesto sobre la Renta. En entender del ente administrativo, son características propias de los consorcios: "*A) Se trata de una organización común de carácter eminentemente normativo y administrativo, B) No conforma un ente jurídico distinto, en el cual no existen ni aportes ni distribución de utilidades, C) Las utilidades son obtenidas por cada una de las partes e igualmente las pérdidas son sufridas por cada una de ellas, en relación con su marcha económica".*

8 Señala la sentencia antes citada que: "*El consorcio podría, en abstracto, asumir formas jurídicas múltiples, ya que el consorcio puede obrar no solo en nombre, sino también por cuenta de las empresas adherentes, y así pone a éstas en relación contractual directa con las entidades ejecutoras de obras. Por el contrario, puede adoptar la forma jurídica de hacerse cargo de la ejecución de la obra por parte del consorcio, o sea de la estipulación del contrato en nombre del mismo consorcio, y de su total asignación a las empresas asociadas".*

9 Sentencia de la Sala Político-Administrativa del Tribunal Supremo de Justicia Nº 719 de fecha 16 de mayo de 2007, caso *Edgar Eduardo Espejo Piñango y otros.*

con el patrimonio de una sociedad legalmente constituida"[10]. De esta manera, si bien fiscalmente se asume la existencia de un patrimonio en la unidad económica que permite definirlo como sujeto pasivo, ello no puede llevar a desconocer el hecho de que jurídicamente estos entes no pueden ser titulares de derechos u obligaciones, ni poseen bienes propios[11].

No obstante lo señalado y siguiendo las modernas teorías tributarias –que han atribuido una suerte de condición de sujeto de derecho en materia fiscal a las unidades económicas[12]-, el artículo 1 de la Ley de Impuesto al Valor Agregado define a los consorcios como sujetos pasivos de este tributo[13], en virtud de que se trata de unidades económicas destinadas a un fin determinado[14].

---

10 Plazas Vega, Mauricio. *El IVA en los Servicios*, Editorial Temis, Bogotá 1993, p. 124.

11 Al respecto, Ramón Valdés Costa indica que "*El sujeto pasivo tributario dentro de esta concepción obligado a pagar una suma de dinero no es el propietario de los bienes, -según las normas de derecho privado, indiscutiblemente aplicables-, con los cuales debe efectuar su pago"*, lo cual obliga a designar, al menos como responsables solidarios, a los verdaderos sujetos titulares de derechos y obligaciones que forman parte de la unidad económica. Actualmente, reseña el autor, la teoría que priva es la de considerar a los entes sin personalidad jurídica como capaces de ser *centros de imputación económica*, "*concepto más amplio que el de persona jurídica reconocida por el derecho privado"* (Valdés Costa, Ramón. *Curso de Derecho Tributario*, Marcial Pons, Buenos Aires 1996, p. 322 y ss.).

12 Ramón Valdés Costa destaca que la definición de los entes sin personalidad jurídica como sujetos pasivos tributarios presenta las siguientes posibilidades: (i) predominio del concepto de sujeto de derecho sobre el de personería jurídica, (ii) consideración de ciertos entes sin posibilidad de actuar como sujetos de derecho, de atender ciertos fines del derecho tributario y, (iii) otorgamiento por la ley tributaria de personalidad jurídica a estos entes económicos (Valdés Costa, Ramón. *Ob. cit.* p. 326).

13 Sobre este particular, la Administración Tributaria ha querido destacar la diferencia existente entre los participantes de un consorcio y este último, indicando incluso que es posible que los consortes no califiquen como sujetos pasivos del Impuesto al Valor Agregado, pero sí los consorcios de los cuales forman parte. Así, ha reseñado la Gerencia General de Servicios Jurídicos que: "*En el caso de actividades de servicios profesionales que realizan las Alianzas Estratégicas, las cuales han sido asimiladas a consorcios, tales entidades tienen la condición de contribuyentes ordinarios y se encuentran obligados a emitir facturas de acuerdo con las normativas especiales existentes en la materia, como independencia de la condición de no sujeción al IVA que puedan tener algunos de sus participantes por estar conformados en cooperativas, toda vez que será el consorcio en su condición de contribuyente ordinario, el que se encuentre obligado a cumplir con todas las obligaciones y formalidades establecidas en el régimen del IVA. Las Alianzas Estratégicas, asimiladas a consorcios, por ser los entes que prestan los servicios requeridos, podrán ser objeto de retención del IVA, por parte de... por ser la empresa que los contratan y les pagan, indistintamente de los supuestos de no sujeción al IVA, que amparen a las cooperativas que participen en dichos consorcios, toda vez que en el presente caso, dichas cooperativas, no actúan en nombre propio"*

(http://www.seniat.gob.ve/portal/page/portal/MANEJADOR_CONTENIDO_SENIAT/02NORMATIVA_LEGAL/2.6DOCTRINA/CRITERIOS_IVA_07_ALIANZAS_ESTRATEGICAS.pdf).

14 Artículo 1 de la Ley de Impuesto al Valor Agregado: "*Se crea un impuesto al valor agregado, que grava la enajenación de bienes muebles, la prestación de servicios y la importación de bienes, según se especifica en esta Ley, aplicable en todo el territorio nacional, que deberán pagar las personas naturales o jurídicas, las comunidades, las sociedades irregulares o de hecho, los consorcios y demás entes jurídicos o económicos, públicos o privados, que en su condición de importadores de bienes, habituales o no, de fabricantes, productores, ensambladores, comerciantes y prestadores de servicios independientes, relaciones las actividades definidas como hechos imponibles en esta Ley"*.

El artículo 10 de la Ley de Impuesto sobre la Renta también reconoce la existencia de los consorcios, pero esta vez como sujetos responsables solidarios del pago del impuesto causado en cabeza de cada uno de sus miembros. Esta norma y el artículo y 35 de su Reglamento establecen la obligación de los consorcios de determinar sus resultados y distribuir éstos entre sus participantes, constituyendo para estos últimos ingresos brutos, a los cuales serán aplicables sus propios costos y deducciones[15].

El patrimonio que garantizaría jurídicamente el pago del tributo sería el de los miembros del consorcio, dado que esta asociación carecería de patrimonio propio16. Ello implica que, en la práctica, todos los miembros del consorcio serían responsables por el pago del tributo causado bien en cabeza del consorcio -en el caso del Impuesto al Valor Agregado-, bien en cabeza de sus miembros –en el caso del Impuesto sobre la Renta-[17].

De acuerdo con lo anterior, si bien la legislación impositiva obligaría a los consorcios a llevar contabilidad y registrar en ella los activos asignados para la ejecución de los fines del consorcio, jurídicamente –en el derecho común- estos bienes pertenecerían en copropiedad a sus miembros en proporción a su participación en los resultados de la empresa[18].

---

15 Artículo 35 del Reglamento de la Ley de Impuesto sobre la Renta: "*Las participaciones en los enriquecimientos o pérdidas netas provenientes de las operaciones de cuentas en participación, o de las actividades de los consorcios, sociedades de personas y comunidades, deberán ser incluidas por los respectivo asociantes, asociados, consorcios, socios o comuneros, a los fines de la determinación del correspondiente ingreso bruto global*".

16 Indica la sentencia Nº 719 citada que: "De ahí que pueda concluirse, que cuando el consorcio como forma asociativa especial, se encuentre constreñido a dar cumplimiento a una determinada obligación, bien de fuente legal o de carácter contractual, quedan compelidas personalmente las empresas "asociadas", a la satisfacción de los créditos adeudados en iguales proporciones a las asumidas al momento de crearse la estructura consorcial, y a falta de disposición expresa, en partes iguales, abstracción hecha de la solidaridad que subsiste entre las mencionadas empresas respecto de la cuota que corresponda pagar a cada una de ellas, conforme a lo previsto en el artículo 107 del Código de Comercio".

17 José Luis Pérez de Ayala ha procurado agrupar las tesis sobre la sujeción de los entes sin personalidad jurídica a la obligación tributaria, en dos grupos. Un primer grupo entendería que estos entes pueden calificar como sujetos pasivos, pero que los medios económicos de los cuales disponen, desde la perspectiva del derecho común "*pueden ser insertos en la esfera jurídica de otros sujetos, estos sí, personas*". De esta manera, para ser titular de obligaciones materiales no sería necesario que el ente fuese titular de su patrimonio, sino que tenga cierta autonomía patrimonial –aun imperfecta- y que el ente tenga ciertos órganos de dirección para poder tomar decisiones en el ámbito de su existencia. El segundo grupo admitiría la existencia de sujetos pasivos tributarios por la sola definición en la norma tributaria, aun cuando el derecho común no les reconozca personalidad, existiendo una capacidad jurídica especial en materia tributaria (Pérez de Ayala, José Luis. "La Subjetividad Tributaria" en: *Tratado de Derecho Tributario* dirigido por Andrea Amatucci, Editorial Temis, Bogotá, 2001, pp. 172 y ss.).

18 En este sentido, José Luis Pérez de Ayala señala que la designación de los entes sin personalidad jurídica como sujetos pasivos constituye una mera ficción de que éstos poseen capacidad económica, esto es, que poseen capacidad de detraer de su patrimonio una porción para contribuir a las cargas públicas. No obstante, en la medida en que estos entes no son titulares de patrimonio, efectivamente la afectación económica del tributo recaería en cada uno de sus participantes. Así, señala que: "*Los sujetos colectivos no personificados, precisamente por su carencia de personalidad jurídica, no pueden ser, conforme a las normas de derecho privado, titulares de un derecho de propiedad sobre los recursos que constituyen la renta o el patrimonio inherente a dichas organizaciones de personas o bienes sin personalidad... cuando el precepto fiscal alude a la renta o al patrimonio 'de' entes no personificados, lo que está designando es la renta o el patrimonio que*

Según lo señalado, entendemos que si se aportan bienes a los consorcios, ello implicaría la creación de una comunidad entre todos sus miembros en el derecho común. No obstante, a efectos fiscales, los activos deberán ser tomados en consideración para determinar los resultados del consorcio –depreciación, amortización, ajuste por inflación, etc.-, los cuales serán repartidos entre los participantes para el cálculo de su Impuesto sobre la Renta. En el Impuesto al Valor Agregado, los créditos fiscales asociados a la adquisición de bienes serán atribuidos al consorcio en la determinación de su cuota tributaria, asumiéndose fiscalmente la propiedad sobre éstos.

IV. GRAVAMEN CON EL IVA DE LOS APORTES DE BIENES A LOS CONSORCIOS

Los artículos 3 y 4 de la Ley del Impuesto al Valor Agregado definen como hechos imponibles del Impuesto al Valor Agregado a la venta de bienes, la prestación de servicios, la exportación de bienes y servicios y la importación de bienes.

La venta de bienes es definida en primer término como "*la transmisión de propiedad de bienes muebles realizada a título oneroso, cualquiera sea la calificación que le otorguen los interesados, así como las ventas con reserva de dominio; las entregas de bienes muebles que conceden derechos análogos a los de un propietario y cualesquiera otras prestaciones a título oneroso en las cuales el mayor valor de la operación consista en la obligación de dar bienes muebles*".

De la definición anterior, es posible entender que constituyen presupuestos para la verificación del hecho imponible por la venta de bienes los siguientes:

a) Que se transmita la propiedad de bienes muebles.

b) Que la transferencia se haga a título oneroso.

La definición anterior implica que si la operación no es realizada a título oneroso, con la finalidad de obtener un provecho económico directo de la misma, no calificaría, en principio, como venta de bienes, quedando excluida de la aplicación del tributo indirecto.

El artículo 10 del Reglamento de la Ley de Impuesto al Valor Agregado establece ciertos supuestos específicos de operaciones que calificarían como ventas, de acuerdo con las condiciones anteriores establecidas en la Ley. Específicamente, el numeral 5 de este artículo dispone que está sujeto a este tributo la venta de bienes, asimilándose a tales el: "*aporte o acto de transferir el dominio de bienes para la constitución, ampliación, modificación, fusión, absorción u otra forma similar, respecto de sociedades o entes jurídicos o económicos*" (Subrayado nuestro).

En principio, de la disposición anterior podría entenderse que el aporte de bienes hecho a un consorcio es una operación asimilable a una venta y, en consecuencia, que está gravada con el Impuesto al Valor Agregado, dado que se trataría de la transmisión de la propiedad de un bien a un ente económico –el consorcio-.

Esta posición es cónsona con la manifestada por la Administración Tributaria colombiana (DIAN) al señalar en el dictamen DIAN N° 97596 del 2000 que el aporte de bienes a

---

son sus propietarios, en forma colectiva, la pluralidad de personas que integran la titularidad múltiple de los recursos que posee y maneja el ente colectivo sin personalidad (los comuneros, en el caso de la comunidad de bienes; los socios, en el caso de la sociedad civil y de las sociedades mercantiles irregulares; los herederos, en el caso de la herencia yacente; los asociados, en el caso de las asociaciones sin personalidad, etc.)". (Pérez de Ayala, José Luis. *ob. cit.* p. 174).

un consorcio se trata de una transmisión de dominio gravada con el Impuesto al Valor Agregado. En este dictamen se indica: "*En cuanto a bienes se refiere si un miembro de estas agrupaciones proporciona bienes, y estos hacen parte de inventarios, debe facturar en la medida en que se genera el impuesto sobre las ventas de conformidad con el artículo 421 del Estatuto Tributario el cual establece que se considera venta , todos los actos que impliquen la transferencia del dominio a título gratuito u oneroso de bienes corporales muebles, independientemente de la designación que se dé a los contratos o negociaciones que originen esa transferencia y de las condiciones pactadas por las partes, sea que se realicen a nombre propio, por cuenta de terceros a nombre propio, o por cuenta y a nombre de terceros, situación que debe comprobar con la factura de salida del bien*". No obstante, en este mismo dictamen se reconoce que los servicios aportados por los participantes al consorcio no estarían sujetos al Impuesto al Valor Agregado, al decir: "*Así las cosas, todos se encuentran obligados a aportar los bienes y servicios necesarios para el cumplimiento del contrato, por lo cual no se puede hablar de prestación de servicios dentro de esta órbita. En este orden de ideas, si lo pretendido por los miembros de tales asociaciones es la colaboración en proporción a su participación no se puede aceptar que, en cuanto a los servicios se refiere, y que a cada corresponde, se pueda hablar de prestación de servicios a la unión o el consorcio y de facturación de los mismos a estas asociaciones*".

No obstante lo anterior, consideramos que existen razones jurídicas válidas para sostener que estas operaciones no estarán gravadas con el tributo en comentarios.

En primer lugar, debemos revisar el contenido del numeral 5 del artículo 10 de la Ley del Impuesto al Valor Agregado, el cual dispone que: "*En todo caso, si las nuevas sociedades surgidas continúan el mismo giro, objeto o actividades de las sociedades o empresas antecesoras, sean en su totalidad o parcialmente, no se considerará que ha existido un acto, operación o transmisión de dominio de bienes corporales asimilable a enajenación, para los efectos de la aplicación del impuesto, salvo que se aumente el capital o la participación en él con aportes de nuevos bienes muebles. Este aumento, por el aporte de bienes gravados a la sociedad constituye la base imponible, para lo cual a dichos bienes no se les podrá asignar un valor inferior al corriente del mercado. En este caso será contribuyente quien efectúe el aporte y el hecho imponible nacerá en la oportunidad en que se entreguen los bienes a la sociedad*".

La norma anterior excluye del Impuesto al Valor Agregado a las transferencias de dominio efectuadas con el ánimo de continuar las actividades realizadas por el aportante de los bienes. De esta manera, si no estamos en presencia propiamente de una enajenación de activos efectuada con ánimo de consumo por la sociedad adquirente, la operación no estaría sujeta al Impuesto al Valor Agregado[19]. Así, -como indicamos anteriormente- la manifestación de riqueza gravada en el Impuesto al Valor Agregado es el *consumo* de bienes o servi-

19 La doctrina colombiana ha criticado el dictamen DIAN N° 97596 del 2000 al cual nos referimos anteriormente, señalando que cuando los participantes en el consorcio se limitan a aportar los bienes y servicios previstos en el acuerdo consorcial no habría propiamente una transmisión de dominio asimilable a venta, que pueda estar gravada con el IVA (http://www.dian.gov.co/DIAN/15Servicios.nsf/0/da92fa99ece72b2105256f3800759a17?OpenDocument). Se asume en este caso que el participante no puede transmitirse bienes a sí mismo y, adicionalmente, que no se establece una contraprestación propiamente por la transmisión de los bienes, sino que el participante se limitaría a percibir los beneficios económicos del resultado de la ejecución del negocio (Corredor, Orlando. Tributar Asesores, Ltda. 11 de diciembre de 2000. Flash 017. Publicado en: www.tributarasesores.com.co).

cios, donde su verdadero contribuyente es el adquirente y no el vendedor –quien es definido, por razones de política fiscal, como el contribuyente de derecho, es decir, como obligado del pago del tributo-. En el caso de aportes de bienes al consorcio, es claro que la operación no se realiza con el ánimo de consumir los bienes, sino para que éstos sean destinados a un fin común en el cual participa el propio aportante –enajenante- de los bienes[20]. Así, los aportes se realizan para lograr la realización de un negocio y la obtención de utilidades. En el caso, como hemos indicado, los participantes transferirían bienes de su propiedad para la integración del patrimonio del consorcio que, en derecho común, integraría realmente una comunidad de la cual participaría el propio enajenante y que estarían destinados a actividad propia de este última, sin que la enajenación pueda evidenciar cualquier ánimo de consumo por la unidad económica.

Igualmente, podría entenderse que en el caso bajo análisis no estamos en presencia propiamente de una enajenación de activos sino de un supuesto de desincorporación de bienes del enajenante destinados al propio giro de la empresa de la cual forma parte, es decir, del consorcio.

El artículo 4, numeral 3 de la Ley de Impuesto al Valor Agregado establece que el retiro o desincoporación de bienes del activo fijo o inventario de una empresa está gravada con el Impuesto al Valor Agregado[21]. Sin embargo, se establece que: "*No constituirá hecho imponible el retiro de bienes muebles, cuando éstos sean destinados a ser utilizados o consumidos en el objeto, giro o actividad del negocio, a ser trasladados al activo fijo del mismo o a ser incorporados a la construcción o reparación de un inmueble destinado al objeto, giro o actividad de la empresa" (Subrayado nuestro).*

Por su parte, el artículo 12 del Reglamento de la LIVA dispone que: "*En los casos de retiro, desincorporación o consumo propio de bienes muebles objeto del giro o actividad del negocio, los mismos se encuentran gravados con el impuesto aunque hayan sido adquiridos de terceros, salvo que estén comprendidos en el último aparte del numeral 3 del artículo 4º de la Ley, tales como los bienes que se incorporen a la construcción o reparación de inmuebles destinados al giro de la* ***empresa*** *o a ser utilizados o consumidos en los bienes objeto de la misma o incorporados a sus activos fijos*" (Subrayado nuestro).

20 Mauricio Plaza Vegas trata el punto al referirse a los efectos de las fusiones, los cuales en el punto concreto serían asimilable. En efecto, se indica: "*el 'hecho imponible' en el impuesto sobre las ventas es el 'consumo', de tal manera que la responsabilidad del tributo se hace recaer en el intermediario, vendedor o contratista que suministra el bien o servicio materia del consumo, porque así lo impone la adecuada administración y, control del gravamen, mas de ningún modo porque sea a tales responsables a quienes incumba el acontecimiento económico imponible. Y es claro que ni la 'sociedad absorbente' ni la 'nueva sociedad' adquieren los bienes corporales muebles de las 'absorbidas' o 'constituyentes' con la finalidad de consumirlos o como actos de consumo*" (Plaza Vegas, Mauricio. *El Impuesto sobre el Valor Agregado*, Temis, Bogotá, 1998, p. 332).

21 No existe uniformidad en las distintas legislaciones acerca de si el autoconsumo de bienes y servicios debe estar gravado con el Impuesto al Valor Agregado. En algunos casos estas operaciones son gravadas a los fines de procurar preservar la neutralidad de los tributos, otorgando el mismo tratamiento a la adquisición de bienes o servicios de un tercero y al uso de los propios. En otros casos se niega tal neutralidad, por considerar que cada supuesto tiene características diferenciadoras, rechazando el gravamen de estas operaciones por entender que no se trataría de bienes adquiridos de terceros con carácter oneroso o de servicios independientes. Venezuela en principio grava el retiro o desincorporación de bienes, pero excluye los supuestos de autoconsumo para las operaciones propias de la empresa.

Según puede apreciarse de las normas anteriores, el retiro de bienes a ser destinados en el objeto, giro o actividad de *la empresa* no calificará como hecho imponible, por tratarse de una mera reordenación de bienes y no propiamente de enajenación de activos que evidencie consumo –que es la manifestación de riqueza gravada con el Impuesto al Valor Agregado-. Por ello, los supuestos de consumo de bienes muebles utilizados en el giro de la empresa no se encuentra gravado con el Impuesto al Valor Agregado en la legislación venezolana.

De acuerdo con las normas anteriores, los supuestos de consumo de bienes –e igualmente de servicios, como veremos de seguidas- no se encontrarían gravados con el Impuesto al Valor Agregado en la medida en que los bienes sean utilizados para el giro o actividad económica del usuario. En el caso concreto, podemos entender que el participante, como miembro del consorcio, utiliza el bien para el desarrollo de sus actividades en las cuales guarda interés y de las cuales pretende obtener un retorno económico, supuestos que no estarían sujetos al pago del Impuesto al Valor Agregado, por no estar presente en el caso, efectivamente, un supuesto real de enajenación que conlleve al consumo, esto es, no existe intención de desprenderse del bien a cambio de un precio y de transferir definitivamente su dominio, sino, por el contrario, el participante pretende continuar utilizando el bien para la ejecución de las actividades asociadas.

Igualmente, es importante considerar que en este caso la transferencia del dominio de los bienes no se realiza a cambio de la obtención de un precio determinado, sino con la expectativa de obtener ganancias o utilidades por la realización de una actividad económica específica, siendo de la misma forma posible que la actividad concluya con un resultado negativo. De allí queda claro que no se trata de una transferencia de propiedad efectuada a cambio de un precio específico, sino que esta operación está relacionada con un evento posterior e incierto en donde la propia transferencia, en lugar de constituirse en un *fin* en si mismo, es un *medio* para llevar a cabo una operación mayor –la ejecución de la actividad común-.

El artículo 16 del Reglamento de la Ley de Impuesto al Valor Agregado se refiere a los supuestos de autoconsumo de servicios, indicando que "*No se consideran servicios independientes objetos del impuesto, los prestados entre unidades o integrantes de una misma persona jurídica, institución o **empresa**; como es el caso de las prestaciones de servicios entre sí, realizados por agencias o representaciones de sociedades y sus casas matrices nacionales o extranjeras; con exclusión de otros tipos de sucursales o que sean personas jurídicas distintas a la casa matriz*" (Resaltado nuestro).

Como puede apreciarse, el Reglamento de la Ley de Impuesto al Valor Agregado establece diferencias entre personas jurídicas, instituciones o empresas, por lo cual no puede asimilarse el término empresa únicamente a las sociedades mercantiles. De allí que, si es posible determinar que los activos de una sociedad o los servicios prestados por ésta son destinados al objeto de una empresa de la cual participa, tal hecho no estaría gravado con el Impuesto al Valor Agregado.

Doctrinaria y jurisprudencialmente se ha definido a la empresa como un conjunto de bienes y servicios que se encuentran agrupados para la consecución de fines determinados. Dentro de esta definición pueden subsumirse a las asociaciones que carezcan de personalidad jurídica como sería el caso de los consorcios.

De esta manera, los consorcios pueden constituir sociedades desde el punto de vista interno de los contratantes, o "*contratos de colaboración*"[22] o de "*cooperación económica*"[23]. En definitiva, los consorcios constituyen un elemento asociativo de voluntades, y en base al cual, desarrollan un conjunto de actividades en forma mancomunada para un fin común. Así, el contrato de colaboración constituye simplemente un medio para la realización de actividades que corresponden realmente a sus miembros[24].

De lo anterior, debe entenderse que cuando el participante del consorcio aporta un bien de su propiedad a dicha asociación, realmente se está utilizando dicho bien para el desarrollo de la actividad de la empresa, es decir, del consorcio, del cual forma parte el participante y que no constituye propiamente una enajenación de activos. En nuestra consideración, aun cuando se transmita fiscalmente la propiedad de los activos al consorcio, tal asociación no constituye una empresa distinta de cada uno de sus miembros o participantes. De allí entonces que los bienes "*a ser utilizados o consumidos en los bienes objeto de la*" empresa no deberán considerarse supuestos de retiro de activos, gravable con el tributo en comentarios[25].

En el caso de los servicios, éstos se definen como hecho imponible en el artículo 3 de la Ley del Impuesto al Valor Agregado, señalando que está gravada "*la prestación a título oneroso de servicios independientes ejecutados o aprovechados en el país, incluyendo aquéllos que provengan del exterior, en los términos de esta Ley. También constituye hecho imponible, el consumo de los servicios propios del objeto, giro o actividad del negocio, en los casos a que se refiere el numeral 4 del artículo 4º de esta Ley*" (Subrayado nuestro). El numeral 4 del artículo 4 de la Ley dispone que se entienden por servicios "*cualquier actividad independiente en las que sean principales las obligaciones de hacer*".

Conforme a las definiciones anteriores, se considerarán servicios gravables con el Impuesto al Valor Agregado los que cumplan con las condiciones siguientes:

a) Actividades de carácter independiente.

b) En las cuales predominen las obligaciones de hacer.

c) Por regla general, realizados a título oneroso, ejecutados o aprovechados en el país, aunque provengan del exterior.

Conforme a los lineamientos anteriores, los servicios gravados serán aquéllos de carácter *independiente* en los que predominen las obligaciones de hacer. En el artículo 3 de la Ley

---

22 Romero Tarazona, José Andres. *El Régimen Tributario aplicable a los Consorcios y Uniones Temporales en Colombia*, Ponticia Universidad Javeriana, Facultad de Ciencias Jurídicas, Departament de Derecho Económico, 2002.

23 *Cfr*. Guilliod, Rafael. "Consideraciones sobre el tratamiento de los consorcios en materia de Impuesto sobre la Renta". En: *Revista de Derecho Tributario* Nº 74, 1997, p. 86 y ss. El autor hace referencia a la doctrina emanada del SENIAT que asimila a los consorcios a las sociedades de personas, tratamiento fiscal que hoy coincide con las disposiciones de la Ley de Impuesto sobre la Renta.

24 Al respecto, Mauricio Plazas Vega ha señalado que: "la condición puramente instrumental del contrato de colaboración empresarial (implica que) la asociación es un simple medio para la ulterior obtención de un resultado económico imputable a cada partícipe en forma independiente" (Plazas Vega, Mauricio. "El IVA en los servicios". *Ob. Cit.* p. 153).

25 En este caso entendemos que sería aplicable igualmente la doctrina de la DIAN citada anteriormente y la crítica formulada al gravamen de los bienes transmitidos por los miembros del consorcio a sus miembros.

se prevé el gravamen del consumo de servicios, pero sólo si reúnen las condiciones del artículo 4, numeral 4 de la Ley, esto es, que se presten de manera *independiente*, excluyendo de tributación, en consecuencia, los supuestos de autoconsumo de servicios que se utilicen en el objeto de la sociedad o empresa.

En efecto, como citamos anteriormente, el artículo 16 del Reglamento de la Ley de Impuesto al Valor Agregado dispone que "No se consideran servicios independientes objetos del impuesto, los prestados entre unidades o integrantes de una misma persona jurídica, institución o empresa; como es el caso de las prestaciones de servicios entre sí, realizados por agencias o representaciones de sociedades y sus casas matrices nacionales o extranjeras; con exclusión de otros tipos de sucursales o que sean personas jurídicas distintas a la casa matriz". De esta manera, se establece en la norma que no estarán gravados los servicios prestados entre una misma persona jurídica o empresa, determinando de esta forma que el uso de servicios por su propio prestador o en su misma empresa no estaría sujeto a esta forma de tributación indirecta.

Así, los servicios prestados por los participantes del consorcio a este último no deberían estar sujetos al Impuesto al Valor Agregado en la medida en que constituyen prestaciones realizadas por dichos participantes entre unidades de una misma empresa –el fin del consorcio-. Aun cuando no conocemos pronunciamientos judiciales venezolanos acerca de la sujeción o no de los aportes de los participantes a los consorcios, creemos relevante en este caso traer a consideración el pronunciamiento dictado por el Tribunal Superior Noveno de lo Contencioso Tributario en el caso *Proagro, C.A.*, en donde tuvo la oportunidad de analizar la gravabilidad de los aportes hechos por los miembros de un contrato de asociación. En este caso, el Tribunal consideró que era relevante para determinar si los servicios estaban o no sujetos a tributación indirecta que se tratase de servicios independientes, es decir, que su propio prestador no se beneficiara directamente por los servicios prestados. Así, de constatarse la "*existencia de alteridad o aprovechamiento individual por otro sujeto*" de los servicios prestados, éstos quedarían sujetos al tributo indirecto[26].

Según el criterio anterior, si se constata que los participantes aportan servicios al consorcio a los fines de obtener un provecho económico común –la obtención de los resultados del consorcio-, no estará presente el *elemento de ajenidad* indispensable para poder calificar al servicio prestado como oneroso e independiente y, en consecuencia, sujeto al Impuesto al Valor Agregado.

De la misma manera que indicamos al referirnos a los supuestos de transferencia de bienes, en el caso concreto no podemos afirmar que el servicio sea prestado a cambio de un precio o contraprestación específico, sino que constituye un medio para la obtención de ganancias o utilidades derivadas de la realización de una actividad económica común. En consecuencia, el servicio no es prestado para obtener por él mismo un retorno económico, sino que es un elemento empleado para el desarrollo del objeto propio de su prestador que se realizará a través de la actividad consorciada.

Existen implicaciones prácticas que deben ser consideradas por las empresas partes de los consorcios de estimar que los aportes no se encuentran gravados con el Impuesto al Valor Agregado. Fundamentalmente, tal acción podría implicar que los bienes son registrados en los libros del consorcio sin un crédito fiscal asociado, dado que no pagó ni se causó contra-

---

26 Sentencia del Tribunal Superior Noveno de lo Contencioso Tributario del 13 de julio de 2001, caso *Proagro, C.A.*

prestación alguna por la adquisición de dichos bienes. Igualmente, el aportante de los bienes tendría un crédito fiscal en sus libros que no estaría asociado a un débito fiscal, dado la transferencia de los activos se hizo sin contraprestación alguna y sin que se causara sobre ella el Impuesto al Valor Agregado, siendo el consorcio quien estaría realizando las operaciones generadoras de los débitos fiscales. En consecuencia, los débitos y créditos fiscales asociados a los bienes aportados recaerían sobre dos sujetos pasivos distintos del Impuesto al Valor Agregado, que solamente volverían a concentrarse en una misma persona si el socio rescata la propiedad de los bienes aportados, una vez cumplido el propósito de la transferencia. Sin embargo, ocurrido este evento no existe disposición legal que permita mantener en el tiempo el valor de los créditos fiscales entre la fecha de aporte de los bienes y su rescate por el aportante y que evite la generación *económica* de una pérdida por la merma del valor económico de dichos créditos.

Evidentemente el anterior es un problema práctico derivado de la ficción jurídica impositiva de que los consorcios constituyen entidades económicas distintas de sus participantes y que poseen un patrimonio distinto de aquéllos. Como hemos referido anteriormente, la actuación de los consorcios es, en el derecho común, atribuible a sus participantes, situación que, de mantenerse en el ámbito tributario, permitiría concentrar los débitos y créditos fiscales de la operación referida en una sola persona. Lo anterior no implicaría negar la posibilidad de definir como contribuyente a las unidades económicas sin personalidad jurídica –incluyendo a los consorcios-, sino que el legislador, en el diseño del tributo, deba tener en cuenta los efectos reales ocasionados por la ficción legal derivada de la designación de estas unidades como sujetos pasivos del tributo, reconociendo la necesidad de desdibujar los límites entre el ente económico y sus miembros, otorgándole su verdadero alcance. Sólo así se podrán acercar los efectos producidos en el derecho común y en el derecho tributario por la existencia y reconocimiento de formas de asociación como las comentadas, manteniendo así la integridad del ordenamiento jurídico.

V. BIBLIOGRAFÍA

Casado Ollero, Gabriel. Prólogo al Libro La Imposición al Valor Agregado (IVA) en Venezuela. XXXV Aniversario AVDT, Caracas, 2005.

Corredor, Orlando. Tributar Asesores, Ltda. 11 de diciembre de 2000. Flash 017. Publicado en: www.tributarasesores.com.co.

Dictamen de la Dirección de Administración de Impuestos y Aduanas Nacionales DIAN N° 97596 del 2000 (http://www.dian.gov.co/DIAN/15Servicios.nsf/0/da92fa99ece72b21052 56f3800759a17?OpenDocument).

Dictamen emanado de la Gerencia Jurídico Tributaria del Servicio Nacional Integrado de Administración Tributaria (SENIAT) Nº DCR-R-1346 del 26 de junio de 1998.

Dictamen emanado de la Gerencia Jurídico Tributaria del Servicio Nacional Integrado de Administración Aduanera y Tributaria (SENIAT) Nº DCR-5-7587 de fecha 14 de enero de 2001.

Dictamen emanado de la Gerencia General de Servicios Jurídicos del Servicio Nacional Integrado de Administración Aduanera y Tributaria (SENIAT) tomado de la página *web* del organismo en: www. seniat.gob.ve/portal/page/portal/MANEJADOR_CONTENIDO_SE NIAT/02NORMATIVA_LEGAL/2.6DOCTRINA/CRITERIOS_IVA_ALIANZAS_ESTRA TEGICAS.pdf.

Guilliod, Rafael. "Consideraciones sobre el tratamiento de los consorcios en materia de Impuesto sobre la Renta," en: *Revista de Derecho Tributario* Nº 74, 1997.

Pérez de Ayala, José Luis. "La Subjetividad Tributaria", en: *Tratado de Derecho Tributario dirigido por Andrea Amatucci*, Editorial Temis, Bogotá, 2001.

Plaza Vegas, Mauricio. *El Impuesto sobre el Valor Agregado*, Temis, Bogotá, 1998.

Plazas Vega, Mauricio. *El IVA en los Servicios*, Editorial Temis, Bogotá, 1993.

Romero Tarazona, José Andres. *El Régimen Tributario aplicable a los Consorcios y Uniones Temporales en Colombia.* Ponticia Universidad Javeriana, Facultad de Ciencias Jurídicas, Departament de Derecho Económico, 2002.

Sentencia de la Sala Constitucional del Tribunal Supremo de Justicia del 21 de noviembre de 2000, caso *Heberto Contreras Cuenca.*

Sentencia de la Sala Político-Administrativa del Tribunal Supremo de Justicia N° 75 de fecha 23 de enero de 2003, caso *Consorcio Radiodata-Datacraft-Saeca.*

Sentencia de la Sala Político-Administrativa del Tribunal Supremo de Justicia Nº 719 de fecha 16 de mayo de 2007, caso *Edgar Eduardo Espejo Piñango y otros.*

Sentencia del Tribunal Superior Noveno de lo Contencioso Tributario del 13 de julio de 2001, caso *Proagro, C.A.*

Sol Gil, Jesús, *Clasificación de los Impuestos y el Impuesto Tipo al Valor Agregado.* Imposición al Valor Agregado (IVA) en Venezuela. XXXV Aniversario AVDT, Caracas, 2005.

Valdés Costa, Ramón. *Curso de Derecho Tributario*, Marcial Pons, Buenos Aires, 1996, p. 322 y ss.

El acto administrativo: su asimilación en el ordenamiento jurídico dominicano[1]

Olivo A. Rodríguez Huertas
Profesor de Derecho Administrativo de la Pontificia Universidad Católica Madre y Maestra (PCMMA) y de la Universidad Iberoamericana (UNIBE) de la República Dominicana Universidad Simón Bolívar

Resumen: *En este trabajo se analiza un aspecto que ha sido muy polémico entre los administrativistas, la inclusión de los actos de alcance general de naturaleza normativa o reglamentaria como actos administrativos, y el tratamiento que el mismo ha recibido en la doctrina y la legislación dominicana.*

1. El concepto "***Acto Administrativo***" no es extraño en el ordenamiento jurídico dominicano, a pesar de que hasta la fecha, dicha institución se rige esencialmente por los principios generales del derecho administrativo continental europeo, de origen francés, ante la inexistencia en la República Dominicana de una ley que regule su alcance, los elementos que lo configuran, sus características y efectos, los vicios que lo pueden afectar, su régimen revocatorio, entre otros aspectos.

2. La doctrina administrativa dominicana reconoce esta noción desde el año 1938, fecha en la que, el primer gran administrativista dominicano, Don Manuel De Jesús Troncoso De La Concha, publicó su obra "***Elementos de Derecho Administrativo, con aplicación a la legislación administrativa de la República Dominicana***", en el que sin embargo se limita a realizar una clasificación de los actos administrativos, en el sentido siguiente:

> "Actos administrativos. Clasificación.- No están contestes los tratadistas en lo que respecta a la naturaleza y el número de los actos administrativos. Stein los agrupa así: 1. los asuntos internacionales; 2. el ejercito; 3. la hacienda; 4. la administración de justicia; 5. la administración anterior- administración de la vida personal económica y social. Meyer los diversifica así: 1. Administración de los negocios extranjeros, o sea, ordenación de las relaciones del Estado con los demás; 2. administración de los negocios interiores, o sea, promoción de los intereses sociales, mediante la acción tutelar; 3. administración de justicia, o sea, organización y nombramiento de tribunales y proveimiento de medios para cuidar del ejercicio de sus funciones; 4, administración del ejército; 5. Administración financiera".

3. Otro gran maestro del derecho público dominicano, Don Manuel A. Amiama, en su "**Prontuario de Legislación Administrativa Dominicana**"[2], publicado por vez primera en

1 Ponencia preparada para la reunión del VIII Foro Iberoamericano de Derecho Administrativo celebrado en fechas 17 y 18 de septiembre de 2009, en la ciudad de Panamá, República de Panamá, bajo el tema: "El ACTO ADMINISTRATIVO COMO FUENTE DEL DERECHO ADMINISTRATIVO EN IBEROAMERICA".

2 Segunda Edición. Editorial Tiempo. Año 1987.

el año 1956, aborda de manera más precisa e integral el acto administrativo, brindando una definición, señalando los elementos que lo conforman, aspectos del régimen revocatorio, y formulando una clasificación más apropiada[3] que la realizada por el profesor Troncoso De La Concha.

4. A pesar de que la legislación administrativa siempre ha reconocido potestades a los órganos y entes que conforman la administración pública dominicana, lo que desemboca en la generalidad de los casos en el dictado de actos administrativos, la utilización formal de ese concepto clave del Derecho Administrativo se introdujo mediante la Ley 1494, de 1947, que instituye la jurisdicción contenciosa administrativa, a efectos esencialmente procesales.

5. Como se expone más adelante, algunas legislaciones sectoriales dictadas en el transcurso de los últimos diez años en la República Dominicana, como la Ley Monetaria y Financiera[4], la Ley General de Telecomunicaciones[5], la Ley de Compras y Contrataciones de Bienes, Obras y Servicios[6], la Ley General de Defensa de la Competencia[7] entre otras, contienen algunas disposiciones dispersas sobre aspectos atinentes a los actos administrativos.

6. Actualmente, en la República Dominicana, la Asamblea Nacional en funciones de Asamblea Revisora de la Constitución, se encuentra en labores que procuran dotar al país de una nueva Carta Fundamental del Estado, y entre los aspectos esenciales que han sido propuestos para ser incorporados en el nuevo texto constitucional figura la previsión del procedimiento administrativo para el dictado de los actos administrativos, remitiendo al legislador el encargo de dictar una ley, con lo que con carácter general serán incluidos en la legislación positiva los grandes principios en materia del acto administrativo.

II

7. Determinar si el acto administrativo constituye en Iberoamérica una fuente del derecho administrativo, que es el tema central de este ***VIII Foro Iberoamericano de Derecho Administrativo***, nos obliga a examinar de manera directa un aspecto que ha sido muy polémico entre los administrativistas, la inclusión de los actos de alcance general de naturaleza normativa o reglamentaria como actos administrativos.

8. Esa inclusión tiene su arraigo en el país que originó el sistema de derecho administrativo adoptado en la mayor parte de la Europa Continental y en Iberoamérica, ***Francia.***

9. Jean Rivero[8], al analizar las diversas categorías de las decisiones ejecutorias desde el punto de vista material, señala lo siguiente:

> "La distinción más importantes es aquella que distingue entre las decisiones reglamentarias, que establecen la regla general, y las decisiones individuales, que rigen para una persona especialmente designada. Resalta a menudo el carácter de generalidad común al reglamento y a la ley, para definir el reglamento como "una ley material". La expresión no tiene sino un interés limitado, ya que **el derecho francés, a diferencia de algunos derechos extranjeros, ve en el reglamento un acto administrativo sometido al mismo régimen que el acto indi-**

---

3 Página 21 y siguientes.

4 N° 183-02

5 N° 153-98

6 N° 340-06

7 N° 42-08

8 *Derecho Administrativo,* Traducción de la 9ª Edición, Instituto de Derecho Público, Caracas, 1984, p. 104.

vidual. Esta unidad de régimen da lugar, sin embargo, a algunas excepciones que le dan, a la distinción entre las dos categorías de actos, su importancia práctica. Las principales se refieren a la forma de publicidad, a las condiciones de derogación o de retiro, a la competencia de los tribunales judiciales en lo que atañe a la interpretación y la apreciación de su legalidad".

10. Es que como ha señalado el reputado profesor galo Georges Vedel, el derecho francés "concede más importancia a las distinciones y a los criterios "formales" que a las distinciones y a los criterios "materiales"[9].

11. De manera diferente ha sido enfocado este tema en Alemania, donde la Ley de Procedimiento Administrativo conceptualiza el acto administrativo excluyendo del mismo, a los actos reglamentarios dictados por autoridades administrativas:

> "acto administrativo es toda disposición, resolución u otra medida de autoridad adoptada por un órgano administrativo y dirigida a la **regulación de un caso particular** en el ámbito del Derecho Público, con efectos inmediatos en el exterior"[10].

12. Por su parte, en España, como lo ha advertido el profesor Jaime Rodríguez-Arana, la doctrina no es pacífica respecto de la caracterización del reglamento como Acto Administrativo[11]. En efecto, Eduardo García de Enterría y Tomas Ramón Fernández, definen el acto administrativo como "la declaración de voluntad, de juicio, de conocimiento o de deseo realizada por la Administración en ejercicio ***de una potestad administrativa distinta de la potestad reglamentaria***"[12], al considerar que los reglamentos "han de integrarse en la teoría de las fuentes"[13].

13. Sin embargo otro enfoque distinto ha sostenido en la misma doctrina administrativa española, Don Fernando Garrido Falla[14], notable catedrático español, para quien el "concepto acto administrativo abarca tanto el acto administrativo general como al concreto. Lo contrario no es sino un prejuicio que resulta del intento de encontrar una definición material de la función administrativa. Repetidamente hemos indicado que desde el punto de vista jurídico esto no interesa. Lo importante es encontrar el conjunto de actos sometidos al régimen jurídico administrativo y, ciertamente, que en este sentido hay que admitir que tan actos administrativos son los generales como los concretos o especiales, pues unos y otros están sometidos a los dos principios fundamentales del régimen jurídico-administrativo: **sumisión a la ley y a las normas jerárquicamente superiores y posibilidad de una fiscalización jurisdiccional para hacer efectiva dicha sumisión**"[15].

---

9 *Derecho Administrativo*, Biblioteca Jurídica Aguilar, Traducción de la 6ª Edición Francesa, p. 150.

10 Citado por Bocanegra Sierra, Raúl, *La Teoría del Acto Administrativo*, Iustel, 1ª Edición, 2005, p. 54.

11 Aproximación al *Derecho Administrativo Constitucional*, Editorial Jurídica Venezolana, Caracas, 2007, p. 124.

12 *Curso de Derecho Administrativo*, Duodécima Edición, Editorial Thomson-Civitas, p. 550.

13 García de Enterría, Eduardo y Fernández Rodríguez, Tomás Ramón, *Ob. Cit.*, p. 549.

14 *Tratado de Derecho Administrativo*, Volumen I, Instituto de Estudios Políticos, Madrid 1958, p. 374.

15 En ese mismo sentido, Entrena Cuesta, Rafael. *Curso de Derecho Administrativo*, Volumen I/1, Editorial Tecnos, Décima Edición, p. 168: "Por lo pronto, el acto administrativo podrá tener o no carácter normativo. En el primer caso, será un reglamento; en el segundo, un acto administrativo concreto".

14. Esta diversidad de enfoque respecto del alcance del acto administrativo que se ha suscitado en Europa, ha tenido su impacto en la doctrina y la legislación administrativa de América Latina[16].

15. Para el administrativista venezolano Allan R. Brewer Carias[17], siguiendo la teoría francesa, los actos administrativos se dividen según los efectos que producen: "en actos administrativos generales y actos administrativos individuales. Los primeros producen efectos, generales, impersonales y objetivos. El tipo es el acto reglamentario. Los segundos producen efectos particulares, individuales y subjetivos".

16. En el mismo sentido, el profesor Libardo Rodríguez R., en su obra Derecho Administrativo General y Colombiano[18], al clasificar los actos administrativos desde el punto de vista de su contenido, señala:

> "Los actos generales o actos creadores de situaciones jurídicas generales, objetivas o reglamentarias, son aquellos que se refieren a personas indeterminadas. Por ejemplo los decretos reglamentarios. Los actos individuales o particulares o actos creadores de situaciones jurídicas individuales, particulares, subjetivas o concretas, son los que se refieren a personas determinadas individualmente."

17. Otros autores latinoamericanos consideran, por igual, que los actos normativos o reglamentarios constituyen actos administrativos, aunque movidos en algunos casos por el tratamiento brindado al tema en las respectivas legislaciones administrativas de sus países: Marienhof, Bielsa, Fiorini en Argentina[19]; Delpiazzo[20], Brito[21] y Cajarville[22] en Uruguay; Ortiz Ortiz[23] y Jinesta Lobo[24] en Costa Rica; Silva Cimma[25] en Chile; Orellana[26] en Hondu-

---

16 Para Agustín Gordillo "la cuestión es puramente de nombres, sin implicar en todos los casos problemas de fondo. Todo es cuestión de aclarar que se entiende por los términos pues si se toma la expresión acto administrativo en un sentido amplio, comprensivo de todos los actos jurídicos de la administración, entonces es claro que hay actos administrativos generales y bi o plurilaterales; si a la inversa, se toma la expresión en sentido restringido, comprendiendo a una parte tan sólo de los actos jurídicos-administrativos, resultará que no existen actos administrativos generales y así sucesivamente". *Tratado de Derecho Administrativo*, Tomo III, Editorial Porrua, p. 108.

17 Brewer-Carías, Allan R. *Las Instituciones Fundamentales del Derecho Administrativo y la Jurisprudencia Venezolana*, Publicaciones de la Facultad de Derecho de la Universidad Central de Venezuela, Caracas, 1964, p. 152.

18 Decimotercera edición. Editorial Temis, N° 344, p. 240.

19 Citados por Julio Rodolfo Comadira y Héctor Jorge Escola. *Derecho Administrativo Argentino*, Publicado por la Editorial Porrúa y la Universidad Nacional Autónoma de México, Año 2006, p. 254.

20 Delpiazzo, Carlos E., *Derecho Administrativo Uruguayo,* Publicación de la Editorial Porrúa y de la Universidad Nacional Autónoma de México, pp. 152 y 153. Es importante resaltar que el Prof. Delpiazzo hace contar que con anterioridad al Reglamento de Procedimiento Administrativo Uruguayo, la doctrina administrativa uruguaya excluía el reglamento del concepto acto administrativo.

21 Brito, Mariano, *Derecho Administrativo*, Montevideo, 2004, p. 421.

22 Citado por Brito, Mariano, *Derecho Administrativo*, Montevideo, 2004, p. 421.

23 Ortiz Ortiz, Eduardo, *Tesis de Derecho Administrativo*, Tomo II, Editorial Stradtmann, S.A.

24 Jinesta Lobo, Ernesto. Tratado de Derecho Administrativo. Tomo I. Publicaciones de Investigaciones Jurídicas, S.A. En la página 414, sobre la base de la realidad jurídica positiva costarricense define el acto administrativo como "una declaración unilateral de voluntad, conocimiento o juicio, efectuada en el ejercicio de la función administrativa, que produce efectos jurídicos concretos o generales, **de alcance normativo o no**, en forma directa o inmediata".

ras; Borja y Borja[27] en Ecuador; Villagra Maffiodo[28] en Paraguay; Toribio Alayza y Paz Soldán[29] en Perú.

18. Contraria a las posturas que defienden la inclusión de los actos de alcance general de naturaleza normativa o reglamentaria, como actos administrativos, ha escrito en la Argentina el extinto profesor Diez[30]: "El acto administrativo supone el ejercicio de una actividad concreta, se refiere a casos concretos.

De allí que todo acto que emane del agente administrativo y tenga carácter general o abstracto no será acto administrativo sino de la administración[31]".

19. Juan Carlos Cassagne ha defendido igualmente la tesis que excluye a los reglamentos de la noción de acto administrativo:

> "si se conviene que tienen un régimen jurídico distinto como consecuencia de que ambos son producto de funciones materialmente diferenciadas, entendemos que resulta más conveniente limitar la noción de acto administrativo a los actos de alcance individual, en razón de que ellos traducen el ejercicio de la función administrativa, en sentido material u objetivo. En cambio el reglamento, en cuanto importa el dictado de normas generales, implica siempre una actividad materialmente legislativa cuya regulación se encuentra sometida a principios específicos, algunos de los cuales tienen raíz constitucional, tal como acontece con la exigencia de la publicación impuesta por la necesidad de respetar la igualdad de los administrados ante las normas reglamentarias"[32].

20. En igual sentido, los Profesores Comadira y Escola en la obra Derecho Administrativo Argentino publicada en el año 2006, por la Universidad Nacional Autónoma de México y la Editorial Porrúa, señalan que "los actos de alcance general no pueden ser considerados

---

25 Silva Cimma, Enrique. *Derecho Administrativo Chileno y Comparado. Actos, Contratos y Bienes*, Editorial Jurídica de Chile, p. 81.

26 Orellana, Edmundo. *Curso de Derecho Administrativo*, Tomo II, Volumen I, Editorial Universitaria. p. 63.

27 Borja y Borja, Ramiro. *Teoría General del Derecho Administrativo*, Pudelco Editores, S.A., p. 40.

28 Villagra Maffiodo, Salvador. *Principios de Derecho Administrativo*, Editorial El Foro, Asunción-1983, p. 43.

29 *Derecho Administrativo General y del Perú.* SANMARTI y Cia. Lima 1927, p. 14.

30 Diez, Manuel María. *El Acto Administrativo*, Tipográfica Editora Argentina, Buenos Aires 1956, p. 75. Más adelante, en la misma obra (p. 79), el Prof. Diez señala: "La declaración de voluntad debe ser concreta, especial; quedan por ello excluidos aquellos actos generales que no tienen por esa misma razón una finalidad administrativa. Así los reglamentos, que si bien son una fuente de derecho objetivo, no pueden ser considerados como actos jurídicos de la administración pública capaces de producir el nacimiento, la modificación o la extinción de una relación jurídica".

31 Esta tesis de Diez es criticada en Argentina por el Prof. Miguel S. Marienhof: "Había entre nosotros quien excluía los reglamentos –actos de alcance "general"- del concepto acto administrativo, y los incluía en el de "acto de la Administración". Pero es de advertir que la doctrina prevaleciente denomina "actos de administración" a los que agotan su eficacia en el ámbito interno de la Administración, sin establecer vinculaciones directas entre ésta y los administrados (*vgr*., instrucciones, circulares, etc.): en cambio, los reglamentos "autónomos" y de "ejecución" no sólo rigen en el ámbito interno de la Administración Pública, sino también en la esfera "externa" de ella. *Tratado de Derecho Administrativo,* Editorial Abeledo-Perrot, Tomo II, Cuarta edición actualizada, p. 230.

32 Cassagne, Juan Carlos. *El Acto Administrativo,* Editorial Abeledo-Perrot, Segunda Edición reactualizada, pp. 101 y 102.

desde el punto de vista estricto de su régimen jurídico, actos administrativos[33]". Más recientemente, el profesor Carlos F. Balbín[34] se inscribe en la misma corriente.

III

21. La mayor parte de los países de América Latina, han incorporado en sus ordenamientos jurídicos el régimen jurídico del acto administrativo, mediante el dictado de Leyes de Procedimiento Administrativo y de Organización de la Administración Pública[35].

22. Esas regulaciones reflejan el viejo debate respecto de si los actos de alcance general, de naturaleza normativa, constituyen actos administrativos, como se desprende de los ordenamientos jurídicos citados a continuación.

23. La Ley Orgánica de Procedimientos Administrativos de Venezuela, define el acto administrativo como "toda declaración **de carácter general** o particular emitida de acuerdo con las formalidades y requisitos establecidos en la ley, por los órganos de la administración pública"[36], por lo que resulta pacífico en la doctrina y jurisprudencia venezolana la inclusión de los reglamentos dentro del concepto acto administrativo.

24. De manera parecida, la legislación de Bolivia precisa que el acto administrativo es "toda declaración, disposición o decisión de la Administración Pública, **de alcance general** o particular, emitida en ejercicio de la potestad administrativa, normada o discrecional, cumpliendo con los requisitos y formalidades establecidos en la presente Ley, que produce efectos jurídicos sobre el administrado"[37].

25. Uruguay, en su Decreto 500/991, contentivo de las Normas Generales de Actuación de la Administración Central, dispone que el acto administrativo es "toda manifestación de voluntad de la Administración que produce efectos jurídicos.

Llámase Reglamento, a las normas generales y abstractas creadas por acto administrativo. Llámase Resolución, a las normas particulares y concretas creadas por acto administrativo.

Llámase Disposición General, a las normas generales y concretas creadas por acto administrativo. Llámase Reglamento Singular a las normas particulares y abstractas creadas por acto administrativo"[38].

33 Página 255.

34 *Curso de Derecho Administrativo*, Tomo II, Editorial La Ley, p. 4.

35 "La codificación del procedimiento administrativo en América Latina, como se ha señalado, no sólo tiene por objeto regular los aspectos procesales de los trámites y actuaciones realizados por la Administración para la producción de sus actos, sino que ha incidido, materialmente, sobre el régimen mismo de los actos administrativos, regulando sus elementos o requisitos, el proceso de su elaboración, su forma o presentación, su eficacia, su ejecución y su impugnación en vía administrativa. Incluso, algunas leyes definen el acto administrativo, establecen sus clasificaciones, y por supuesto, regulan el tema de las nulidades con gran detalle". Brewer-Carías, Allan R. *Principios del Procedimiento Administrativo en América Latina*, Legis, p. 183.

36 Artículo 7 de la Ley de 1981.

37 Artículo 27, de la Ley de Procedimiento Administrativo N° 2341 del año 2002.

38 Articulo 120.

26. La Ley General de la Administración Pública de Costa Rica, al regular el tema del acto administrativo señala que "los actos se llamarán decretos cuando sean de alcance general y acuerdos cuando sean concretos. **Los decretos de alcance normativo se llamarán también reglamentos** o decretos reglamentarios"[39].

27. En la República Argentina, la inclusión del reglamento como acto administrativo no deriva de una definición, ni de una clasificación, sino que se desprende de la distinción que hace la Ley de Procedimiento Administrativo N° 19.549, de 1972, a propósito de la eficacia del acto[40], así como de su régimen de impugnabilidad[41].

28. En Chile[42] y México[43], la consideración de los actos de alcance general de naturaleza normativa como actos administrativos, se infiere específicamente del régimen de publicidad que establecen para la eficacia de esa modalidad de acto.

IV

29. En la República Dominicana, la doctrina administrativa se muestra dividida respecto de si incluir o no a los actos de alcance general de naturaleza normativa o reglamentaria como actos administrativa.

30. En la obra "**Fundamentos de Derecho Administrativo**"[44], su autor, el profesor Vinicio Tobal, define el acto administrativo como "un acto del Estado que determina situaciones jurídicas tanto para casos generales como para casos individuales".

31. El mismo autor, al referirse al régimen de publicidad de los actos administrativos, incluye dentro de los mismos a los reglamentos:

---

39 Articulo 121, de la Ley 6227 del año 1978.

40 ARTICULO 11.- Para que el acto administrativo de alcance particular adquiera eficacia debe ser objeto de notificación al interesado y el de alcance general, de publicación. Los administrados podrán antes, no obstante, pedir el cumplimiento de esos actos si no resultaren perjuicios para el derecho de terceros

41 ARTICULO 24.- El acto de alcance general será impugnable por vía judicial: a) cuando un interesado a quien el acto afecte o pueda afectar en forma cierta e inminente en sus derechos subjetivos, haya formulado reclamo ante la autoridad que lo dictó y el resultado fuere adverso o se diere alguno de los supuestos previstos en el artículo 10. b) cuando la autoridad de ejecución del acto de alcance general le haya dado aplicación mediante actos definitivos y contra tales actos se hubieren agotado sin éxito las instancias administrativas.

42 La Ley de Bases que rigen los Procedimientos Administrativos que rigen los Actos de los Órganos de la Administración del Estado N° 19880, del año 2003, dispone en su Artículo 48, lo siguiente: Obligación de publicar. Deberán publicarse en el Diario Oficial los siguientes actos administrativos: a) **Los que contengan normas de general aplicación o que miren al interés general**.

43 El Artículo 4 de la Ley Federal de Procedimiento Administrativo de México dispone que: **Los actos administrativos de carácter general, tales como reglamentos**, decretos, acuerdos, normas oficiales mexicanas, circulares y formatos, así como los lineamientos, criterios, metodologías, instructivos, directivas, reglas, manuales, disposiciones que tengan por objeto establecer obligaciones específicas cuando no existan condiciones de competencia y cualesquiera de naturaleza análoga a los actos anteriores, que expidan las dependencias y organismos descentralizados de la administración pública federal, deberán publicarse en el Diario Oficial de la Federación para que produzcan efectos jurídicos.

44 Primera Edición. Año 1992, p. 59.

"Como es bien sabido, la publicación es el conjunto de hechos que tienen por objeto llevar a conocimiento del publico un texto jurídico. Es decir, la publicación tiene por finalidad enterar a todos los ciudadanos de la existencia de una Ley, Decreto, Reglamento, Ordenanza, Resolución y, en fin, cualquier acto administrativo del Estado. La jurisprudencia francesa establece como regla general que los actos administrativos reglamentarios deben ser publicados y los individuales notificados".

32. En el mismo sentido, Héctor Dotel Matos, en su "**Manual de Derecho Administrativo**"[45], al realizar una clasificación del acto administrativo, incluye dentro de los mismos a los actos reglamentarios: "El acto reglamentario es aquel que "dispone por vía general", esto es, que pronuncia una regla abstracta y general de conducta, adaptable al conjunto de los ciudadanos o al menos a una categoría de individuos que no son designados por el nombre. Por ejemplo, cuando un sindico plasma una ordenanza de policía por la cual establece las prescripciones aplicables sobre el territorio de su municipio, esas prescripciones ajustables sobre el territorio de su municipio, tienen en esas demarcaciones territoriales, un "alcance general". Las prescripciones citadas se imponen a toda persona sobre ese territorio. **Existe ahí un acto administrativo reglamentario**".

33. El Dr. René Mueses Henríquez en su "**Derecho Administrativo Dominicano**", por su parte, a pesar de que al referirse a la publicidad de los actos administrativos, incluye dentro de los mismos a los actos reglamentarios[46], advierte, en su referida obra, "que aparentemente el legislador ha querido excluir los reglamentos y los decretos del concepto de acto administrativo" previsto en la Ley 1494, de 1947, que instituye la Jurisdicción Contenciosa Administrativa.

34. Desde el año 1956, el más completo de los estudiosos dominicanos del derecho público, el extinto profesor Manuel A. Amiama, en la primera versión mimeografiada de su obra "**Prontuario de Legislación Administrativa Dominicana**", había considerado como simplista el conceptualizar los reglamentos como actos administrativos, descartando en consecuencia el factor formal y adhiriéndose a la tesis material preconizada por León Diguit en Francia. Sustentó, el profesor Amiama, su posición, con las siguientes palabras:

"Esta tesis parece la más concorde con la historia y con la realidad, y a favor de ella militan las siguientes razones: 1º. La conservación del poder reglamentario por el Poder Ejecutivo se ha considerado siempre como una atemperación al sistema de la separación de los poderes, lo que no sería cierto si los reglamentos se reputaran como actos administrativos; 2º. De lo anterior, ha resultado la tendencia seguida a consagrar expresamente la potestad reglamentaria para el Presidente de la República. 3º. Materialmente, esto es, por su alcance y naturaleza normativa, los reglamentos son similares a las leyes, de tal modo que es frecuentísimo el caso de que determinados reglamentos son convertidos en leyes, por la acción del Congreso, sin un solo cambio de palabra. 4º. La protección jurídica de los administradores contra los reglamentos arbitrarios está organizada como la que existe contra los actos administrativos ilegales[47]".

45 Editorial Santillana. Año 2005, p. 97.

46 "La regla establecida por la jurisprudencia es que los actos administrativos REGLAMENTARIOS deben ser publicados y los individuales NOTIFICADOS. La PUBLICACIÓN es la medida por medio de la cual se lleva a conocimiento de los interesados el reglamento...La NOTIFICACIÓN permite, por el contrario, a los destinatarios individuales estar informados especialmente de las disposiciones que los interesan", p. 96.

47 Segunda Edición. Año 1987. p. 47.

35. Desde la doctrina constitucional dominicana, el Profesor Eduardo Jorge Prats[48], aborda la discusión precisando la distinción entre los actos administrativos y los reglamentos:

> "Tradicionalmente los reglamentos han sido distinguidos de los actos administrativos -que es el otro contenido posible de las mismas formas que los reglamentos revisten- acudiendo al criterio de la generalidad. Se afirma así que los reglamentos son disposiciones de carácter general que afectan a una pluralidad indeterminada de individuos, mientras que los actos administrativos serían esencialmente singulares e individuales. A pesar de que este criterio es válido para la generalidad de los casos, el mismo resulta insuficiente debido a que hay actos que, a pesar de ser administrativos, revisten un carácter general: una orden de policía que prohíbe transitar por cierto lugar es el mejor ejemplo de estos actos administrativos generales. Por esta insuficiencia del criterio de la generalidad para distinguir los reglamentos de los actos administrativos, la doctrina mayoritariamente acude a la distinción entre ambos a partir del carácter innovador de los reglamentos. En efecto, los reglamentos innovan el ordenamiento introduciendo en este una norma de carácter permanente, que perdura en el tiempo, contrario a los actos administrativos que, aun en la hipótesis de ser generales, se agotan con su cumplimiento y no adicionan nada a la normativa vigente".

36. Como se puede apreciar, la doctrina en la República Dominicana no ha estado ajena al debate respecto de la inclusión o no de los actos del alcance general de naturaleza normativa o reglamentaria, dentro del concepto acto administrativo. Igual situación acontece en la legislación administrativa conforme se describe a continuación.

37. La primera Ley que introdujo el concepto de acto administrativo lo hizo a fines estrictamente procesales, pareciendo reflejar la exclusión de los reglamentos dentro de la consideración de acto administrativo, como advirtiera el profesor Mueses Henríquez[49].

38. En efecto la Ley 1494 de 1947, que instituye la Jurisdicción Contencioso-Administrativa, otorga competencia al Tribunal Superior Administrativo para conocer los recursos que se interpongan contra los actos administrativos violatorios de la ley, los reglamentos y decretos, siempre que se hubiera agotado contra ellos la vía administrativa, que emanen de los órganos y entidades públicas que ejerzan potestades regladas o constituyan un ejercicio excesivo o desviado de su propósito legítimo de facultades discrecionales, y que vulneren un derecho de carácter administrativo.

39. Leyes relativamente recientes, como la Ley General de Telecomunicaciones y la Ley Monetaria y Financiera[50], parecerían no excluir a los reglamentos de los actos adminis-

---

48 *Derecho Constitucional.* Volumen I, Segunda Edición, Editora Gaceta Judicial, p. 510.

49 Ver N° 33.

50 En la obra *Derecho de la Regulación Monetaria y Financiera*, Editorial Jus Novum, 2008, pp. 124-125, Eduardo Jorge Prats y Omar Victoria Contreras, al referirse al catalogar los actos de la Administración Monetaria y Financiera -AMF- como actos administrativos expresan lo siguiente: "El Artículo 4 de la LMF establece el "régimen jurídico de los actos regulatorios y de los recursos" contra estos actos. La denominación utilizada por el legislador es la de "actos regulatorios" con lo cual quiere connotar que, a través de los mismos, la AMF lleva a cabo todo lo que se encuentra bajo el ámbito de la regulación, vale decir, "la fijación de políticas, reglamentaciones, ejecución, supervisión y aplicación de sanciones, en los términos establecidos en esta Ley y en los Reglamentos dictados para su desarrollo". El régimen jurídico de estos actos regulatorios es un régimen de Derecho Administrativo, lo cual queda claro con la adopción del Derecho Administrativo como el Derecho común de la regulación del sistema monetario y financiero y con las características que tipifican estos actos regulatorios, presunción de legalidad, ejecutoriedad, los cuales son elementos que tipifican a los actos administrativos".

trativos, estableciendo incluso en el caso de la Telecomunicaciones[51] y de la Administración Municipal[52], el recurso directo contra los actos administrativos de alcance general, de naturaleza normativa, por ante la jurisdicción contenciosa administrativa.

40. Un caso que de manera particular merecer ser comentado, es el de la Ley General de Defensa de la Competencia N° 42-08, del año 2008, que de forma directa reconoce como acto administrativo a los actos reglamentarios dictados por los órganos reguladores de sectores económicos:

> "**Artículo 20.- Relación con otros entes reguladores de mercado. Los actos administrativos destinados a dictar reglamentos** o a resolver procesos administrativos sancionadores planteados ante otros entes reguladores del mercado diferentes a la Comisión, siempre que estén relacionados con el objeto de esta ley, deberán ser enviados a la Comisión para su examen junto con la documentación que los respalda".

41. En vista de la ausencia, en el Derecho Administrativo Dominicano, de un criterio claro en el tema bajo análisis, en las partes siguientes analizo el tratamiento jurídico del acto administrativo de alcance individual y del acto administrativo de alcance general, de naturaleza reglamentaria, en base a los puntos comunes que la doctrina ha identificado como separadores de uno y otro tipo de actos: procedimiento de elaboración, régimen para su eficacia, revocación y derogación, impugnabilidad[53].

V

42. En la República Dominicana no existe un régimen jurídico administrativo que contemple con carácter general el procedimiento que deben agotar los órganos y entidades de la Administración Pública para el dictado de los actos administrativos de alcance individual.

43. Desde luego, la anterior afirmación no significa en modo alguno que en determinados ámbitos de la actividad administrativa pública, no existan procedimientos administrativos particulares. Varias leyes así lo establecen, como la Ley General de Defensa de la Competencia[54]; la Ley Sobre Practicas Desleales de Comercio y Medidas de Salvaguardas[55], la Ley General de los Derechos del Consumidor o Usuario N° 358-05[56]; la Ley Monetaria y Financiera N° 183-02[57], entre otras.

44. Al margen de esos procedimientos particulares, *previo* al dictado de actos administrativos de alcance individual que afecten los derechos y obligaciones de las personas, por aplicación directa de la Convención Americana de Derechos Humanos, que conjuntamente con la Jurisprudencia de la Corte Interamericana de Derechos Humanos, forma parte del

---

51 Artículo 96 de la Ley 153-98.

52 Artículo 102, de la Ley 176-07, del Distrito Nacional y los Municipios.

53 Santamaría Pastor, Juan. Principios de Derecho Administrativo. Volumen I, Tercera Edición. Editorial Centro de Estudios Ramón Areces, S.A., pp. 313-314.

54 Artículo 35 y siguientes.

55 Artículo 32 y siguientes.

56 Articulo 117 y siguientes.

57 El Articulo 4, letra e), prevé una pluralidad de reglamentos de procedimiento administrativo en el ámbito de la Administración Monetaria y Financiera. Hasta la fecha solo ha sido dictado el relativo al Procedimiento Administrativo Sancionador.

Bloque de Constitucionalidad[58], todos las entidades públicas deben respetar el derecho de audiencia del posible afectado.

45. En efecto, el Artículo 8.1 de la Convención Americana de Derechos Humanos, también conocida como el Pacto de San José, dispone que:

> "Toda persona tiene derecho a ser oída, con las debidas garantías y dentro de un plazo razonable, por un juez o tribunal competente, independiente e imparcial, establecido con anterioridad por la ley, en la sustanciación de cualquier acusación penal formulada contra ella, o para la determinación de sus derechos y obligaciones de orden civil, laboral, fiscal o de cualquier otro carácter".

46. Interpretando ese texto la jurisprudencia de la Corte Interamericana de Derechos Humanos ha dicho que el mismo resulta aplicable a las actuaciones administrativas que determinen derechos y obligaciones de las personas:

> "de conformidad con la separación de los poderes públicos que existe en el Estado de Derecho, si bien la función jurisdiccional compete eminentemente al Poder Judicial, otros órganos o autoridades públicas pueden ejercer funciones del mismo tipo [...] **Es decir, que cuando la Convención se refiere al derecho de toda persona a ser oída por un 'juez o tribunal competente' para la 'determinación de sus derechos', esta expresión se refiere a cualquier autoridad pública, sea administrativa, legislativa o judicial, que a través de sus resoluciones determine derechos y obligaciones de las personas**. Por la razón mencionada, esta Corte considera que cualquier órgano del Estado que ejerza funciones de carácter materialmente jurisdiccional, tiene la obligación de adoptar resoluciones apegadas a las garantías del debido proceso legal en los términos del Artículo 8 de la Convención Americana". (www.cajpe.org.pe/guia/debi.htm)

47. Por otra parte, la eficacia del acto administrativo del alcance individual está sujeta a su notificación, lo que le permite al destinatario tener un conocimiento exacto del acto y poder ejercer eficazmente los recursos administrativos y jurisdiccionales a que tenga derecho.

48. La derogación y revocación de los actos administrativos de alcance individual ha sido objeto de tratamiento en la doctrina y la legislación administrativa dominicana.

49. "Una de las cuestiones de mayor interés teórico y práctico en el Derecho Administrativo, es la de saber el alcance de las facultades de la Administración Pública, para revocar sus propias resoluciones. La cuestión se concreta, como es natural, no a las resoluciones viciadas de nulidad, sino de actos administrativos perfectamente validos conforme a la ley, por contener todos los elementos internos y externos que deben integrarlo.

Lo que se trata de saber es si la Administración puede, en cualquier momento, extinguir un acto propio, no obstante esa perfección de su estructura y expedición" ha escrito el profesor Manuel A. Amiama[59].

---

58 Resolución 1920, del 13 de noviembre del 2003, del Pleno de la Suprema Corte de Justicia: "Atendido, a que la República Dominicana, tiene sistema constitucional integrado por disposiciones de igual jerarquía que emanan de dos fuentes normativas esenciales: a) la nacional, formada por la Constitución y la jurisprudencia constitucional local tanto la dictada, mediante el control difuso como por el concentrado, y b) la internacional, compuesta por los pactos y convenciones internacionales, las opiniones consultivas y las decisiones emanadas de la Corte Interamericana de Derechos Humanos; fuentes normativas que en su conjunto, conforme a la mejor doctrina, integran lo que se ha denominado, el ***bloque de constitucionalidad***, al cual está sujeta la validez formal y material de toda legislación adjetiva o secundaria".

50. Conforme a los principios del derecho administrativo francés, hay que hacer una distinción si el acto administrativo individual es creador o no de derechos:

> "El acto individual, si no ha hecho adquirir un derecho, puede siempre ser derogado, si ha hecho adquirir el derecho, el puede serlo solo en los casos y en las formas previstas, y no de manera discrecional, simplemente porque la administración haya cambiado de opinión....La revocación está sometida a reglas más estrictas, lo que explica su carácter retroactivo. La distinción esencial es entre los actos creadores y no creadores de derechos. El acto que no ha creado derechos puede ser revocado en todo momento por la administración y por cualquier motivo....Entre los actos creadores de derecho, hay que distinguir a su vez, aquellos que son regulares los cuales no pueden ser objeto de retiro por la Administración. Aquellos que son irregulares, por el contrario, pueden ser retirados en razón de esas irregularidades[60]".

51. La Ley 1494 de 1947, que instituye la Jurisdicción Contenciosa Administrativa en la República Dominicana, contempla una situación particular en materia de revocación de actos administrativos, al establecer en su Artículo 4:

> "Art. 4.- Dará también lugar al recurso la revocación de actos administrativos por los últimos superiores jerárquicos de los departamentos administrativos o de los órganos administrativos autónomos, **cuando la revocación ocurra después de un año, o cuando no esté fundada en una disposición del propio acto revocado**."

52. Para el Profesor René Mueses Henríquez[61], de este texto parece deducirse "que si el acto es revocado DENTRO DEL AÑO de su expedición, NO PROCEDE EL RECURSO; lo que hace suponer que para nuestro legislador los DERECHOS ADQUIRIDOS con motivo de un acto administrativo solo nacen después del año".

53. Manuel A. Amiama, analiza este texto desde otra perspectiva: "el artículo cuatro (4) de la Ley que instituye la Jurisdicción Contencioso-Administrativo N° 1494, de 1947, parece haber establecido en nuestro país un régimen ecléctico *sui generis*, al abrir el recurso contencioso contra la revocación de los actos administrativos cuando la revocación ocurra después de un año, o cuando no esté fundada en una disposición del propio acto revocado. Huelga agregar que es inatacable la revocación, si esta se produce, no en virtud de una disposición del acto mismo, sino de la ley en que este fundado el acto, porque entonces se trataría de una ley especial que agregaría una nueva causa de revocabilidad a las enunciadas en el Art. 4 de la Ley ya citada"[62].

54. En nuestra opinión, aunque no se ha producido pronunciamiento judicial expreso por parte de nuestros tribunales, este plazo de un año sólo es aplicable a la revocación de actos administrativos que sean conformes a Derecho, es decir, no aplica a los actos administrativos que adolezcan de un vicio grave, los que si pueden ser revocados luego de transcurrido el referido plazo de un año establecido en el Art. 4 de la ley 1494, ya que como ha señalado Amiama en relación a estos actos "no existe posibilidad alguna de que engendren ningún efecto jurídico[63]".

---

59 *Prontuario de Legislación Administrativa Dominicana,* Editorial Tiempo, Segunda Edición, 1982, p. 27-28.

60 Rivero, Jean. *Derecho Administrativo*, Traducción de la 9ª Edición, Instituto Derecho Público de la Universidad Central de Venezuela, pp. 117-118, 1984.

61 *Derecho Administrativo Dominicano*, Editorial La Filantrópica 2004, p. 101-102.

62 *Prontuario de Legislación Administrativa Dominicana*, Editorial Tiempo, Segunda Edición, 1982, p. 29.

63 *Ob. Cit.* p. 26.

55. Los actos administrativos de alcance individual, cuando sean desfavorables a las personas pueden ser atacados a través de un recurso contencioso administrativo por ante el Tribunal Contencioso Tributario y Administrativo, en un plazo de treinta días a partir de la notificación del acto[64].

56. Si se tratare de un acto administrativo emanado de un órgano municipal, los Juzgados de Primera Instancia del Distrito Judicial en que se encuentre el Municipio serán los competentes para conocer el recurso contencioso administrativo.

VI

57. En lo que respecta a los actos administrativos de alcance general, de naturaleza normativa o reglamentaria, en la República Dominicana la Constitución faculta expresamente al Presidente de la República, para dictar reglamentos[65].

58. Asimismo la propia Carta Fundamental le confiere capacidad reglamentaria al órgano que tiene a su cargo la administración electoral, la Junta Central Electoral[66], y al órgano superior de la Administración Monetaria y Financiera, la Junta Monetaria[67].

59. La Ley Orgánica de Secretarias de Estado N° 4378, del año 1956, establece una prohibición expresa a los Secretarios de Estado de dictar actos reglamentarios, salvo en una situación particular:

> "Articulo 12.- Los Secretarios de Estado no podrán dictar reglamentos o resoluciones directamente obligatorios para el público; pero podrán dictar disposiciones y reglamentaciones sobre los servicios a su cargo, de carácter interno, siempre que no colidan con la Constitución, las leyes, los reglamentos o las instrucciones del Poder Ejecutivo.
>
> Párrafo: Se exceptúan únicamente los reglamentos que pueda dictar el Secretario de Salud Publica en caso de calamidad pública, de acuerdo a la Ley de Sanidad".

60. No obstante, existen en la legislación dominicana numerosas normas que atribuyen la capacidad de expedir actos de alcance general de naturaleza normativa tanto a órganos de la Administración Central como a las entidades autónomas o descentralizadas.

61. La jurisprudencia constitucional de la Suprema Corte de Justicia ha reconocido que autoridades administrativas distintas del Presidente de la República tienen competencia para dictar reglamentos de ejecución de las Leyes. En una sentencia dictada en fecha 15 de marzo de 2006, en ocasión de una acción directa de inconstitucionalidad de la Ley de Registro Inmobiliario, dijo:

> "en el estado actual de nuestro ordenamiento jurídico y conforme la Constitución de la República, el Presidente de la República es el encargado de cuidar de la fiel ejecución de las leyes, en virtud del poder general que en ese sentido le acuerda el artículo 55, numeral 2 que le confiere la facultad de dictar normas de aplicación general obligatorias para sus destinatarios;

---

64 **Artículo 5.- Plazo para recurrir.** El plazo para recurrir por ante el Tribunal Contencioso Tributario y Administrativo, será de treinta (30) días **a contar del día en que el recurrente** reciba **la notificación del acto recurrido**, o del día de publicación oficial del acto recurrido por la autoridad de que haya emanado o del día de expiración de los plazos fijados si se tratare de un recurso por retardación o silencio de la Administración.

65 Art. 55, numeral 2.

66 Art. 92.

67 Art. 111, Párrafo III.

que, sin embargo, dada la imposibilidad de que el Primer Mandatario vele personalmente por la aplicación de todas las leyes, el poder de reglamentación ha sido extendido a otras entidades de la administración pública o descentralizadas de esta, ***razón por la cual dicha facultad puede ser ejercida, además del Presidente de la República, por la autoridad u organismo público al que la constitución o la ley haya dado la debida autorización***".

62. Este criterio es cónsono con la opinión de la destacada administrativista dominicana Rosina De La Cruz Alvarado: "El principio es pues, que sólo el Presidente de la República es titular del Poder Reglamentario, sin embargo, ese principio conoce temperamentos, ya que puede ser atribuido, en virtud de un texto legal a un Secretario de Estado o a un organismo descentralizado, como ocurre con nosotros con la Junta Monetaria y como veremos que ha sido atribuido a la Administración Tributaria"[68].

63. Para el dictado de los actos de alcance general de naturaleza reglamentaria, los órganos y entidades que conforman la Administración Pública Dominicana, incluyendo dentro de ellos a la Administración Municipal[69], están sometidos a un procedimiento común cuando los mismos contengan "requisitos o formalidades que rigen las relaciones entre los particulares y la administración o que se exigen a las personas para el ejercicio de sus derechos y actividades[70]".

64. Los Artículos 49 y siguientes del Reglamento de la Ley General de Libre Acceso a la Información Pública, contenido en el Decreto 130-05, dispone las reglas de procedimiento que deberán ser observadas para el dictado de los referidos actos de alcance general:

> **Articulo 49.-** El procedimiento consultivo se inicia formalmente mediante la publicación simultánea en un medio impreso y en el portal de Internet –de existir éste– de la Autoridad Convocante, de un aviso en el que se invita a todo interesado a efectuar observaciones y comentarios respecto del proyecto de decisión que la Autoridad Convocante. Es asimismo obligatoria la difusión del aviso en al menos un medio de comunicación de amplia difusión pública en al menos en una (1) ocasión, en un plazo no mayor a una semana luego del inicio formal del procedimiento consultivo.
>
> **Articulo 50.-** El plazo para la presentación de opiniones y propuestas no puede ser inferior a veinticinco (25) días desde el inicio del procedimiento consultivo.
>
> **Artículo 51.-** Los avisos que se publiquen en el/los medio/s de difusión deberán contener, como mínimo, la siguiente información:
>
> a) El nombre y datos de la Autoridad Convocante;
>
> b) Un resumen del texto de la norma propuesta y de las razones que justifican el dictado de la norma;
>
> c) El plazo durante el cual se recibirán comentarios y observaciones al proyecto;
>
> d) Las vías a través de las que los interesados pueden acceder al proyecto y a la información relacionada con el mismo;
>
> e) Los canales habilitados para que los interesados pueden hacer llegar sus comentarios;

---

68 "El Poder Reglamentario de la Administración Tributaria", artículo aparecido en Estudios Jurídicos, Volumen IV, Número I, Enero-Abril 1994.

69 La Ley 176-07, del Distrito Nacional y los Municipios, dispone en su Artículo 116, lo siguiente: "La aprobación de las ordenanzas y reglamentos se realizará conforme al procedimiento previsto en la Ley de Libre Acceso a la Información Pública para las normas de carácter general por parte de los organismos, instituciones y entidades públicas".

70 Artículo 23 de la Ley General de Libre Acceso a la Información Pública N° 200-04.

f) La persona o cargo que decidirá sobre la pertinencia de incorporar modificaciones al proyecto sometido a consulta.

Articulo 52.- En los avisos de Internet deberá constar, además de toda la información mencionada en el artículo precedente, el texto completo de la decisión que se impulsa. A efectos de recibir los comentarios y observaciones de los interesados, la Autoridad Convocante habilitará una casilla de correo electrónico *ad hoc* y una dirección postal, así como también un sector en su página de Internet en la que se irán publicando las opiniones que se reciban.

Articulo 53.- Los comentarios deben realizarse por escrito, pudiendo acompañarse la documentación que el interesado estime pertinente. En caso de invocarse la representación de una persona física o jurídica, la presentación debe hacerse personalmente con el objeto de acreditar la personalidad jurídica.

Articulo 54.- Cuando la Autoridad Convocante lo considere conveniente, podrá invitar a rondas de consulta a personas u organizaciones que por sus incumbencias o especiales capacidades técnicas puedan suministrar opiniones calificadas respecto del proyecto de decisión que se impulsa.

Articulo 55.- Cerrado el plazo para recibir opiniones, la Autoridad Convocante considerará los comentarios recibidos, dejando constancia en el expediente por el que tramita el proyecto de decisión acerca de la cantidad de opiniones recibidas y de las principales opiniones esgrimidas, haciendo especial referencia a los aportes que consideró pertinentes incorporar al proyecto definitivo.

Artículo 56.- El proyecto definitivo, en cuyos fundamentos deberá dejarse constancia de que se realizó un procedimiento consultivo así como de las modificaciones incorporadas al texto como consecuencia de dicho procedimiento, se publicará por el plazo de un (1) día en un medio impreso. También se publicará el proyecto definitivo en el sitio de Internet de la Autoridad Convocante, en caso de contarse con dicho recurso.

65. La Ley 200-04, establece excepciones al deber de publicación de los proyectos de reglamentos, de una manera muy abierta:

Artículo 25.- Las entidades o personas que cumplen funciones públicas o que administren recursos del Estado podrán ser relevadas del deber de publicación de los proyectos de reglamentación y de actos de carácter general sobre prestación de servicios en los siguientes casos:

a) Por razones de evidente interés público preponderante;

b) Cuando pueda afectar la seguridad interna del Estado o las relaciones internacionales del país;

c) Cuando una publicación previa pueda generar desinformación o confusión general en el público;

d) Cuando por la naturaleza de la materia reglada en el acto de carácter general sea conveniente no publicar el texto ya que podría provocar en la colectividad algún efecto negativo nocivo al sentido normativo de la regulación;

e) Por razones de urgencia, debidamente probada, que obliguen a la administración correspondiente o a la persona que ejecuta presupuestos públicos a actuar de forma inmediata, aprobando por los canales previstos en el ordenamiento jurídico la disposición de carácter general sin el requisito de publicación previa del proyecto.

66. Afortunadamente, el Presidente de la República al reglamentar esa disposición excepcional de la Ley General de Libre Acceso a la Información Pública, dispuso en que en caso de que la autoridad competente decida la no publicación “debe emitir un acto adminis-

trativo dando cuenta de su decisión en ese sentido"[71], lo que ante una decisión arbitraria podría cuestionarse su validez ante los órganos jurisdiccionales.

67. El reglamento prevé asimismo, un procedimiento abreviado para aquellos actos de alcance general de naturaleza normativa o reglamentaria, para los casos de urgencia o cuando se trate de una norma de transcendencia menor:

Articulo 57.- En aquellos casos en que, por tratarse de una norma de trascendencia menor o por existir urgencia en el dictado de la norma, se considere necesario, se aplicará un procedimiento abreviado de consulta.

Articulo 58.- El procedimiento abreviado consiste en la publicación en un periódico de circulación nacional y, de contarse con la posibilidad, en el respectivo sitio de Internet, de un proyecto de norma, indicándose que de no recibirse observaciones al mismo en un plazo perentorio, el texto publicado constituirá la redacción definitiva de ese proyecto.

Articulo 59.- En el procedimiento abreviado el plazo de recepción de opiniones será no mayor a diez (10) días hábiles. Una vez vencido el plazo para recepción de observaciones y en un lapso máximo de diez (10) días hábiles la Autoridad Convocante dará a conocimiento el proyecto definitivo de norma, dejando constancia de los aportes recibidos y de las modificaciones incorporadas como consecuencia de las observaciones efectuadas por los interesados.

68. Con anterioridad a esta normativa general, los ordenamientos sectoriales en materia de Telecomunicaciones[72] y Monetaria y Financiera[73] consagraron la exigencia de procedimientos consultivos previos al dictado de sus actos regulatorios, los que han sido desarrollados a través de reglamentos dictados al efecto por el Consejo Directivo del Instituto Dominicano de la Telecomunicaciones y por la Junta Monetaria del Banco Central de la República.

69. Desde el punto de vista de los efectos los actos de alcance general de naturaleza normativa, su oponibilidad está sujeta a la publicación del texto en la *Gaceta Oficial* o en un medio de circulación nacional.

70. En el ámbito municipal, la Ley establece que: "Cada ayuntamiento tendrá un boletín (gaceta) oficial, donde publicará todas las resoluciones y actos públicos, el cual circulará física cada treinta (30) días y digitalmente será puesto en circulación a más tardar tres días

---

71 Articulo 45, parte *in fine* del Decreto 130-05.

72 Ley 153-98: **Artículo 93.- Normas de alcance general**. 93.1. Antes de dictar resoluciones de carácter general, el órgano regulador deberá consultar a los interesados, debiendo quedar constancia escrita de la consulta y sus respuestas.93.2. Cuando los interesados sean de carácter indeterminado, el órgano regulador convocará a una audiencia pública en la que, previa acreditación y por los procedimientos que se prevean en el reglamento que se dicte, los posibles interesados podrán emitir su opinión, que no será vinculante para el órgano regulador. Como método de consulta alternativo, el órgano regulador podrá publicar, en un periódico de amplia circulación nacional, la norma prevista, estableciendo un plazo razonable para recibir comentarios del público, vencido el cual se dictará la norma.

73 Articulo 4, letra g) de la Ley 183-02: "**Elaboración de Reglamentos**. Durante la elaboración de los Reglamentos Monetarios y Financieros, la Junta Monetaria deberá convocar a consulta pública para recibir por escrito las opiniones de los sectores interesados, en un plazo que no podrá ser inferior a treinta (30) días contados a partir de la fecha de la publicación en por lo menos un diario de circulación nacional del texto integro de la propuesta de Reglamento. El plazo establecido en este literal podrá ser reducido por la Junta Monetaria en los casos que sea de extrema urgencia la entrada en vigor del Reglamento. Los Reglamentos entrarán en vigor en un plazo de setenta y dos (72) horas de su publicación en por lo menos un diario de circulación nacional".

después de su aprobación, no entrando en vigencia sus consecuencias hasta que no se cumpla con el requisito de su publicación[74]".

71. Asimismo, la Ley Monetaria y Financiera, dispone que "los reglamentos monetarios y financieros, así como los instructivos del Banco Central y de la Superintendencia de Bancos serán publicados en los Boletines Informativos a que se refieren los Artículos 22, literal f) y 23, literal c) de esta Ley, según corresponda, y en por lo menos un diario de circulación nacional[75]".

72. A diferencia de los actos administrativos de alcance individual, sobre todo de aquellos que confieren derechos a las personas, en el derecho administrativo dominicano la autoridad administrativa que tiene el poder de dictar los actos de alcance general de naturaleza normativa, tiene la potestad de derogarlos en virtud del principio del paralelismo de competencias.

73. Desde el punto de vista del control jurisdiccional, los reglamentos están sujetos al control directo de inconstitucionalidad por ante la Suprema Corte de Justicia, cuando sus disposiciones transgredan las normas que conforman el bloque de constitucionalidad.

74. En principio no existe el recurso directo contra los actos de alcance general de naturaleza normativa o reglamentaria, por ante la jurisdicción contenciosa administrativa, salvo que la ley expresamente lo permita, como acontece en los ámbito de las telecomunicaciones[76] y municipal[77].

75. En el régimen jurídico de la administración monetaria y financiera se consagra expresamente que "la impugnación de los Reglamentos de la Junta Monetaria y los Instructivos del Banco Central y de la Superintendencia de Bancos sólo podrá realizarse en ocasión de la interposición de un recurso frente a un acto dictado en ejecución de los mismos[78]".

Conclusiones

76. En el Derecho Administrativo de la República Dominicana, la doctrina se muestra dividida respecto de la inclusión de los actos de alcance general de naturaleza normativa o reglamentaria como actos administrativos.

77. La legislación administrativa más reciente, parece orientada a darle naturaleza de acto administrativo a los reglamentos, por lo que se puede afirmar que en el ordenamiento jurídico dominicano actual, el "Acto Administrativo" es fuente de Derecho y además fuente de derechos subjetivos.

78. El mandato contenido en el Proyecto de nueva Constitución de la República, actualmente en trámite final de aprobación en la Asamblea Nacional Revisora, del dictado de una Ley de Procedimiento Administrativo, será una oportunidad para que en la doctrina dominicana de derecho público se defina la conveniencia de excluir de los actos administrativos, los actos de alcance general de naturaleza normativa o reglamentaria.

---

74 Párrafo II, del Artículo 134 de la Ley 176-07.

75 Articulo 4, letra h).

76 Artículo 96, de la Ley 153-98.

77 Artículo 102 de la Ley 176-07.

78 Articulo 4, letra d de la Ley Monetaria y Financiera N° 183-02.

LEGISLACIÓN

Información Legislativa

LEYES, DECRETOS NORMATIVOS, REGLAMENTOS Y RESOLUCIONES DE EFECTOS GENERALES DICTADOS DURANTE EL TERCER TRIMESTRE DE 2009

Recopilación y selección
por Marianella Villegas Salazar
Abogado

SUMARIO

I. ORDENAMIENTO ORGÁNICO DEL ESTADO

1. *Régimen del Poder Público Nacional*

A. *Poder Judicial*

a. *Régimen procesal penal*

Ley de Extinción de la Acción Penal y Resolución de las Causas para los Casos del Régimen Procesal Penal Transitorio. *G.O.* Nº 39.236 de 6-8-2009.

Ley de Reforma Parcial del Código Orgánico Procesal Penal. *G.O.* Nº 39.257 de 4-9-2009. Véase *G.O.* Nº 5.930 Extraordinario de la misma fecha.

b. *Código de Ética de los Jueces*

Código de Ética del Juez Venezolano y la Jueza Venezolana. *G.O.* Nº 39.236 de 6-8-2009.

B. *Poder Ciudadano: Contraloría General de la República*

Decreto N° 6.723 de la Presidencia de la República, mediante el cual se dicta el Reglamento de la Ley Orgánica de la Contraloría General de la República y del Sistema Nacional de Control Fiscal. *G.O.* Nº 39.240 de 12-8-2009.

C. *Poder Electoral*

a. *Régimen Electoral*

Ley Orgánica de Procesos Electorales. *G.O.* Nº 39.240 de 12-8-2009. Véase *G.O.* N° 5.928 Extraordinario de esa misma fecha.

b. *Registro Civil*

Ley Orgánica de Registro Civil. *G.O.* Nº 39.264 de 15-9-2009.

2. *Poder Estadal: Contralor del Estado*

Ley Derogatoria de la Ley para la Designación y Destitución del Contralor o Contralora del Estado. *G.O.* Nº 39.217 de 9-7-2009.

II. RÉGIMEN DE LA ADMINISTRACIÓN GENERAL DEL ESTADO

1. *Hacienda Pública Nacional*

Ley Derogatoria Parcial de la Ley Orgánica de Hacienda Pública Nacional. *G.O.* Nº 39.238 de 10-8-2009.

2. *Régimen de Personal: Trayectoria del funcionario*

Resolución Nº 54 del Ministerio del Poder Popular para la Planificación y Desarrollo, mediante la cual, a partir de la publicación de la presente Resolución, los órganos y entes de la Administración Pública Nacional, a través de sus oficinas de Recursos Humanos, y en ejercicio de las potestades de dirección y gestión de la función pública que les confiere la ley, deberán tramitar internamente y con estricta sujeción a las normas técnicas y jurídicas que las regulan, las distintas acciones administrativas que reflejen la trayectoria del funcionario dentro del organismo o institución. *G.O.* Nº 39.241 de 13-8-2009.

3. *Sistema de Control. Control del Patrimonio Público: Entrega de los órganos y entidades de la Administración Pública*

Resolución Nº 01-00-000162 de la Contraloría General de la República, por la cual se dictan las Normas para Regular la Entrega de los Órganos y Entidades de la Administración Pública y de sus Respectivas Oficinas o Dependencias. *G.O.* Nº 39.229 de 28-7-2009.

4. *Sistema Impositivo*

A. *Emisión de facturas*

Providencia Nº SNAT/2009/0091 del SENIAT, que regula la utilización de medios distintos para la emisión de facturas y otros documentos por parte de los prestadores de servicios masivos. *G.O.* Nº 39.259 de 8-9-2009.

B. *Tributos*

a. *Calendario de Sujetos Pasivos Especiales y Agentes de Retención*

Providencia Nº SNAT-INTI-GR-RCC-0069, según la cual se modifica el Calendario de Sujetos Pasivos Especiales y Agentes de Retención, para aquellas obligaciones que deben cumplirse a partir del mes de agosto del año 2009. *G.O.* Nº 39.226 de 22-7-2009.

b. *Aportes de la Ley Contra el Tráfico Ilícito y el Consumo de Sustancias Estupefacientes y Psicotrópicas*

Decreto Nº 6.776 del Presidente de la República, mediante el cual se dicta el Reglamento Parcial de la Ley Orgánica Contra el Tráfico Ilícito y el Consumo de Sustancias Estupefacientes y Psicotrópicas, sobre los aportes previstos en sus Artículos 96 y 97.8. *G.O.* Nº 39.211 de 1-7-2009.

c. *Impuesto sobre la Renta*

Providencia Nº SNAT/2009-0095 del SENIAT, que regula el cumplimiento de los deberes de información y enteramiento en materia de retenciones del Impuesto Sobre la Renta. *G.O.* Nº 39.269 de 22-9-2009.

5. *Sistema de Seguridad Jurídica: Registros y Notarías*

Resolución Nº 389 del Ministerio del Poder Popular para Relaciones Interiores y Justicia, por la cual se dicta el Instructivo para Normar el Procedimiento Relativo a la Recaudación mediante las Planillas Únicas Bancarias emitidas por el Servicio Autónomo de Registros y Notarías. *G.O.* Nº 39.249 de 25-8-2009.

III. POLÍTICA, SEGURIDAD Y DEFENSA

1. *Política de Relaciones Exteriores*

A. *Tratados, Acuerdos internacionales*

Ley Aprobatoria de la Convención sobre la Pronta Notificación de Accidentes Nucleares. *G.O.* Nº 39.217 de 9-7-2009.

Ley Aprobatoria del Acuerdo de Cooperación entre el Gobierno de la República Bolivariana de Venezuela y el Gobierno de la República de Namibia en Materia Educativa. *G.O.* Nº 39.217 de 9-7-2009.

Ley Aprobatoria del Acuerdo entre el Gobierno de la República Bolivariana de Venezuela y el Gobierno de la Mancomunidad de Dominica en Materia de Intercambio Estudiantil. *G.O.* Nº 39.217 de 9-7-2009.

Ley Aprobatoria de la Convención sobre los Derechos de las Personas con Discapacidad y su Protocolo Facultativo. *G.O.* Nº 39.236 de 6-8-

Ley Aprobatoria del Acuerdo Marco de Cooperación entre la República Bolivariana de Venezuela y la República de Mozambique. *G.O.* Nº 39.264 de 15-9-2009.

Ley Aprobatoria del Acuerdo Complementario al Acuerdo Básico de Cooperación Técnica entre el Gobierno de la República Bolivariana de Venezuela y el Gobierno de la República del Ecuador, para la Producción y Procesamiento de Cacao. *G.O.* Nº 39.264 de 15-9-2009.

Ley Aprobatoria del Acuerdo Complementario al Acuerdo Básico de Cooperación Técnica entre el Gobierno de la República Bolivariana de Venezuela y el Gobierno de la República del Ecuador en Materia Pesquera y de la Maricultura. *G.O.* Nº 39.264 de 15-9-2009.

B. *Convenios Internacionales*

Resolución Nº DM-105 Ministerio del Poder Popular para Relaciones Exteriores, por la cual se suscribe el Convenio sobre el Establecimiento del Banco Ruso-Venezolano, entre el Gobierno de la República Bolivariana de Venezuela y el Gobierno de la Federación de Rusia. *G.O.* Nº 39.239 de 11-8-2009.

Resolución Nº DM-106, por la cual se intercambiaron las notas sobre el acuerdo por Intercambio de Notas entre el Gobierno de la República Bolivariana de Venezuela y la Oficina de las Naciones Unidas contra la Droga y el Delito ONUDD con relación a la 19ª Reunión de Jefes de Organismos Nacionales Encargados de Combatir el Tráfico Ilícito de Drogas HONLEA, América Latina y el Caribe. *G.O.* Nº 39.239 de 11-8-2009.

Resolución Nº DM-107, por la cual se ordena publicar el texto del Acuerdo por Intercambio de Notas entre el Gobierno de la República Bolivariana de Venezuela y el Gobierno de la República de Gambia para la Donación de la cantidad que en ella se menciona con el objeto de construir un hospital para el tratamiento de VHI-SIDA, en la República de Gambia, en los términos que en ella se indican. *G.O.* Nº 39.239 de 11-8-2009.

Resolución Nº DM-108, por la cual se suscribe el Acuerdo de Cooperación Energética PetroCaribe entre el Gobierno de la República Bolivariana de Venezuela y el Gobierno de la República de Guatemala, en los términos que en ella se indican. *G.O.* Nº 39.239 de 11-8-2009.

Resolución Nº DM-126 del Ministerio del Poder Popular para Relaciones Exteriores, por la cual se suscribe el Acuerdo de Supresión de Visas en Pasaportes Diplomáticos, Oficiales y de Servicio entre el Gobierno de la República Bolivariana de Venezuela y el Gobierno de la República Árabe Siria. *G.O.* Nº 39.270 de 23-9-2009.

Resolución Nº DM-127 del Ministerio del Poder Popular para Relaciones Exteriores, por la cual se suscribe el Memorándum de Entendimiento entre el Gobierno de la República Árabe Siria y el Gobierno de la República Bolivariana de Venezuela para la Cooperación en el Campo de la Agricultura. *G.O.* Nº 39.270 de 23-9-2009.

Resolución N° DM-128 del Ministerio del Poder Popular para Relaciones Exteriores, por la cual se suscribe el Memorándum de Entendimiento entre el Gobierno de la República Bolivariana de Venezuela y el Gobierno de la República Árabe Siria. *G.O.* N° 39.270 de 23-9-2009.

2. *Seguridad y Defensa: Régimen de las armas y explosivos*

Resolución N° 011833 Ministerio del poder Popular para la Defensa, por la cual se dictan las Normas y Procedimientos Administrativos que rigen en materia de su competencia la pérdida o deterioro de armamento, accesorios y munición de la Fuerza Armada Nacional Bolivariana. *G.O.* N° 39.248 de 24-8-2009.

Providencia N° MPPD-VS-DAEX-002-2009 del Ministerio del Poder Popular para la Defensa (Dirección General de Armas y Explosivos), mediante la cual se dictan las Normas y Procedimientos Generales para el Control y Funcionamiento de las Empresas que Prestan el Servicio de Vigilancia Privada, Protección y Transporte de Valores. *G.O.* N° 39.251 de 27-8-2009.

Providencia N° MPPD-VS-DAEX-003-2009 del Ministerio del Poder Popular para la Defensa (Dirección General de Armas y Explosivos), mediante la cual se dictan las Normas y Procedimientos Generales para el Registro y Control de las Armas y Municiones de las Asociaciones y Federaciones Deportivas. *G.O.* N° 39.251 de 27-8-2009.

Providencia N° MPPD-VS-DAEX-004-2009 del Ministerio del Poder Popular para la Defensa (Dirección General de Armas y Explosivos), mediante la cual se dictan las Normas y Procedimientos Generales para el Registro y Control del Armamento, Municiones y Equipos Especiales a los Organismos Gubernamentales, Órganos de Seguridad Ciudadana y Cuerpos de Seguridad del Estado con Funciones Policiales. *G.O.* N° 39.251 de 27-8-2009.

Providencia N° MPPD-VS-DAEX-005-2009 del Ministerio del Poder Popular para la Defensa (Dirección General de Armas y Explosivos), mediante la cual se dictan las Normas y Procedimientos Generales para el Registro, Control y Funcionamiento de las Empresas que Comercializan Armas, Repuestos, Accesorios, Municiones y Afines. *G.O.* N° 39.251 de 27-8-2009.

Providencia N° MPPD-VS-DAEX-006-2009 del Ministerio del Poder Popular para la Defensa (Dirección General de Armas y Explosivos), mediante la cual se dictan las Normas Generales para la Autorización de Tenencia de Armas, a Empresas de Servicios de Vigilancia Privada y Transporte de Valores, Empresas Asociativas o Cooperativas, Asociaciones y Federaciones de Tiro y Escuelas de Formación de Funcionarios o Funcionarias de Seguridad, Organismos Gubernamentales, Órganos de Seguridad Ciudadana y Cuerpos de Seguridad del Estado con Funciones Policiales. *G.O.* N° 39.251 de 27-8-2009.

Providencia N° MPPD-VS-DAEX-007-2009 del Ministerio del Poder Popular para la Defensa (Dirección General de Armas y Explosivos), mediante la cual se dictan las Normas y Procedimientos Generales para el Registro y Control de Empresas y Organismos Gubernamentales que Fabrican, Almacenan, Importan, Exportan, Adquieren, Comercializan, Usan y Transportan Explosivos, Químicos y Sustancias Afines. *G.O.* N° 39.251 de 27-8-2009.

Providencia N° MPPD-VS-DAEX-008-2009 del Ministerio del Poder Popular para la Defensa (Dirección General de Armas y Explosivos), mediante la cual se dictan las Normas y Procedimientos Generales para el Registro de Empresas Alternativas, Cooperativas y Microempresas, para la Prestación de Servicios de Comercialización, Adquisición, Almacenamiento, Traslado y Uso de Químicos y Sustancias Afines bajo el Régimen Legal N° 7 del Arancel de Aduanas. *G.O.* N° 39.251 de 27-8-2009.

Providencia Nº MPPD-VS-DAEX-009-2009 del Ministerio del Poder Popular para la Defensa (Dirección General de Armas y Explosivos), mediante la cual se dictan las Normas y Procedimientos Generales para el Registro de Asociaciones de Productores Agropecuarios que Adquieren, Comercializan, Usan, Almacenan y Transportan Químicos y Sustancias Afines bajo el Régimen Legal N° 7 del Arancel de Aduanas. *G.O.* Nº 39.251 de 27-8-2009.

Providencia Nº MPPD-VS-DAEX-010-2009 del Ministerio del Poder Popular para la Defensa (Dirección General de Armas y Explosivos), mediante la cual se dictan las Normas y Procedimientos Generales que Regirán el Almacenamiento de Material de Explosivos, por Parte de las Empresas y-u Órganos Gubernamentales, Asociaciones, Comercializadoras y Usuarias. *G.O.* Nº 39.251 de 27-8-2009.

Providencia Nº MPPD-VS-DAEX-011-2009 del Ministerio del Poder Popular para la Defensa (Dirección General de Armas y Explosivos), mediante la cual se dictan las Normas y Procedimientos Generales para el Registro y Control de Empresas que Fabrican, Importan, Exportan, Comercializan, Transportan, Almacenan, Adquieren y Usan Artificios Pirotécnicos o Fuegos Artificiales por Parte de Comercios Mayoristas, Minoristas, Comercio Informal -Buhonería-. *G.O.* Nº 39.251 de 27-8-2009.

Providencia Nº MPPD-VS-DAEX-012-2009 del Ministerio del Poder Popular para la Defensa (Dirección General de Armas y Explosivos), mediante la cual se dictan las Normas y Procedimientos Generales que Regirán el Registro de Personas Jurídicas Empresas, Asociaciones y Cooperativas, que Realicen Actividades de la Pequeña y Mediana Minería, así como Actividades Conexas de Comercialización, Transporte, Distribución, Adquisición, Almacenamiento, Tránsito, Posesión y Uso de Explosivos. *G.O.* Nº 39.251 de 27-8-2009.

Providencia Nº MPPD-VS-DAEX-013-2009 del Ministerio del Poder Popular para la Defensa (Dirección General de Armas y Explosivos), mediante la cual se dictan las Normas y Procedimientos Generales que Regulan la Asignación de las Armas con sus Accesorios, Piezas y Municiones por Parte de la Dirección General de Armas y Explosivos de este Ministerio, a las Personas Naturales o Jurídicas de Derecho Público o Privado. *G.O.* Nº 39.251 de 27-8-2009.

Providencia Nº MPPD-VS-DAEX-001-2009 del Ministerio del Poder Popular para la Defensa (Dirección General de Armas y Explosivos), mediante la cual se dictan las Normas y Procedimientos Generales para el Control y Funcionamiento de las Empresas Asociativas o Cooperativas que Prestan el Servicio de Vigilancia Privada. *G.O.* Nº 39.252 de 28-8-2009.

IV. DESARROLLO ECONÓMICO

1. *Régimen Cambiario*

Resolución Nº 09-07-02 del Banco Central de Venezuela, por la cual se informa que los entes del Sector Público, distintos a la República a los cuales se refiere el artículo 6° de la Ley Orgánica de la Administración Financiera del Sector Público, deberán obtener autorización del Directorio del Banco Central de Venezuela, a los fines del mantenimiento de fondos en divisas de cualquier naturaleza, incluidos aquéllos que se encomienden en fideicomisos, mandatos y otros encargos de confianza. *G.O.* Nº 39.225 de 21-7-2009.

Convenio Cambiario Nº 9 del Banco Central de Venezuela, mediante el cual se modifica el artículo numerado cinco, en los términos que en él se indican. *G.O.* Nº 39.239 de 11-8-2009.

Providencia Nº 098 de CADIVI, mediante la cual se establecen los Requisitos y el Trámite para la Autorización de Adquisición de Divisas Destinadas a las Importaciones. *G.O.* Nº 39.252 de 28-8-2009.

2. *Régimen de los Bancos y Otras Instituciones Financieras*

A. *Capital de las Instituciones Financieras*

Resolución Nº 346.09 de la SUDEBAN, por la cual se aumenta los niveles mínimos de capital para la constitución y funcionamiento de los bancos, entidades de ahorro y préstamo, casas de cambio, otras instituciones financieras y demás empresas regidas por el Decreto con Rango, Valor y Fuerza de Ley de Reforma Parcial de la Ley General de Bancos y Otras Instituciones Financieras. *G.O.* Nº 39.236 de 6-8-2009.

B. *Tasas de interés*

Providencia Nº SNAT-2009-0070 del SENIAT, por la cual se informa que la tasa de interés activa promedio ponderado de los seis principales bancos comerciales y universales del país con mayor volumen de depósitos, excluidas las carteras con intereses preferenciales, fijada por el Banco Central de Venezuela para el mes de junio de 2009, ha sido de veintidós coma cuarenta y dos por ciento. *G.O.* Nº 39.226 de 22-7-2009.

Providencia Nº SNAT-2009-0076 del SENIAT, por la cual se informa que la tasa de interés activa promedio, ponderado de los seis principales bancos comerciales y universales del país con mayor volumen de depósitos, fijada por el Banco Central de Venezuela para el mes de julio de 2009, ha sido de veintidós coma treinta por ciento. *G.O.* Nº 39.241 de 13-8-2009.

Providencia Nº SNAT/2009/0093 del SENIAT, por la cual se informa que la tasa de interés activa promedio ponderado de los seis (6) principales bancos comerciales y universales del país con mayor volumen de depósitos, excluidos las carteras con intereses preferenciales, fijada por el Banco Central de Venezuela para el mes de agosto de 2009, ha sido de 22,31%. *G.O.* Nº 39.268 de 21-9-2009.

C. *Aportes a la Sudeban*

Resolución Nº 293-09 de la SUDEBAN, por la cual se dictan las instrucciones relativas al pago del aporte especial que deben efectuar las casas de cambio, los operadores cambiarios fronterizos, los fondos de capital de riesgo, las sociedades de capital de riesgo, los fondos nacionales de garantías recíprocas y las sociedades de garantías recíprocas, en los términos que en ella se indican. *G.O.* Nº 39.219 de 13-7-2009.

Resolución Nº 294.09 de la SUDEBAN, por la cual se dictan las instrucciones relativas al pago del aporte especial que deben efectuar los bancos universales, bancos comerciales, bancos hipotecarios, bancos de inversión, banco de segundo piso, bancos de desarrollo, arrendadoras financieras, fondos de mercados monetarios, entidades de ahorro y préstamo, Instituto Municipal de Crédito Popular I.M.C.P., y demás personas sometidas a la supervisión y control de esta Superintendencia. *G.O.* Nº 39.221 de 15-7- 2009.

D. *Encaje*

Resolución Nº 09-07-01 del Banco Central de Venezuela, por la cual se dictan las Normas que regirán la Constitución del Encaje en los términos que en ella se especifican. *G.O.* Nº 39.223 de 17-7-2009.

3. *Régimen del Comercio Interno*

A. *Producción y comercialización de azúcar*

Resolución Conjunta Nº DM-101, DM-0054-2009 y DM-039-09 del Ministerio del Poder Popular para el Comercio, para Agricultura y Tierras y para Alimentación, por la cual se establecen las proporciones mínimas obligatorias que los centrales azucareros deben cumplir al producir y comercializar azúcar para uso industrial o doméstico. *G.O.* Nº 39.223 de 17-7-2009.

Resolución Conjunta Nº DM/047-09, DM/112 y DM/0065/2009 Ministerios del Poder Popular para el Comercio, para la Agricultura y Tierras y para la Alimentación, por la cual se establecen las Normas que Regulan la Recepción, Muestreo, Análisis y Cálculo del Rendimiento de la Caña de Azúcar de Producción Nacional por Parte de los Centrales Azucareros en Todo el Territorio Nacional. *G.O.* Nº 39.263 de 14-9-2009.

B. *Autorización de empresa proveedora en materia de Gas natural vehicular*

Resolución Nº 113 del Ministerio del Poder Popular para la Energía y Petróleo, por la cual se dictan las Normas para el otorgamiento de Autorización de Empresa Proveedora, de conformidad de uso de Tecnología y de permisos de importación de equipos, componentes, accesorios y, o cilindros de almacenamiento de Gas Natural Vehicular GNV y componentes, accesorios y recipientes para el manejo de Gases Licuados de Petróleo GLP. *G.O.* Nº 39.235 de 5-8-2009.

C. *Precios máximos de venta al público*

Resolución Conjunta Nº DM-S-N, DM-0066-2009 y DM-051-09 de los Ministerios del Poder Popular para el Comercio, para la Agricultura y Tierras y para la Alimentación, que fija en todo el Territorio Nacional el Precio Máximo de Venta al Público PMVP de los Productos Alimenticios que en ella se indican. *G.O.* Nº 39.254 de 1-9-2009.

Resolución Conjunta Nº DM-S-N, DM-0067-2009 y DM-052-09 de los Ministerios del Poder Popular para el Comercio, para la Agricultura y Tierras y para la Alimentación, que fija en todo el Territorio Nacional el Precio Máximo de Venta al Público PMVP del Café en Grano, Tostado o Molido y el Precio Máximo de Venta PMV del Café Verde pagado al Productor Nacional. *G.O.* Nº 39.254 de 1-9-2009.

Resolución Conjunta Nº DM-S-N, DM-0068-2009 y DM-053-09 de los Ministerios del Poder Popular para el Comercio, para la Agricultura y Tierras y para la Alimentación, por la cual se fija el Precio Mínimo de la Sardina pagada al productor pesquero a nivel de caladero. *G.O.* Nº 39.254 de 1-9-2009.

Resolución Conjunta Nº DM-S-N, DM-0066-2009 y DM-051-09 de los Ministerios del Poder Popular para el Comercio, para la Agricultura y Tierras y para la Alimentación, que fija en todo el Territorio Nacional el Precio Máximo de Venta al Público PMVP de los Productos Alimenticios que en ella se indican. *G.O.* Nº 39.254 de 1-9-2009.

Resolución Conjunta Nº DM-S-N, DM-0067-2009 y DM-052-09 de los Ministerios del Poder Popular para el Comercio, para la Agricultura y Tierras y para la Alimentación, que fija en todo el Territorio Nacional el Precio Máximo de Venta al Público PMVP del Café en Grano, Tostado o Molido y el Precio Máximo de Venta PMV del Café Verde pagado al Productor Nacional. *G.O.* Nº 39.254 de 1-9-2009.

Resolución Conjunta Nº DM-S-N, DM-0068-2009 y DM-053-09 de los Ministerios del Poder Popular para el Comercio, para la Agricultura y Tierras y para la Alimentación, por la cual se fija el Precio Mínimo de la Sardina pagada al productor pesquero a nivel de caladero. *G.O.* Nº 39.254 de 1-9-2009.

4. *Régimen de Desarrollo Agropecuario*

A. *Créditos Agrícolas*

Ley de Reforma Parcial del Decreto con Rango, Valor y Fuerza de Ley de Beneficios y Facilidades de Pago para las Deudas Agrícolas de Rubros Estratégicos para la Seguridad y Soberanía Alimentaria. *G.O.* Nº 39.233 de 3-8-2009.

B. *Proyectos Agrarios*

Resolución Conjunta Nº DM/2.308, DM/0052/2009, DM/115, DM/041 y DM/274-09 de los Ministerios del Poder Popular para Economía y Finanzas, para la Agricultura y Tierras, para la Energía y Petróleo, para la Planificación y Desarrollo y para las Comunas y Protección Social, mediante la cual se establecen las Normas para la Tramitación de la Constancia de Conformidad de Proyectos Agrarios. *G.O.* Nº 39.263 de 14-9-2009.

V. DESARROLLO SOCIAL

1. *Régimen de la Vivienda: Programas sociales*

Resolución Nº JD-09-03 del Ministerio del Poder Popular para las Obras Públicas y Vivienda, por la cual se aprueba el Instructivo del Programa Juntos por tu Casa, en los términos que en ella se señalan. *G.O.* Nº 39.225 de 21-7-2009.

Resolución Nº 140 del Ministerio del Poder Popular para las Obras Públicas y Vivienda, por la cual se consideran sujetos de atención especial en los planes y programas dirigidos a atender las solicitudes de crédito a largo plazo y subsidio directo habitacional para adquisición de vivienda principal, las personas que tengan disminuidas sus capacidades. *G.O.* Nº 39.235 de 5-8-2009.

Resolución Nº 107 del Ministerio del Poder Popular para las Obras Públicas y Vivienda, por la cual se declara como sujetos de atención especial a todas las personas o grupos de personas beneficiarias o adjudicatarias de las viviendas construidas con recursos del Fondo de Aportes del Sector Público, correspondientes a los proyectos aprobados desde el año 1999 hasta el año 2008. *G.O.* Nº 39.263 de 14-9-2009.

2. *Régimen de la Educación*

Ley Orgánica de Educación. *G.O.* Nº 5.929 Extraordinario de 15-8-2009.

3. *Régimen del Turismo*

A. *Prestadores de servicios turísticos*

Resolución Nº 084 del Ministerio del Poder Popular para el Turismo, por la cual se establecen los requisitos para la inscripción del Registro Turístico Nacional RTN, de los Prestadores de Servicios Turísticos. *G.O.* Nº 39.235 de 5-8-2009.

Resolución Nº 085, por la cual se establecen los requisitos para la obtención de la Licencia de Turismo de los Prestadores de Servicios Turísticos. *G.O.* Nº 39.235 de 5-8-2009.

B. *Créditos al sector turismo*

Ley de Crédito para el Sector Turismo. *G.O.* Nº 39.251 de 27-8-2009. Ministerio del Poder Popular para el Turismo.

Resolución Nº 089 Ministerio del Poder Popular para el Turismo, mediante la cual se informa que los bancos comerciales y universales destinarán el tres por ciento (3,0%) sobre la cartera de crédito bruta calculado al 31 de diciembre de 2008, para el financiamiento de las operaciones y proyectos de carácter turístico reflejados en esta Resolución. *G.O.* Nº 39.270 de 23-9-2009.

4. *Régimen de la Cultura*

Providencia Nº 019/09 del Instituto del Patrimonio Cultural, mediante la cual se publica el inventario de manifestaciones culturales tangibles declaradas Bien de Interés Cultural registradas en el I Censo del Patrimonio Cultural y contenidas tanto en el Catálogo del Patrimonio Cultural Venezolano del Municipio Libertador del Distrito Capital como en el portal electrónico de este Instituto. *G.O.* Nº 39.272 de 25-9-2009.

5. *Régimen de los Juegos y Apuestas Lícitas*

A. *Loterías*

Providencia Nº 2009-0040 de la Comisión Nacional de Lotería, por la cual se establecen las condiciones y requisitos para la venta de medios de apuesta de juegos de lotería, impresos en los establecimientos constituidos como centros de apuesta. *G.O.* Nº 39.222 de 16-7-2009.

Providencia Nº 2009-0041 de la Comisión Nacional de Lotería, por la cual se establecen las condiciones y requisitos que deberán cumplir los programas informáticos que serán instalados en las Unidades de comercialización, para la transmisión de la data de las apuestas pactadas, y cuyos medios sean impresos en los centros de apuesta. *G.O.* Nº 39.222 de 16-7-2009.

B. *Apuestas hípicas*

Decisión Nº 100 del INH, mediante la cual se dicta el Reglamento del Juego «5 y 6 Nacional» de ese Instituto.

Decisión Nº 293 del INH, mediante la cual se dicta el Reglamento del Juego de «Polla Max» de ese Instituto.

VI. DESARROLLO FÍSICO Y ORDENACIÓN DEL TERRITORIO

1. *Régimen de las Comunicaciones: Registro de Productores Nacionales Independientes*

Resolución Nº 037 del Ministerio del Poder Popular para la Comunicación y la Información, por la cual se dictan las Normas Sobre el Registro de Productores Nacionales Independientes. *G.O.* Nº 39.251 de 27-8-2009.

Resolución Nº 047 del Ministerio del Poder Popular para la Comunicación y la Información, por la cual se dictan las Normas Sobre los Mecanismos y las Condiciones de Asignación de los Espacios a los Productores Nacionales Independientes en los Prestadores de Servicios de Radio. *G.O.* Nº 39.269 de 22-9-2009.

2. *Régimen del Transporte y Tránsito*

A. *Transporte y Tráfico Aéreo: Inspecciones por los Inspectores Aeronáuticos*

Providencia Nº PRE-CJU-188-09 del INAC, mediante la cual se dictan los Procedimientos y Especificaciones Técnicas que deberán observarse para la Emisión, Diseño y Tratamiento de las Actas derivadas de las actividades de Inspección y de Inspección de Verificación cumplidas por los Inspectores Aeronáuticos; así como para la determinación y establecimiento de los plazos de corrección de las No Conformidades detectadas en las Inspecciones Aeronáuticas. *G.O.* Nº 39.221 de 15-7-2009.

Comentarios Legislativos

RÉGIMEN SANCIONATORIO EN EL DECRETO LEY ORGÁNICA DE SEGURIDAD Y SOBERANÍA AGROALIMENTARIA

Manuel Rojas Pérez
Profesor de Derecho Administrativo
Universidad José María Vargas

Resumen: *El presente trabajo analiza el régimen sancionatorio que se establece en el Decreto con rango, valor y fuerza de Ley de Seguridad y Soberanía Agroalimentaria, atendiendo de manera crítica a su fuerte –quizás excesivo- rigor, estudiando las causales de sanción y las sanciones que estas generan.*

I. INTRODUCCIÓN

Siguiendo la tendencia legislativa más reciente en Venezuela, el Decreto con rango, valor y fuerza de Ley de Seguridad y Soberanía Agroalimentaria, publicado en *Gaceta Oficial Extraordinaria* número 5.889 del 31 de julio de 2008, establece un fuerte régimen sancionatorio.

En efecto, como se destacará este Decreto Ley establece un enérgico sistema sancionatorio que consagra no solo sanciones definitivas como multa, comiso, cierre temporal de establecimiento o, incluso, prisión, sino también medidas preventivas que pueden considerarse como verdaderas sanciones definitivas.

Hay que decir a su vez, que el Decreto Ley establece interesantes criterios para calcular las sanciones, utilizando el principio de la proporcionalidad y estableciendo circunstancias agravantes y atenuantes.

Este Decreto Ley Orgánica de Seguridad y Soberanía Alimentaria es la respuesta a la crisis alimentaria que vive el mundo actualmente. Busca, a tenor de su exposición de motivos, expresar un desarrollo integral de la normativa constitucional que regula los principios del régimen socioeconómico y la función del Estado en la economía, en el ámbito de la seguridad alimentaria, todo ello, en búsqueda del autoabastecimiento como elemento definitivo de la soberanía agroalimentaria.

De esta manera, el Decreto Ley de Seguridad Agroalimentaria procura el establecimiento de un marco jurídico estable, que oriente las múltiples variantes de la actuación de los Poderes Públicos y de los ciudadanos que propendan al logro de los objetivos definidos en el ordenamiento orgánico.

Uno de los puntos que más llama la atención de este Decreto Ley son las diversas justificaciones que se derivan de la exposición de motivos. La justificación social se basa en el impulsar nuevos sujetos organizativos de la economía agrícola, donde se establezca la asociación entre quien produce, distribuye y consume los alimentos, de modo tal que se puedan acortar los canales de comercialización y distribución, en base a la satisfacción de las necesidades nutricionales alimentarias y no a la de intereses rentistas particulares. Asimismo, la justificación económica de dicha norma está en la vinculación eficiente entre la planificación y el mercado, no dejando solo al mercado como agente regulador de la economía, pero tampoco al Estado que centralice toda la planificación o el monopolio en la producción o distribución de alimentos, fomentándose con esto un sistema económico dual, entre iniciativa privada e intervención pública. Por último, la justificación jurídica es bien significativa, desde que se establece que el Estado, con base en la visión económica antes señalada, no puede dejar a la mano invisible del libre mercado el desarrollo de la producción de los "bienes materiales y espirituales", toda vez que, según la exposición de motivos, la preeminencia del principio de libre competencia establecido en el artículo 110 constitucional, por encima del derecho fundamental a la alimentación es una interpretación parcial y descontextualizada de la Carta Magna.

En base a esta visión de alta intervención del Estado en la actividad económica privada, aunque sin llegar a negarse ésta, el Decreto Ley Orgánica de Seguridad y Soberanía Agroalimentaria consagra un importante marco sancionatorio que, entre otras cosas, sanciona el incumplimiento de deberes genéricos de informar, registrarse y comparecer ante la Administración Pública, la obstaculización de las funciones de inspección y fiscalización de los funcionarios competentes, el incumplimiento sobre las normas de importación y exportación y al orden priorizado de colocación, la extracción de productos destinados al abastecimiento local o el daño premeditado a la producción.

II. DE LAS SANCIONES

1. *Los tipos de sanciones*

El Decreto Ley consagra cuatro tipos específicos de sanciones. El artículo 105 los enumera: (i) la multa; (ii) el comiso; (iii) el cierre temporal del establecimiento, y; (iv) la prisión. De ellas, se deben hacer varias acotaciones previas.

En primer lugar, varios de los tipos sancionatorios se castigan tanto con multa como con prisión[1], comiso[2] e inhabilitación[3]. Vale decir que tales multas resultan, por lo menos, desproporcionadas. En efecto, ya la norma al consagrar la sanción de multa, está estableciendo un castigo, por lo que, agregarle otra sanción a un mismo hecho es desproporcionado. El artículo 49.6 de la Constitución señala que nadie puede ser sancionado dos veces por un mismo hecho, más sin embargo, los artículos señalados, por un mismo hecho, castigan a los ciudadanos sancionados no solo con multa, sino también con otra sanción, como el comiso, la inhabilitación, e incluso la prisión[4].

La Sala Constitucional del Tribunal Supremo de Justicia ha determinado que la garantía del *non bis in idem* "constituye uno de los elementos o corolarios del principio general de legalidad que domina el Derecho Administrativo Sancionador en todas sus formas, que sirve

---

1 Parte *in fine* del artículo 114, y artículos 118 a 120.

2 Artículos 115, 116, 121 y 122.

3 Artículos 125 y 126.

4 El Tribunal Supremo Español mediante sentencia del 15 de junio de 1998, señaló que las limitaciones al derecho a la libertad económica serán legítimas siempre que no tengan un carácter irrazonable, no sean arbitrarias y si justificadas por la índole de la actividad y la entrada en juego de otros intereses.

de límite al ejercicio de la potestad sancionadora de la Administración, pues impide que el administrado sea sancionado dos o más veces por la misma conducta[5]". Por ende, en aquellos ilícitos sancionados simultáneamente con multa y pena privativa de libertad, imperará la prejudicialidad de la responsabilidad penal frente a la responsabilidad administrativa[6].

Más aún, se tiene que el artículo 112 señala que se podrán dictar medidas accesorias a las sanciones principales, que consisten en (i) destrucción de mercancías, y; (ii) revocatoria del permiso, licencia o autorización. Tal aspecto se confirma en el artículo 114.2, que señala que al sujeto que incumpla las normas de importación o exportación, se le revocará además el permiso, autorización o licencia que le hubiera sido expedido, y se le impondrá el comiso de las mercancías, acompañado de la destrucción de la misma si fuere procedente. Esto hace aún más gravoso el régimen sancionatorio, toda vez que luce definitivamente desproporcionado la amplitud de sanciones para un mismo hecho.

Finalmente, se encuentra la necesaria aplicación restrictiva que debe darse a cualquier medida de limitación de la libertad (*in dubio pro libertate*), así como la necesaria valoración de la medida de cara al principio de razonabilidad, conforma al cual las limitaciones al ejercicio de la libertad de empresa deben responder a razones ciertas, plausibles y verificables, quedando proscrita la arbitrariedad de la Administración; vale decir, la actuación administrativa desprovista de razones, siendo censurable la limitación impuesta no sólo cuando no esté contemplada legalmente, sino también cuando la Administración, en ejercicio de la actividad de policía, no tenga como norte la proporcionalidad y razonabilidad, así como el principio de *favor libertatis* íntimamente relacionado con los dos primeros.

Por otra parte, vale hacer mención a la sanción de comiso. Esta sólo debería ser acordada previa autorización de un juez penal, y mal puede ser acordada autónomamente por la Administración, sino como consecuencia de una orden del juez penal. El comiso, conceptualmente, responde a la adquisición coactiva de la propiedad impuesta como sanción de índole penal, o más en específico, como sanción accesoria impuesta por la comisión de delitos penales.

Como principio general, el comiso debe proceder previa intervención del Poder Judicial, por aplicación extensiva de la garantía expropiatoria[7], siendo una medida de coacción sobre

---

5 Sentencia de la Sala Constitucional del 19 de julio de 2005, caso *Festejos Mar, C.A.*

6 Al respecto, la Sala Constitucional ha destacado:"*Unos mismos hechos que se imputan a una persona, como ya la Sala lo observó, pueden en principio originar sanciones disciplinarias y penales, pero para cumplir con el principio non bis in idem, debe evitarse una doble y coetánea persecución, debiendo darse preferencia a la persecución penal, ya que la sanción, con las penas accesorias, puede involucrar las penas disciplinarias, o resultar una cuestión prejudicial con relación a ellas, tal como lo previene la letra h) del artículo 239 de la Ley Orgánica de las Fuerzas Armadas. Además que la administración no podría desconocer los hechos probados ante los órganos de la jurisdicción penal. Por ello, si los hechos pueden ser calificados penalmente, el proceso disciplinario debe quedar en suspenso o perder sus efectos, de estar ya decidido, a fin de evitar que se impida a la función jurisdiccional realizar su fin natural, y tal desnaturalización -que tiene que ser evitada- que pueda provenir de razones dolosas, culposas o hasta de azar, debe ceder ante la posibilidad cierta de una persecución penal*". Sentencia de la Sala Constitucional del 17 de julio de 2002, caso *William Claret Girón.*

7 En general, véase Grau Fortoul, Gustavo A, "Algunas reflexiones sobre la Expropiación, como medio de privación coactiva de la propiedad" en *Cuestiones actuales del Derecho de la empresa en Venezuela*, Grau, Hernández & Mónaco, Colección de estudios jurídicos, Caracas, 2007, pp. 61 y ss.

la propiedad privada, aun cuando el comiso no puede equipararse a la expropiación, pues es una sanción y no entraña pago de justa indemnización. A ello debe aunársele que la procedencia de tal medida se condiciona a la verosimilitud de procedencia de delitos penales, cuya valoración única competente al Juez Penal, cosa que no se prevé

2. *Las sanciones*

A. *Sanciones por ilícitos leves y graves*

El Decreto Ley hace una primera distinción entre ilícitos leves e ilícitos graves. Los *ilícitos leves*, a tenor del artículo 113, que serán sancionados con multa de hasta cien unidades tributarias (100 U.T.), se generan en cabeza de quien (i) no se inscriba en los registros en la materia; (ii) presente con retardo las declaraciones exigidas; (iii) no informar o no comparecer ante el organismo competente; (iv) aportar información falsa, y; (v) negarse a prestar apoyo para las inspecciones.

Por su parte, los ilícitos graves que establece el artículo 114, se configuran por las siguientes causales: (i) no acatar las órdenes del órgano o ente competente; (ii) incumplir las normas de importación o exportación de alimentos, productos e insumos agroalimentarios; (iii) no permitir u obstaculizar las inspecciones y fiscalizaciones, y (iv) no presentar las declaraciones exigidas. Tales ilícitos graves serán sancionados con multa entre quinientas y mil unidades tributarias (500 U.T. a 1000 U.T.). Hay que tener en cuenta que, cuando se compruebe que el particular está incurso en la causal establecida en el numeral 2 del artículo 114, esto es, el incumplimiento de las normas de importación o exportación de alimentos, se procederá también a revocar el permiso, autorización o licencia que se hubiere expedido, y se impondrá comiso de las mercancías acompañado de la destrucción de las mismas cuando sea procedente[8].

B. *Sanción por traslado fraudulento*

El artículo 115 sanciona con multa de diez hasta cincuenta unidades tributarias (10 U.T. a 50 U.T.) y comiso de la mercancía a quien, fraudulentamente, realice el traslado de la producción agrícola destinada al abastecimiento local.

Este tipo sancionatorio requiere para su debida ejecución, que el órgano competente demuestre el carácter fraudulento de la actividad del particular. Es decir, para que esta sanción pueda ser aplicada, es necesario que se compruebe que el sujeto actuó con intención de engañar.

C. *Sanción por incumplimiento de orden priorizado de colocación de alimentos y de servicios e insumos*

De otra parte, el Decreto Ley en su artículo 116 sanciona con multa de diez hasta cien unidades tributarias (10 a 100 U.T.) además de comiso a quien incumpla el orden priorizado de colocación de alimentos o productos agrícolas.

Los artículos 35 y 36 del Decreto Ley establecen el orden priorizado de colocación de productos agrícolas. Señalan que el Ejecutivo Nacional podrá establecer sujetos beneficiarios para otorgarles prioridad para la colocación y consumo de productos agrícolas, suministros de insumos y uso de servicios requeridos en la producción.

---

8 Notar que este es un ejemplo de la desproporción en la aplicación de sanciones, y fundamentalmente la violación del principio del *non bis in idem*, por cuanto un mismo hecho se sanciona simultáneamente por varios medios sancionatorios.

Nótese que el artículo 116 del Decreto Ley establece la sanción para quien incumpla el orden priorizado de colocación de alimentos o productos agrícolas, más, sin embargo, los artículos 35 y 36 al regular tal priorización solo se refieren a productos agrícolas, y no a alimentos. Esta contradicción o equivoco legislativo trae el riesgo que la Administración Pública pueda hacer una interpretación amplia de todos estos artículos, así como con base en la Exposición de Motivos[9], y entienda que el orden priorizado de colocación y consumo aplica no sólo a productos agrícolas, sino incluso a los alimentos.

Claro, de la interpretación literal de todos estos artículos se desprende que estos comportan una regulación en materia de colocación y consumo de productos agrícolas, suministro de insumos y uso de servicios requeridos para su producción. Los productos agrícolas se diferencian de los alimentos, siendo estos últimos definidos y regulados por el Reglamento General de Alimentos. Así, en una correcta interpretación, de cara a la restrictividad a la que deben atender las limitaciones a derechos[10], como lo son las regulaciones económicas y los regímenes sancionatorios, no cabe equiparar los productos agrícolas con los alimentos, en cuanto a la aplicación del orden priorizado previsto en los artículos 35 y 36 del Decreto Ley.

En sentido similar, el artículo 117 establece sanción de multa de cien a mil unidades tributarias (100 a 1000 U.T.) a quien incumpla con el orden priorizado para la colocación de servicios, insumos u otras medidas necesarias para la producción, intercambio y distribución de rubros agrícolas establecido por el Ejecutivo Nacional.

D. *Sanción por daño premeditado a la producción*

Mucho se viene hablando del combate al desabastecimiento. Desde el año 2007, se han venido reportando importantes cifras de desabastecimiento en el país. Una de las medidas para combatir el desabastecimiento[11], es la sanción a quien de manera intencional ocasione perdidas premeditadas en su producción agrícola o en la de terceros, todo ello con la finalidad de influir negativamente en los niveles de abastecimiento o en las políticas de fijación de precios de determinado rubro alimenticio. Esta conducta es tipificada en el artículo 118 del Decreto Ley, y es sancionada con multa de mil a diez mil unidades tributarias (1000 U.T a 10.000 UT), además de prisión de seis (6) meses a tres (3) años.

---

9 Dice la Exposición de Motivos: "Por otra parte, un aporte a destacar dentro del Capítulo I, es el privilegio del abastecimiento local frente a la comercialización del producto con fines capitalistas. Esta incorporación terminará con las negativas conductas de extracción de alimentos de las zonas productoras hacia los mercados en los que se pague el mayor precio por el producto, sin importar que la comunidad de origen de dichos productos quede desabastecida. Estas regulaciones no constituyen óbice para la colocación de alimentos y productos agrícolas en los grandes mercados, pero asegura que las propias campesinas y campesinos que trabajaron la tierra, así como los habitantes de sus comunidades puedan acceder a estos alimentos a precios más justos, y con mayor eficiencia en el abastecimiento, pues éste se regula a nivel local".

10 Véase sentencia número 1298 de la Sala Constitucional del Tribunal Supremo de Justicia del 19 de julio de 2005, caso *Festejos Mar.*

11 Además de la promulgación del Decreto con rango, valor y fuerza de Ley Especial de Defensa Popular contra el Acaparamiento, la Especulación, el Boicot y cualquier otra conducta que afecte el Consumo de los Alimentos o Productos Sometidos a Control de Precios, publicada en *Gaceta Oficial* número 38. 629 del 21 de febrero de 2007, reformada y publicada en *Gaceta Oficial* número 28.862 del 31 de enero de 2008, derogada a su vez por el Decreto con rango, valor y fuerza de Ley para la Defensa de las Personas en el Acceso a los Bienes y Servicios, publicada en *Gaceta Oficial Extraordinaria* número 5.889 del 31 de julio de 2008, esto es, en la misma *Gaceta* que el Decreto Ley Orgánica de Seguridad y Soberanía Alimentaria fue publicada.

Es esta la sanción más gravosa de toda la ley, junto con la del artículo 119. Además de consagrar la multa más alta, sanciona la misma conducta también con pena de prisión. Otro ejemplo claro de la desproporción e irracionalidad en las sanciones que venimos denunciando.

De aquí se puede desprender la importancia que para el Estado tiene el combate contra el desabastecimiento. Particularmente, el Estado tiene la potestad de intervenir en el orden económico con la finalidad de asegurar la satisfacción de necesidades básicas y esenciales de los ciudadanos. En particular, el artículo 305 constitucional establece la garantía de disponibilidad suficiente y estable de alimentos en el ámbito nacional y el acceso oportuno y permanente a éstos por parte del consumidor[12].

E. *Sanción por obstrucción, destrucción, deterioro o sustracción de reservas estratégicas*

El artículo 24 del Decreto Ley constituye las reservas estratégicas, compuesta por el conjunto de bienes y recursos financieros en cantidad suficiente, disponibilidad estable y de plena cobertura nacional, acumulados y controlados por el Estado, donde éste deberá garantizar excedentes para mantener una reserva de alimentos de calidad, reservas que deben crearse, promoverse y mantenerse por tres meses a fin de garantizar la mayor cantidad de rubros para casos de contingencia, como los señala el artículo 26.

Pues para resguardar tales reservas, el artículo 119 sanciona con multa de mil a diez mil unidades tributarias (1000 U.T a 10.000 UT), además de prisión de seis (6) meses a tres (3) años a quienes intencionalmente destruyan o permitan el deterioro de reservas estratégicas de alimentos almacenadas en los silos, depósitos o agroindustrias estatales.

Aquí también hay que acotar que no basta con comprobar la destrucción o el deterioro de las reservas estratégicas, sino que es necesario que la Administración Pública demuestre la intencionalidad de la actuación u omisión que la cause. Es decir, la Administración, que es quien tiene la carga de la prueba, debe probar fehacientemente que el particular quería destruir o permitir que se deteriorara la reserva estratégica. Solo en ese caso, procedería la sanción de este artículo 119.

El artículo 120 sanciona actividades de similar alcance. Quien sustraiga productos almacenados con fines de reserva estratégica, será sancionado con multa equivalente al doscientos por ciento del valor de los productos sustraídos y prisión de seis (6) meses a tres (3) años.

No señala este artículo que valor será el determinante para establecer el porcentaje de la multa. Consideramos que se debe tomar en cuenta lo que costaba el producto para el momento en que fue sustraído, y no el precio para el momento de la imposición de la sanción administrativa.

F. *Sanción por incumplimiento de las restricciones a la movilización*

También sanciona el Decreto Ley a quien incumpla con las restricciones o prohibiciones a la movilización de alimentos o productos agrícolas impuestas por el órgano o ente competente mediante guías de movilización, las cuales se utilizan para asegurar el abastecimiento interno con fines agroalimentarios.

---

12 Hernández G., José Ignacio, *Comentarios a la Ley contra el Acaparamiento*, Fundación Estudios de Derecho Administrativo, Caracas, 2008, p. 21.

Así, según el artículo 121, quien esté incurso en tal causal será sancionado con multa de treinta hasta tres mil unidades tributarias (30 a 3000 U.T.) así como el comiso de las mercancías.

G. *Sanción por omisión de la obligación de formación de trabajadores*

Tipifica como ilícito administrativo el omitir o negarse a proveer a trabajadores la formación necesaria para la aplicación de prácticas de higiene para manejo de alimentos. Así, el artículo 123 sanciona tal conducta con multa de mil a veinte mil unidades tributarias (1000 a 20.000 U.T.).

H. *Sanción por ilícitos sobre actividades de voluntariado agrícola*

El patrono que pretenda simular existencia de actividades de voluntariado agrícola, será sancionado con multa de cinco mil a veinte mil unidades tributarias (5000 a 20.000 U.T.).

Asimismo, a tenor del artículo 125, el integrante de una Asamblea Agraria favorezca deliberadamente sus intereses, o los de un tercero en el sector agroalimentario a cambio de alguna retribución o utilidad indebida, será penado con multa de mil a diez mil unidades tributarias (1000 a 10.00 U.T.), e inhabilitación para ejercer representación en Asambleas Agrarias por tres (3) años. En este caso, la Administración deberá demostrar que tal favorecimiento se hizo con la intención de recibir la retribución indebida. Si el favorecimiento no tiene tal intención no se activa el tipo sancionatorio.

También el artículo 126 sanciona con multa de quinientos hasta cinco mil unidades tributarias (500 a 5000 U.T.) e inhabilitación para ejercer representación en Asambleas Agrarias por tres (3) años al integrante de la Asamblea Agraria que utilice para sí o en beneficio de otro, informaciones o datos de carácter reservado de los cuales tenga conocimiento en razón de las responsabilidades que le sean asignadas.

2. *El método proporcional de cálculo de las multas*

Interesante punto que consagra el Decreto Ley es la fórmula de cálculo para aplicar las sanciones pecuniarias. El Decreto utiliza el mismo método que aplican los jueces penales para la aplicación de sanciones, con lo cual se respeta la proporcionalidad de las penas y sanciones. Pues justamente este sistema es el aplicado por el Decreto Ley de Seguridad y Soberanía Agroalimentaria.

El artículo 106 destaca que las multas que se apliquen se calcularán a partir del promedio simple entre el límite superior y el límite inferior indicado para cada sanción. La multa a aplicar disminuirá hasta el límite inferior o aumentará hasta el superior, todo ello progresivamente, según existan circunstancias atenuantes o agravantes, debiendo compensarlas cuando las haya. Así, se aplica el mismo método que se desprende del artículo 37 del Código Penal, según el cual, al haber una sanción que consagre términos máximos y mínimos, la sanción se debe calcular desde el término medio, y a partir de allí, aumentará o disminuirá la pena de cara a la gravedad o levedad del asunto[13].

13 En efecto, hemos venido asumiendo la posición que es necesario que la Administración Pública al momento de establecer sanciones administrativas, lo haga de manera proporcional, en concreto, aplicando de manera supletoria el sistema de términos medios y circunstancias agravantes y atenuantes del artículo 37 del Código Penal. Véase Rojas Pérez, Manuel, "Aspectos particulares del régimen de sanciones administrativas en la Ley Orgánica de la Contraloría General de la Repúbli-

Las circunstancias agravantes, es decir, las que aumentan la sanción por su gravedad se encuentran tasadas en el artículo 107, y son (i) que el autor del hecho sancionable sea funcionario público. Aquí, hay que destacar que existen dos conceptos legales de funcionarios públicos: el que establece la Ley del Estatuto de la Función Pública –para la cual solo será funcionario público aquel ciudadano que ostente un cargo de libre nombramiento y remoción o aquel que haya ganado un concurso público y ostente por tanto un cargo de carera administrativa- y el que establece la Ley contra la Corrupción, que considera funcionario público a los fines de esa Ley a cualquier servidor al servicio del Estado, esto es, además de los funcionarios de libre nombramiento y remoción y los de carrera, aquellos designados por elección popular. Pues bien, siendo que el derecho sancionatorio es restrictivo, y debe siempre aplicarse la sanción menor, consideramos que el concepto de funcionario público aplicable al Decreto Ley aquí analizado es el de la Ley del Estatuto de la Función Pública, por ser este el más restringido; (ii) la magnitud del perjuicio económico. Se consagra como circunstancia agravante la magnitud del perjuicio económico individual o colectivo causado, o los riesgos que representa a la seguridad y soberanía agroalimentaria el ilícito económico.

Por su parte, las circunstancias atenuantes consagradas en el artículo 108 son: (i) la colaboración del autor, esto es, la conducta que el autor asuma en el esclarecimiento de los hechos, en cuando a la ayuda que preste; (ii) el cumplimiento de los requisitos omitidos que puedan dar lugar a la sanción, ello en el caso de las sanciones por incumplimientos formales, y; (iii) la poca magnitud del perjuicio económico causado.

A su vez, el Decreto Ley refiere varias eximentes de responsabilidad, a saber: (i) la minoría de edad; (ii) la incapacidad mental; (iii) caso fortuito o fuerza mayor; (iv) el error de hecho o de derecho excusables, o; (v) cualquier otra circunstancia.

3. *Reincidencia*

El artículo 110 sanciona la reincidencia, entendida según el Decreto Ley como la situación en la que el infractor, después de una sentencia o resolución firme sancionatoria, comete uno o varios ilícitos tributarios de la misma índole dentro del lapso de cinco (5) años contado a partir de la fecha en que el acto quedare firme. Así, cuando se dicte un nuevo acto sancionatorio, y se compruebe la reincidencia, la multa de ese segundo acto administrativo se incrementará en un cincuenta por ciento (50%) por cada nueva infracción, hasta un máximo de cinco mil unidades tributarias (5.000 U.T.) y el cierre temporal del establecimiento, hasta por un máximo de quince días continuos.

III. EL PROCEDIMIENTO ADMINISTRATIVO PARA APLICAR SANCIONES ADMINISTRATIVAS

1. *Los órganos competentes*

Uno de los graves defectos de este Decreto Ley es que no establece el órgano competente para aplicar los procedimientos ni sanciones administrativas. El artículo 111 se limita a señalar que el conocimiento de las sanciones y la aplicación de las mismas "corresponde al órgano o ente competente en razón de la materia según la naturaleza del ilícito cometido".

---

ca y del Sistema Nacional de Control Fiscal" en, *Revista de la Facultad de Ciencias Jurídicas y Políticas de la Universidad Central de Venezuela*, Caracas, 2007, p. 341.

El Decreto Ley en general no consagra órgano o ente específico con competencia para aplicar la normativa. El artículo 20 consagra la competencia genérica al Poder Ejecutivo para su aplicación y ejecución.

Así, el Decreto Ley no define específicamente que órgano del Poder Ejecutivo es el competente en materia sancionatoria, todo lo cual, viola el principio de la legalidad establecido en el artículo 137 de la Constitución. Tal principio exige que se determine de manera expresa y categórica los órganos a los cuales se les confieren competencias, la cuales también deben ser señaladas bajo ese mismo criterio de exhaustividad. Así mismo, se desdibuja el concepto de potestad como título cierto y limitado definido por la Ley en cuanto a su atribución a un órgano.

Apenas y establece la competencia –genérica- para el Poder Ejecutivo. Luego, no se señala a que órgano de ese Poder se le establece la competencia, violando así el principio de legalidad. Como derivación de lo anterior, al no determinar el órgano competente para el ejercicio de la potestad sancionadora, la norma analizada resulta contraría a la garantía del juez natural, prevista en el artículo 49 constitucional.

En la práctica, los órganos que se encuentran aplicando el Decreto Ley son, fundamentalmente, el Instituto para la Defensa de las Personas en el Acceso a los Bienes y Servicios[14] -mejor conocido como el Indepabis- y la Superintendencia Nacional de Silos Almacenes y Depósitos Agrícolas.

2. *Fiscalizaciones e Inspecciones como paso previo al procedimiento administrativo sancionatorio*

Para que se inicie un procedimiento administrativo sancionatorio, previamente el órgano competente debe realizar un procedimiento de fiscalización e inspección. La fiscalización o inspección es un procedimiento previo, por medio del cual la Administración Pública verificará el cumplimiento de las obligaciones formales o materiales y si existen elementos de hecho que hagan presumir la existencia de ilícitos administrativos. O como señala Hernández G., "La potestad de inspección de la Administración funge entonces como instrumento para controlar la actividad de los operadores económicos y para recabar medios probatorios sobre la conducta por éstos desplegados, medios cuya validez se supedita a la salvaguarda de los derechos del proveedor; el menoscabo de tales derechos acarreará la nulidad de las pruebas...[15]".

Así, la fiscalización no puede, en ningún caso, considerarse como un procedimiento administrativo sancionatorio, y por tanto, no podría derivarse de esta fase un acto administrativo que sancione a los particulares.

El Decreto Ley consagra todo un régimen procedimental para las fiscalizaciones e inspecciones, que va desde el artículo 127 al 152. Resumidamente, diremos que estas fiscalizaciones se basan en los principios de publicidad, impulso de oficio por parte de la Administración, primacía de la realidad, libertad probatoria, lealtad y probidad en el procedimiento y, notificación única.

La Administración Pública iniciará la fiscalización mediante un acto de inicio, consagrado en el artículo 141, acto en el cual se identificará al funcionario que la practicará, y los

14 Este es el antiguo Instituto Nacional para la Defensa y Educación del Consumidor y del Usuario.

15 Hernández G., *Comentarios...*, *Ob. Cit.*, p. 65.

aspectos sobre los cuales versará la fiscalización. Autoridades policiales pueden iniciar estas fiscalizaciones, y no necesitarán hacer acto de inicio, pero se deberá dejar constancia de que el procedimiento de fiscalización se inició en tales circunstancias, a tenor del artículo 142.

Durante el desarrollo de las actividades fiscalizadoras o de inspección, los funcionarios autorizados podrán sellar, precintar o colocar marcas en dichos documentos, bienes, archivos u oficinas donde se encuentre, así como dejarlos en calidad de depósito, todo ello a fin de asegurar las condiciones del lugar.

3. *Medidas preventivas*

El artículo 147 del Decreto Ley establece la posibilidad que se adopten y ejecuten en el mismo acto de inicio de fiscalización o inspección diversas medidas preventivas: (i) suspensión del intercambio, distribución o venta de los productos, o de la prestación de los servicios; (ii) comiso; (iii) destrucción de mercancías; (iv) requisición u ocupación temporal de establecimientos sin límite de tiempo; (v) cierre temporal del establecimiento; (vi) suspensión temporal de licencias, permisos o autorizaciones, y (vii) cualquier otra medida necesaria para asegurar el cumplimiento de la normativa.

También se consagra como medida preventiva en la fase de fiscalización e inspección, en el artículo 150, que se podrá ordenar la ejecución de medidas preventivas cuando de verifique la existencia de alimentos o productos agrícolas que hagan suponer la infracción a disposiciones sanitarias. Señala ese mismo artículo que cuando se subsanen las causas que origine la medida preventiva, el particular podrá exigir la revocatoria inmediata de la medida preventiva. La crítica que nace de esta norma es que coloca en cabeza del particular el solicitar el levantamiento de la medida preventiva, cuando la Administración debería levantarla de oficio, cuando las causas hayan cesado.

Hay que señalar que estas medidas violan la letra constitucional, toda vez que limitan el derecho constitucional a la libertad económica consagrado en el artículo 112 de la Constitución. Las potestades de ordenación y limitación sobre la libertad de empresa y derecho de propiedad no solo deben responder a una habilitación de una norma de rango legal, sino que debe respetar la autonomía empresarial privada, cosa que no sucede en el presente caso. Toda medida cautelar ha de ser temporal o provisional y, en consecuencia, reversible, es decir, que no puede generar consecuencias jurídicas que no puedan retrotraerse en caso de decaimiento de la medida. No sucede así con el comiso. Se convierte en una medida no temporal sino permanente, por lo que excede de la naturaleza cautelar de las medidas que puede adoptar la Administración: a través del comiso la Administración adquiere, coactivamente, la propiedad privada.

El comiso como medida preventiva, viola el derecho a la libertad económica, así como el derecho a la propiedad, pues, el último aparte del artículo 147 señala que cuando se ordene comiso sobre alimentos o productos perecederos, podrá ordenarse su disposición inmediata con fines sociales. Esta medida cautelar rompe el derecho a la propiedad del propietario del producto objeto del comiso, ya que el bien pasa a ser propiedad del Estado, quien lo distribuye, a pesar de ser una medida administrativa.

Caso emblemático es el referente a la medida de *destrucción de mercancías*. Hay que recordar que las medidas a las que hemos hecho referencias son *preventivas*, es decir, no se pueden constituir como una decisión definitiva. Sin embargo, si se aplica la medida de destrucción de mercancía, como medida preventiva, se corre el riesgo de destruir ilegítimamente una serie de productos, todo ello porque puede suceder que se ejecute la mencionada medida preventiva en el marco del procedimiento administrativo y se declare la no comisión de medidas contrarias a la seguridad o soberanía alimentaria, y sin embargo, ya se han destruido los productos. En este caso, se ha tomado una medida extrema cuando el derecho constitucional a la libertad empresarial consagra que en caso de duda (y aquí no hay la certeza que exista una violación por cuanto el procedimiento administrativo no ha culminado) deberá favorecerse a la libertad económica[16].

Igualmente se tiene que sobre la requisición u ocupación temporal, tal medida se materializará mediante la posesión inmediata, la puesta en operatividad y el aprovechamiento del establecimiento, local, vehículo, nave o aeronave, por parte del órgano o ente competente, o el uso inmediato de los bienes necesarios para la continuidad de las actividades de la cadena agroalimentaria. Esta medida limita también el derecho a la libertad económica, desde que sin acto administrativo definitivo que lo señale, la Administración Pública toma para sí la administración de empresas incursas en procedimientos administrativos. Uno de los tres atributos de la libertad económica es justamente el derecho a permanecer en el desarrollo de la empresa que se ha emprendido, es decir, el derecho de los particulares a no abandonar el ejercicio de la empresa en contra de su voluntad.

La medida de ocupación temporal se equipara a la intervención de empresas, lo cual supone en la práctica una afección ilegítima al atributo de uso de la propiedad privada, adoptada por la Administración con independencia de la participación del Poder Judicial. La garantía expropiatoria, en los términos previstos en el artículo 115 constitucional, opera no sólo ante expropiaciones directas, sino también frente a toda medida de efecto equivalente, esto es, cualquier afección sobre la propiedad privada que afecte su contenido esencial o, como ha señalado la jurisprudencia, la desnaturalice.

De esa manera, la Sala Político-Administrativa del Tribunal Supremo de Justicia ha admitido que la garantía expropiatoria se extiende a toda medida de regulación que, aun respetando la titularidad formal del derecho de propiedad, lesiona su contenido esencial, desnaturalizándolo[17]. Y ello ocurrirá, de acuerdo al criterio sentado por la Sala Constitucional en su fallo del 24 de febrero de 2006, ya citado, cuando se prive la utilidad individual a tal propiedad, señalando sobre el particular que tales exigencias colectivas no puede llegar a anular la utilidad meramente individual del derecho y, por tanto, la definición de la propiedad que en cada caso se infiera de las leyes o de las medidas adoptadas en virtud de las mismas. Debe observarse que tal medida de ocupación temporal preventiva no se ha limitado en cuanto a su duración en el tiempo, cuando paradójicamente, se trata de una medida temporal, por lo que esa ausencia de fijación de límite en cuanto a su duración, podría configurarse en la imposición de una medida a perpetuidad.

En igual sentido, las medidas preventivas de suspensión del intercambio, distribución o venta de los productos o de la prestación de los servicios y suspensión temporal de las licencias, permisos o autorizaciones van en claro desmedro del derecho a la libertad económica, y el particular, al ya referido derecho a continuar en el ejercicio económico.

En definitiva, cabe tener presente el criterio establecido por la sentencia número 00964 del 11 de julio de 2003 por la Sala Político Administrativa, en la cual se dejó claramente establecido que las medidas cautelares no deben comportar una vocación definitiva sobre el tema objeto de discusión, sino que deben circunscribirse a la duración del proceso judicial, y en tal sentido, deben ser susceptibles de revocatoria cuando varíen o cambien las razones que inicialmente justificaron su procedencia.

---

16 De nuevo, véase sentencia de la Sala Constitucional del 19 de julio de 2005, caso *Festejos Mar, C.A.*

17 Sentencia de 3 de octubre de 1990, caso *Inmobilaria Cumboto.*

4. *El procedimiento administrativo sancionatorio*

Debe tenerse en cuenta que el procedimiento administrativo sancionatorio al cual se hará referencia en este aparte, no aplica para la sanción de prisión, ya que esta solo puede ser aplicada por un juez penal en el marco de un juicio de conformidad con el Código Orgánico Procesal Penal. Por ello, todo lo aquí referido solo aplica para la aplicación de las sanciones de multa, comiso y cierre temporal del establecimiento.

También hay que destacar que el artículo 172 del Decreto Ley establece que lo no previsto en él, se regirá por lo establecido en la Ley Orgánica de Procedimientos Administrativos.

A. *Iniciación*

El procedimiento administrativo sancionatorio previsto en el Decreto Ley de Seguridad y Soberanía Agroalimentaria se inicia, según el artículo 153, cuando el procedimiento de inspección y fiscalización determine que existen hechos que hacen presumir la trasgresión del Decreto Ley. Este artículo entonces, establece el carácter necesariamente previo de las inspecciones, con lo cual, solo luego de un procedimiento administrativo sancionatorio, es que el funcionario competente podrá sancionar a los particulares.

Cuando se realice la apertura del procedimiento administrativo sancionatorio, se deberá notificar al presunto infractor, para que ejerza debidamente su derecho a la defensa, mediante escrito de descargos, dentro de un plazo no menor de ocho (8) ni mayor de quince (15) días hábiles a partir de la fecha de la notificación, como consagra el artículo 154.

B. *Sustanciación*

Dentro de los tres (3) días hábiles siguientes a la notificación del inicio del procedimiento administrativo, y pasado el plazo para que el imputado consignase escrito de descargos, se fijará día y hora, mediante auto expreso, para que se realice audiencia de descargos, la cual es una audiencia en la cual el interesado, o su representante legal, deberá presentarse personalmente ante el órgano competente. Ahí, en esa audiencia, el interesado podrá defenderse de los hechos que se le imputan o exhibir cualquier tipo de pruebas.

Podrá la Administración Pública reconocer en el marco del procedimiento administrativo que los hechos no revisten carácter ilícito. Así se desprende del artículo 157 del Decreto Ley. En ese caso, emitirá un acta de conformidad, el cual pondrá fin al procedimiento y declarará la absolución de todos los cargos.

Asimismo, el presunto infractor puede aceptar los hechos que se le imputan. Señala el artículo 157 que si acepta la totalidad de las imputaciones se levantará acta en la que se dejará constancia de tal aceptación y se impondrán las sanciones a que hubieren lugar, aplicando en ese caso la atenuación de la sanción por ser una circunstancia atenuante, según lo previsto en el numeral 1 del artículo 108. Esa acta pondrá fin al procedimiento administrativo.

Si el particular admite solo parte de los hechos, o si el funcionario declara la conformidad de algunos hechos, el funcionario emitirá acta de descargo parcial, en la cual deberá diferenciar con claridad los hechos reconocidos o aquellos respecto de los cuales declara su responsabilidad. Los hechos sobre los cuales no se declare terminado el procedimiento continuarán siendo objeto del mismo.

Culminada la audiencia de descargos, se inicia el lapso probatorio, que será de quince días hábiles, el cual se distribuirá de la siguiente manera: cinco (5) días hábiles para la promoción de pruebas; tres (3) días hábiles para la oposición; dos (2) días hábiles para la admisión, y; cinco (5) días hábiles para la evacuación. Todo ello lo establece el artículo 159. Se podrá acordar una prórroga de treinta (30) días hábiles, en casos de especial complejidad.

Durante el lapso probatorio, el interesado también podrá promover y evacuar las pruebas que hubiere exhibido en la audiencia de descargos.

C. *Decisión e imposición de sanciones*

Vencido el lapso probatorio, se inicia un plazo de treinta (30) días continuos para que se emita la decisión. A pesar que no se señala quien es el funcionario competente para ello, en razón de la importancia y gravedad que comporta el régimen sancionatorio, deberá dictar la decisión el funcionario de mayor jerarquía del órgano que sustanció el procedimiento.

El artículo 163 consagra la figura del silencio negativo, toda vez que vencido el plazo para decidir sin que se hubiere dictado el asunto, se considerará que ha sido resuelto negativamente, es decir, contrario al particular. Esta norma tiene varios elementos que lo hacen absolutamente inviable. En primer lugar, los silencios administrativos se establecen solo para los procedimientos administrativos en segundo grado, esto es, para los recursos administrativos, y en este caso se estipula para el procedimiento administrativo en primer grado. En segundo lugar, un silencio administrativo jamás podría establecer una sanción en cabeza de un particular, ya que el derecho sancionatorio es de aplicación restrictiva, por lo que solo mediante acto expreso podría dictarse la sanción, siendo de recordar que el silencio administrativo es solo una presunción de existencia de un acto administrativo negativo, y no un acto expreso. En tercer lugar, si se da el silencio administrativo, no se podrá saber que sanción se le impone al particular, ya que no hay acto administrativo que imponga la sanción.

El acto que imponga la sanción administrativa debe ser dictado en términos claros y precisos, sin necesidad de narrativa ni transcripciones de actas. En él, se deberá indicar los requisitos que exige el artículo 164: (i) lugar y fecha de emisión; (ii) identificación del sujeto que constituye parte en el procedimiento; (iii) hechos y omisiones constatados, bienes objeto del procedimiento y métodos aplicados en la inspección o fiscalización; (iv) apreciación de todas las pruebas y defensas alegadas; (v) fundamentos de la decisión, de hecho y de derecho; (vi) decisión, que podría ser absolución, sanción o reposición; (vii) recursos que correspondan contra el acto, y (viii) identificación y firma autógrafa del funcionario que emite el acto, señalando el carácter con el que actúa.

Este acto administrativo deberá ser sancionado de conformidad a lo establecido en la Ley Orgánica de Procedimientos Administrativos, tal como lo señala el artículo 168 del Decreto Ley. Cuando se decida multar al particular, la notificación será acompañada de planilla de liquidación, para que se proceda a pagar la multa en un plazo no mayor de quince (15) días hábiles.

Consagra también el Decreto Ley todo un sistema de ejecución de las sanciones. El artículo 165 consagra que los actos administrativos sancionatorios deberán ser ejecutados de manera voluntaria por parte del sancionado dentro de los tres (3) días siguientes a su notificación. Cuando dicha ejecución voluntaria no se realice, procederá la ejecución forzosa, a tenor del artículo 166, las cuales se llevarán a cabo conforme a las reglas que establece el artículo 167.

Si se trata de actos de ejecución indirecta por parte del sancionado, se procederá a la ejecución a costa del obligado, con auxilio de la fuerza pública si fuera necesario. Por el contrario, si se trata de actos de ejecución personal, y el obligado se resistiere a cumplirlas, se solicitará el auxilio de la fuerza pública para ejecutaros, imponiéndose multas sucesivas al sancionado mientras no cumpla con su obligación. En caso que persista el incumplimiento, será sancionado con muevas multas iguales o superiores a las aplicadas. Cada multa podrá tener un monto entre mil y cinco mil unidades tributarias (1000 y 5000 U.T.).

D. *Recursos*

El artículo 169 del Decreto Ley, siguiendo también la tendencia legislativa en la materia, deja escoger al particular entre acudir a la vía administrativa o intentar recurso contencioso administrativo de nulidad.

El interesado podrá entonces interponer recurso jerárquico dentro de los quince (15) días hábiles siguientes a la fecha de la notificación del acto, cuando la decisión no se dictada por la máxima autoridad del órgano o ente competente.

Dos cosas se derivan de esta norma. Primero, cuando sea la máxima autoridad del órgano o ente quien dicte el acto administrativo, no se podrá acudir ante él, por lo que, en ese caso, no habría acceso a la vía administrativa. De otra parte, la norma no señala el lapso que tiene el funcionario para decidir, por lo que deberá entenderse que el funcionario tiene noventa (90) días para decidir dicho recurso jerárquico, por aplicación supletoria del artículo 95 de la Ley Orgánica de Procedimientos administrativos.

Tiene el particular también la opción de acudir directamente a los tribunales con competencia en lo contencioso administrativo a interponer el respectivo recurso contencioso administrativo de nulidad. No es esto ya una sorpresa, toda vez que el Decreto con rango, valor y fuerza de Ley Orgánica de la Administración Pública, dictada en *Gaceta Oficial Extraordinaria* número 5.890 del 31 de julio –la misma fecha del Decreto Ley de Seguridad y Soberanía Alimentaria- consagra como derecho absoluto de los ciudadanos el agotar optativamente la vía administrativa, o acudir de inmediato a los jueces contenciosos administrativos. No señala la norma el lapso de caducidad para intentar el recurso, por lo que se debe entender que el particular tiene seis (6) meses contados a partir de la notificación, de conformidad al artículo 19 de la Ley Orgánica del Tribunal Supremo de Justicia de la República Bolivariana de Venezuela.

E. *Los bienes comisados*

Por último, cuando se declare con lugar el comiso de productos alimenticios que sean aptos para el consumo o productos agrícolas, serán destinados, exclusivamente, a los programas de distribución de alimentos y apoyo a la producción agrícola nacional, sin que haya lugar a remate, tal como lo señala el artículo 170. Estos artículos no podrán ser comercializados.

El artículo 171 a su vez, destaca que cuando el comiso haya sido declarado sin lugar, se deberán devolver a su propietario los productos alimenticios en el estado en que se hallaren, si estos habían sido comisados como medida preventiva.

Ahora bien, si estos productos hubieren desaparecido, dañado o deteriorado por causa imputable a la Administración Pública, el propietario tendrá derecho a que se le indemnice. Por tanto, podrá pedir directamente a la Administración que pague la indemnización correspondiente sin la necesidad inicial de acudir a un tribunal.

De otra parte, cuando los bienes comisados hayan sido destinados a programas de distribución de alimentos, también nacerá el derecho a la indemnización, pero, solo si el recurso administrativo o judicial que declare sin lugar el comiso de tales bienes quedare definitivamente firme.

JURISPRUDENCIA

Información Jurisprudencial

Jurisprudencia Administrativa y Constitucional (Tribunal Supremo de Justicia y Cortes de lo Contencioso Administrativo): Tercer Trimestre de 2009

Selección, recopilación y notas
por Mary Ramos Fernández
Abogado
Secretaria de Redacción de la Revista

Marianella Villegas Salazar
Abogado Asistente

SUMARIO

I. EL ORDENAMIENTO CONSTITUCIONAL Y FUNCIONAL DEL ESTADO

1. *El Ordenamiento Jurídico*

A. *Delegación legislativa*

TSJ-SC (1178) **13- 8-2009**

Magistrado Ponente: Carmen Zuleta De Merchán

Caso: Impugnación de la Ley General de Bancos y otras Instituciones Financieras.

La delegación legislativa, cuando opera correctamente, no implica una transferencia del poder legislativo hacia la Administración, sino una técnica de colaboración entre los órganos del Poder Público. Lo esencial es que esta delegación se produzca para casos determinados, sin afectar a la reserva legal, evitando incurrir en remisiones genéricas y no delimitadas a favor de la Administración. En este sentido, la norma contenida en el artículo 187 de la Ley General de Bancos y Otras Instituciones Financieras no constituye una deslegalización, toda vez que establece los lineamientos sobre los cuales debe actuar la Superintendencia de Bancos y Otras Instituciones Financieras, así como no existe vacío legal que le permita al ente administrativo una regulación desvinculada de los parámetros fijados por la Ley.

El accionante alega que el cardinal 7 del artículo 185 del Decreto Ley de Reforma Parcial de la Ley General de Bancos prohíbe otorgar «*créditos de cualquier clase a personas vinculadas directa o indirectamente entre sí, por cantidades que excedan en su totalidad del veinte (20%) del patrimonio del banco, entidad de ahorro y préstamo, o institución financiera*». Por su parte, la Procuraduría General de la República consideró que los dispositivos analizados contienen parámetros concretos que permiten a la Superintendencia de Bancos realizar modificaciones en relación con el instrumento legal, siempre que actúe dentro del ámbito de su competencia.

La norma en referencia establece los casos en que considera que las personas que solicitan créditos están vinculadas existe; pero permite a la Superintendencia de Bancos y Otras Instituciones Financieras «*...establecer otros criterios de vinculación o modificar los porcentajes aquí establecidos, según lo previsto en este artículo*».

Así, el extracto del artículo 187 de la Ley de Bancos y Otras Instituciones Financieras que se contrae a lo cuestionado en este acápite dispone lo siguiente:

> "La Superintendencia de Bancos y Otras Instituciones Financieras, mediante normas de carácter general, podrá modificar los porcentajes y montos señalados en el artículo 185 del presente Decreto Ley y ampliar los supuestos de relación", así como "dictar normas para definir el otorgamiento directo e indirecto de créditos y calificará los créditos a personas relacionadas o vinculadas en sus distintos supuestos". Y establecer "los apartados y provisiones que deban constituirse cuando los riesgos asumidos así lo aconsejen". Además, finaliza señalando que "las normas aquí previstas atenderán a la finalidad de las limitaciones incluidas en el artículo 185 de este Decreto Ley, y tomarán en consideración las pautas de aceptación general aplicables en estas materias.

Al respecto, esta Sala observa que la labor de la Superintendencia de bancos debe estar caracterizada por la mayor efectividad posible, en virtud de las atribuciones que la ley le otorga. De allí surge la necesidad de dotar a este órgano de facultades que le permitan mantener y garantizar la buena marcha de la operatividad de la banca y tomar los correctivos necesarios oportunamente en ese sentido.

En el orden de ideas precedente, este Máximo Tribunal ha manifestado en la sentencia N° 825/2004 (caso: *Banco del Caribe*) lo siguiente:

> En virtud de lo anterior, cuyo fundamento son los artículos 2, 19, 112, 115, 141 y 299 de la Constitución de la República Bolivariana de Venezuela, queda justificado el establecimiento por parte del legislador de un conjunto de sanciones y penas para evitar o castigar el incumplimiento de los deberes y obligaciones que el ordenamiento jurídico establece en cabeza de las personas dedicadas a la intermediación financieras, y, en el mismo sentido, queda legitimada la atribución por ley al ente administrativo supervisor y regulador del sector económico examinado, de las respectivas competencias y la potestad para sancionar, previa sustanciación del debido procedimiento administrativo, aquellas conductas de los sujetos que efectúan la señalada actividad económica que constituyan una violación o un incumplimiento de cualquiera de los deberes y obligaciones que el Decreto N° 1.526 con Fuerza de Ley de Reforma de la Ley General de Bancos y Otras Instituciones Financieras, así como la restante normativa legal y sub-legal le impongan, sin que pueda estimarse que la previsión de medidas dirigidas a afectar o disminuir el patrimonio (propiedad) como las multas son, en sí mismas, contrarias a derechos constitucionales, como por ejemplo, el protegido por el artículo 115 de la Norma Fundamental, ya que se entiende que las mismas guardan una debida proporcionalidad (tal y como ocurre en el ámbito penal entre los delitos y la privación de libertad y entre las faltas y las multas) con respecto al daño o perjuicio sufrido por el bien jurídico tutelado, que, en el ámbito jurídico-administrativo, lo representa el interés general que, en cada caso, protege o sirve la Administración Pública

Del criterio jurisprudencial expuesto se evidencia que la atribución otorgada a la Superintendencia forma parte de la previsión legislativa que permite a la Administración colaborar con el control de la actividad económica con el fin de preservar su funcionamiento en forma adecuada. De ese modo, la posibilidad que tiene el legislador de autorizar a la Administración para modificar previsiones de orden legal, contenida en el artículo 187 del Decreto Ley de Reforma Parcial de la Ley General de Bancos, encuentra sus razones en la celeridad y en el manejo de aspectos técnicos por parte del órgano administrativo que aseguran la eficacia y la eficiencia en la labor supervisora de la actividad bancaria; sin embargo, lo expuesto no deja de lado la participación necesaria del órgano legislativo, por lo que debe entenderse en su justa medida la habilitación que el legislador le otorga al Poder Ejecutivo para coadyuvar en la creación normativa.

En efecto, la delegación legislativa, cuando opera correctamente, no implica una transferencia del poder legislativo hacia la Administración, sino una técnica de colaboración entre los órganos del Poder Público.

Lo esencial es que esta delegación se produzca para casos determinados, sin afectar a la reserva legal, evitando incurrir en remisiones genéricas y no delimitadas a favor de la Administración.

En el caso de autos, la norma establecida en el artículo 187 de la Ley General de Bancos y Otras Instituciones Financieras específica que la habilitación legislativa otorgada a la Superintendencia de Bancos y Otras Instituciones Financieras debe atender a la finalidad de las limitaciones estipuladas en el artículo 185, ampliamente tratadas a lo largo de este fallo. Asimismo, estipula que las normas dictadas por la mencionada Superintendencia deben considerar las pautas de aceptación general aplicables al tema bancario.

Igualmente, no se trata de una habilitación general o en blanco, sino que obedece a tópicos específicos. Así, la Superintendencia de Bancos está habilitada para modificar los porcentajes y montos señalados en el artículo 185 de la Ley General de Bancos y Otras Instituciones Financieras; esto es, por ejemplo, el porcentaje de la tenencia accionaria del capital social del ente financiero, el equivalente de la participación del total de miembros de la junta directivas, el porcentaje del capital social del banco, el porcentaje de la participación de las personas naturales en las sociedad mercantiles solicitantes de créditos, entre otros.

Asimismo, la habilitación se ciñe a la ampliación de los supuestos de relación con el ente financiero, bien sea a través de inclusión de cargos que se reputen como vinculados o bien mediante la ampliación del parentesco. De igual forma, la norma impugnada le asigna a la Superintendencia de Bancos y Otras Instituciones Financieras la competencia para definir en qué supuestos existe otorgamiento directo e indirecto de créditos y cuáles serán los supuestos en que se calificarán los créditos a personas relacionadas o vinculadas.

De ese modo, a diferencia de lo esgrimido por los accionantes, la norma contenida en el artículo 187 de la Ley General de Bancos y Otras Instituciones Financieras no constituye una deslegalización, toda vez que establece los lineamientos sobre los cuales debe actuar la Superintendencia de Bancos y Otras Instituciones Financieras, así como no existe vacío legal que le permita al ente administrativo una regulación desvinculada de los parámetros fijados por la Ley.

En definitiva, a la Superintendencia de Bancos y Otras Instituciones Financieras le corresponde desarrollar la denominada «normativa prudencial», de acuerdo a lo señalado en la Ley General de Bancos y otras Instituciones Financieras, para supervisar, controlar y vigilar el funcionamiento del sistema financiero, con el fin de preservar la salud del sistema bancario, preservar la cartera de créditos, los niveles de liquidez, la confiabilidad de la información suministrada por las instituciones (balances, estados de ganancias y pérdidas, inventarios, etcétera) y de manera especial la confianza pública.

Como resultado de lo expuesto, esta Sala Constitucional desestima el alegato relacionado con la deslegalización presentado por el accionante mediante la acción de nulidad interpuesta. Así se declara.

II. DERECHOS Y GARANTÍAS CONSTITUCIONALES

1. *Garantías Constitucionales*

A. *La garantía de igualdad ante la Ley: Principio de igualdad*

TSJ-SPA (1131) **29-7-2009**

Magistrado Ponente: Emiro García Rosas

Caso: Hugo Medina y Presidente de la ASOCIACIÓN DE JUBILADOS Y PENSIONADOS DE C.V.G. VENALUM (AJUPEVE).

Sólo existe desigualdad inconstitucional cuando, pese a la identidad de una situación, el derecho prevé soluciones distintas que no encuentran justificación.

Las normas citadas evidencian la existencia de leyes nacionales (Ley Orgánica de Prevención, Condiciones y Medio Ambiente de Trabajo y Ley del Seguro Social) que amparan a los sobrevivientes de un pensionado por invalidez o por vejez; no obstante, la causación de las referidas pensiones supone el cumplimiento de requisitos diferentes para supuestos también diferentes.

De sus contenidos se colige que los requisitos para obtener la pensión por vejez son: el cumplimiento de una determinada edad y la acreditación de un número mínimo de cotizaciones; en cambio, para el otorgamiento de la pensión de invalidez se requiere que el trabajador hubiese sufrido un accidente o enfermedad profesional, que comporte para él pérdida de su capacidad para el desempeño de su labor, es decir, se refiere a situaciones distintas, reguladas en forma diferente y cuyas consecuencias son igualmente diversas.

Lo anterior viene al caso porque los recurrentes alegan que la situación del jubilado y el pensionado es "parecida", porque "*de hecho las nóminas y las asociaciones que los agrupan, en especial la que intenta este recurso lleva por nombre ASOCIACIÓN DE JUBILADOS Y PENSIONADOS",* y sería -en su opinión- "*discriminatorio que los sobrevivientes de los jubilados sólo sean acreedores de la pensión de sobrevivientes, no corriendo igual suerte los sobrevivientes del beneficiario de pensión de invalidez*".

Al respecto, este Máximo Tribunal ha manifestado que "*...sólo existe desigualdad inconstitucional cuando, pese a la identidad de una situación, el derecho prevé soluciones distintas que no encuentran justificación...*" (*vid.* sentencia de la Sala Constitucional Nº 1452 del 3/08/2004). En similares términos se ha pronunciado esta Sala al expresar que "*sólo puede advertirse un trato discriminatorio en aquellos casos en los cuales se compruebe que frente a circunstancias similares y en igualdad de condiciones, se ha manifestado un tratamiento desigual*" (*vid.* Sentencias de esta Sala números 01450, 00526 y 00004 de fechas 7 de junio de 2006, 11 de abril de 2007 y 14 de enero de 2009, respectivamente).

No sucede así en el caso de autos, pues no existen soluciones distintas para casos iguales. En efecto, los recurrentes comparan la situación de los jubilados con la de los pensionados por incapacidad permanente, por el hecho de conformar un gremio y una misma nómina; no obstante, ni del criterio de agrupación alegado, ni del análisis de los cuerpos normativos referidos dimana tal igualdad.

La jubilación está referida al cumplimiento concurrente de los requisitos mínimos de edad, años de servicio y número de cotizaciones aportadas por el trabajador, lo que indica un desempeño laboral prolongado, no comportando tal situación, necesariamente, la pérdida de capacidad para seguir realizando un trabajo; en cambio, la pensión por invalidez implica siempre una merma permanente de la capacidad para trabajar, debido a una enfermedad ocupacional o accidente laboral. En consecuencia, resulta improcedente la denuncia de violación al principio de igualdad. Así se decide.

TSJ-SC (1178) 13- 8-2009

Magistrado Ponente: Carmen Zuleta De Merchan.

Caso: Impugnación de la Ley General de Bancos y otras Instituciones Financieras.

La norma contenida en el artículo 185 de la Ley General de Bancos y Otras Instituciones Financieras que restringe a los empleados, gerentes, administradores, socios y accionistas de las instituciones financieras contratar con el ente al que prestan sus servicios o con el que están vinculados. No viola el derecho a la igualdad.

Aunado a lo anterior, el accionante denunció que la normativa impugnada viola el derecho a la igualdad, mediante las restricciones establecidas para la concesión de créditos, operaciones de compra venta o adquisición de bienes, según lo dispuesto en el artículo 185 de la legislación demandada.

Al respecto, la parte actora consideró que la normativa impugnada crea desigualdad para el caso de personas que puedan reunir los requisitos exigidos al momento de solicitar un crédito; pero que por razones derivadas de vínculos de afinidad o de consanguinidad, resulten excluidas en virtud de la relación existente sin que sea considerada su capacidad económica y las demás exigencias.

Por su parte, la representación de la Procuraduría General de la República consideró que los entes financieros pueden contratar sin las limitaciones impugnadas con una gran cantidad de personas, pues los afectados por las restricciones se reducen a un grupo, es decir quienes tienen vínculos con ellos y por lo tanto tal restricción no resultaría inconstitucional.

También señaló la Procuraduría que aparte del grupo de personas indicado en los supuestos de hecho de la normativa impugnada, también existe otro grupo de personas mayoritario, con el que puede interactuar el sector bancario y ofrecerle los servicios de intermediación financiera, sin que ello conlleve a la violación de la normativa en referencia.

En ese orden de ideas se debe referir que el derecho a la igualdad, contemplado en el artículo 21 constitucional, ha sido interpretado por esta Sala en reiteradas oportunidades. En todas ellas, ha señalado que el derecho a la igualdad exige dar el mismo trato sólo a aquellos que se encuentren en idéntica o semejante situación, pues dicho derecho admite diferenciaciones legítimas respecto de quienes no se hallen en una situación análoga, sin que en modo alguno ello implica discriminación (*vid.* Sent. N° 972/2006, caso: *Julián Isaías Rodríguez Díaz*).

En el caso de autos la norma contenida en el artículo 185 de la Ley General de Bancos y Otras Instituciones Financieras restringe a los empleados, gerentes, administradores, socios y accionistas de las instituciones financieras contratar con el ente al que prestan sus servicios o con el que están vinculados. De ese modo, es la propia especificidad de los destinatarios de tal restricción la que da cuenta de que la vinculación con el ente financiero los distingue del resto de los usuarios del sistema bancario, vinculación que si no fuese por la restricción impugnada pudiera dar cabida a prebendas o privilegios no aceptables con motivo del requerimiento de un crédito que los favorezca.

Por otra parte, no se trata de una prohibición que obedezca únicamente a la finalidad de garantizar la igualdad en el otorgamiento de créditos. La Sala llama nuevamente la atención sobre las crisis financieras y en particular los problemas surgidos en los pasados años 1994 y 1995, que se debieron en buena medida a la concesión de créditos a personas relacionadas con el banco o ente similar sin atender los criterios normalmente exigidos, siendo la recuperación de tales créditos difícil o imposible, aunque sigue siendo un objetivo que ha pretendido ser alcanzado por esta Sala en beneficio de los ahorristas, tal como se desprende del fallo N° 1107/2008 (caso: *CORPBANCA*), en los siguientes términos:

> Bajo ese marco conceptual, en el cual el juez debe en su labor de aplicación de los principios constitucionales y de los criterios vinculantes de esta Sala, a los fines de adecuar el ordenamiento jurídico a las exigencias sociales y la realidad del sistema financiero, es que debe abordarse el análisis de la sentencia objeto de revisión.
>
> En tal sentido, se advierte que la Sala Político Administrativa del Tribunal Supremo de Justicia, declaró sin lugar la demanda que por cobro de bolívares ejercieron un grupo de ahorristas -entre ellos los hoy solicitantes de la revisión- contra el Banco Consolidado, C.A., fundamentado en el hecho que el Banco Consolidado Aruba N.V. era una sociedad extranjera cuya sede era la Isla de Aruba, Antillas Neerlandesas, siendo que no quedó evidenciado -a su decir- que dicho Banco tuviese agencia, sucursal ni explotación en Venezuela, por lo cual no resultaba aplicable la consecuencia jurídica establecida en el artículo 357 del Código de Comercio.
>
> Como se señaló anteriormente, las formas y negocios jurídicos bajo los cuales se concibió el Código de Comercio vigente, responden a una estructura comercial, financiera y bursátil que dista diametralmente a las realidades y negocios que en la actualidad desarrollan los agentes económicos en esos mercados, por lo que su interpretación debe adminicularse al contenido de otras regulaciones vigentes que permitan determinar el alcance de la pertenencia de una persona jurídica a un grupo financiero o económico, a los fines de evitar que mediante figuras jurídicas económicas o contables se eludan previsiones de orden público de rango legal que desarrollan el contenido del principio de justicia social que debe encontrarse en el desarrollo de cualquier actividad económica.

Por otra parte, la Sala advierte que no se trata de restricciones absolutas, en virtud de que las normas impugnadas contienen excepciones a las propias restricciones establecidas. Tal es el caso de créditos para la adquisición de vivienda principal, solicitudes de préstamo respaldadas con las prestaciones sociales del trabajador, empréstitos otorgados en virtud de programas generales de crédito concedidos a dicho personal, para cubrir necesidades razonables, entendiéndose como tales, aquellos créditos o financiamientos orientados a cubrir gastos de subsistencia o mejoras, dentro de los límites económicos del grupo a ser beneficiario, tales como la adquisición o reparación de vehículos, gastos médicos, créditos para estudio o similares.

Al ser ello así, las restricciones y prohibiciones contempladas en el artículo 185 no resultan inconstitucionales, ya que las mismas están dirigidas a garantizar el mayor grado de transparencia en las operaciones de crédito, y por otra parte permiten proteger la salud de la cartera crediticia de las instituciones bancarias, al regularse el otorgamiento de créditos por ser un aspecto muy sensible de la intermediación financiera.

Con base en los argumentos expuestos, esta Sala Constitucional desestima el alegato relacionado con la violación a la igualdad, presentado por el accionante mediante la acción de nulidad interpuesta. Así se declara.

2. *Derechos Constitucionales*

A. *Derechos Individuales*

a. *Libre desarrollo de la personalidad: Libertad de Elección*

TSJ-SC (1178) **13-8-2009**

Magistrado Ponente: Carmen Zuleta De Merchan

Caso: Impugnación de la Ley General de Bancos y otras Instituciones Financieras.

La libertad de elección, como parte integrante del derecho constitucional al libre desarrollo de la personalidad, se vería trastrocada si: a) la limitación es injustificada; y b) le impide al ciudadano aplicar por otras opciones. (En el caso de la norma contenida en el artículo 185 de la Ley General de Bancos y Otras Instituciones Financieras la única limitación que radica de la norma es la de aplicar para el crédito con el ente financiero al cual se está vinculado).

A juicio del accionante las interdicciones contenidas en la normativa denunciada limitan el derecho de libertad de elección de los usuarios, debido a los supuestos normativos que prohíben el otorgamiento de créditos. Así, un grupo de interesados estaría impedido, aparentemente sin razón alguna, de solicitar los servicios de aquellas entidades financieras con las que pueda tener alguno de los vínculos a que se refiere la norma denunciada.

En cambio, para la Procuraduría General de la República tal restricción no constituye una violación al orden constitucional, puesto que el mercado financiero venezolano dispone de suficientes entidades bancarias que pueden otorgar préstamos a las personas vinculadas por razones de consanguinidad o afinidad con ciertos bancos.

Al respecto, la Sala es conteste con lo alegado por la Procuraduría General de la República, en el sentido de que la restricción de la libertad de elección no comporta lesión a derecho constitucional alguno, pues, los presidentes, vicepresidentes, directores, consejeros, asesores, gerentes de área, secretarios de la junta directiva, y demás personas próximas al ente financiero siempre cuentan con la opción de acudir al mercado financiero, que ofrece multiplicidad de opciones, para solicitar préstamos.

La libertad de elección, como parte integrante del derecho constitucional al libre desarrollo de la personalidad, se vería trastrocada si: a) la limitación es injustificada; y b) le impide al ciudadano aplicar por otras opciones. En el caso de la norma contenida en el artículo 185 de la Ley General de Bancos y Otras Instituciones Financieras la única limitación que radica de la norma es la de aplicar para el crédito con el ente financiero al cual se está vinculado. Siendo ello así, en criterio de la Sala la prohibición satisface los extremos requeridos para reputar como válida la restricción a la libertad de elección, pues, por una parte, tal como se ha sostenido a lo largo de este fallo, la prohibición está justificada por la conservación y buen funcionamiento interno de las organizaciones bancarias; y por la otra, no le niega a sus destinatarios la opción de elegir entre el resto de las opciones que le ofrece el mercado financiero, ya que el personal de los entes financieros y las personas próximas a éstos están advertidos de no celebrar operaciones de crédito o de compra venta **sólo con el banco con el cual están vinculados.**

Por otra parte, las disposiciones legales bajo análisis persiguen el mantenimiento de las condiciones de igualdad para quienes requieren de los servicios de la banca, todo ello con el fin de preservar la transparencia de las operaciones de intermediación financiera, procurando en todo momento que no surjan ventajas o privilegios en cabeza de las personas relacionadas con las entidades financieras.

Con base en los argumentos expuestos, esta Sala Constitucional desestima el alegato relacionado con la violación al derecho de elección del los particulares, presentado por el accionante mediante la acción de nulidad interpuesta. Así se declara.

B. *Derecho de petición y a obtener oportuna y adecuada respuesta: Alcance*

TSJ-SPA (SACC) (1254) 12-8-2009

Magistrado Ponente: Evelyn Margarita Marrero Ortiz

Caso: René Molina Galicia y Lourdes D. Yajaira Yrureta Ortíz vs. Consejo Moral Republicano.

La respuesta dada por la Administración debe ser, en primer lugar, oportuna en el tiempo, es decir, que la misma no resulte inoficiosa debido al largo transcurso desde la petición formulada hasta la respuesta obtenida; y, en segundo lugar, la respuesta debe ser adecuadamente motivada de acuerdo a las diversas pretensiones solicitadas por el administrado, esto es, debe contener una congruente decisión de acuerdo a las circunstancias fácticas y jurídicas planteadas en el caso concreto de que se trate.

......Por otra parte, denuncia la parte actora que el Consejo Moral Republicano violó el derecho a obtener oportuna y adecuada respuesta, pues no sustanció ni decidió en once meses la denuncia por ellos presentada.

Al respecto, resulta necesario traer a colación el contenido del artículo 51 de la Constitución de la República Bolivariana de Venezuela, el cual dispone lo que sigue:

> "***Artículo 51.-*** *Toda persona tiene el derecho de representar o dirigir peticiones ante cualquier autoridad, funcionario público o funcionaria pública sobre los asuntos que sean de la competencia de éstos, y a obtener oportuna y adecuada respuesta. Quienes violen este derecho serán sancionados conforme a la ley, pudiendo ser destituidos del cargo respectivo*".

La norma transcrita contempla el derecho que tiene todo ciudadano de presentar solicitudes ante cualquier autoridad o funcionario público, y de recibir respuesta oportuna y adecuada sobre los asuntos que sean de la competencia del funcionario ante el cual peticionan.

Con relación al aludido derecho, la Sala Político Administrativa ha señalado en diversas ocasiones, que sólo puede hablarse de violación al derecho de petición cuando la Administración tiene la obligación de pronunciarse sobre un asunto que le ha sido planteado por los administrados y se niega a hacerlo. Asimismo, ha establecido reiteradamente la Sala que cuando la Administración se pronuncia sobre la solicitud formulada por el particular en forma que le es desfavorable, no puede hablarse de violación al derecho de petición, ya que el mismo constituye un derecho a obtener oportuna y adecuada respuesta y no el derecho a conseguir un pronunciamiento que le sea favorable (*Vid.* Sentencia Nº 00402 del 29 de abril de 2004, entre otras).

Ahora bien, de lo antes expuesto no debe afirmarse que la respuesta de la Administración deba ser favorable para el administrado, sino que la respuesta dada por la Administración debe ser, en primer lugar, oportuna en el tiempo, es decir, que la misma no resulte inoficiosa debido al largo transcurso desde la petición formulada hasta la respuesta obtenida; y, en segundo lugar, la respuesta debe ser adecuadamente motivada de acuerdo a las diversas pretensiones solicitadas por el administrado, esto es, debe contener una congruente decisión de acuerdo a las circunstancias fácticas y jurídicas planteadas en el caso concreto de que se trate.

En conexión con lo anterior, la Sala Constitucional, en sentencia N° 458 de fecha 8 de abril de 2005, señaló lo siguiente:

"(...) *la violación al derecho de petición, oportuna y adecuada respuesta, se configura cuando se niega al individuo la posibilidad material de hacer llegar sus peticiones a la autoridad, bien porque se resista a admitir las peticiones, bien porque las rechace in limine, sin examen alguno, o bien porque las deje indefinidamente sin respuesta.*

Por otra parte, se entiende conculcado el derecho de petición, oportuna y adecuada respuesta, cuando la Administración, si bien da la respuesta, la misma no ha sido dada en el tiempo previsto para ello, convirtiéndose para el momento en que se dicta en inoportuna, o bien cuando la respuesta dada es impertinente e inadecuada, esto es, que no se ajusta a los parámetros a los cuales debió sujetarse".

En el caso bajo examen, de la revisión de las actas que conforman el expediente se evidencia que, efectivamente, el Consejo Moral Republicano, por intermedio de su Presidente, analizó la denuncia presentada por los abogados René Molina Galicia y Lourdes del Valle Yajaira Yrureta Ortíz, contra los Magistrados de la Sala Político Administrativa, Levis Ignacio Zerpa, Yolanda Jaimes Guerrero y Hadel Mostafá Paolini, la cual fue declarada inadmisible; decisión que constituye el acto administrativo ahora impugnado en este proceso; razón por la cual mal puede alegar la parte actora que el Consejo Moral Republicano no dio respuesta a la denuncia planteada. Así se declara.

3. *Derechos Sociales y de las Familias*

A. *Derecho a la seguridad social: Pensiones por vejez y por invalidez (sobrevivientes)*

TSJ-SPA (1131) **29-7-2009**

Magistrado Ponente: Emiro García Rosas

Caso: Hugo Medina y Presidente de la ASOCIACIÓN DE JUBILADOS Y PENSIONADOS DE C.V.G. VENALUM (AJUPEVE).

La Constitución no establece distinción alguna en cuanto a los sobrevivientes de los pensionados por vejez o por invalidez. Por esta razón, la Sala Político Administrativa anuló el artículo 23 del Reglamento de la Ley del Estatuto sobre el Régimen de Jubilaciones y Pensiones de los Funcionarios o Empleados de la Administración Pública Nacional, de los Estados y de los Municipios que establecía que "la muerte de un beneficiario de una pensión de invalidez no causará pensión de sobrevivientes".

Véase: Página 108 de esta *Revista*

4. *Derechos Laborales: Protección (solvencia laboral)*

TSJ- SPA (1006) **8-7-2009**

Magistrado Ponente: Hadel Mostafá Paolini

Caso: Asociación Civil Confederación Venezolana de Industriales (CONINDUSTRIA).

La Administración a través de la solvencia laboral pretende asegurar el cumplimiento y efectividad de un aspecto medular de la normativa laboral, concretamente, de los derechos laborales consagrados en los artículos 87 y siguientes de la Constitución de la República Bolivariana de Venezuela, así como en la ley orgánica que rige la materia, ya que dicho documento certifica que el patrono o patrona efectivamente respeta los derechos humanos laborales y sindicales de sus trabajadores y trabajadoras.

Fundamentaron la presente denuncia aduciendo que mediante el Decreto N° 4.248 el Ejecutivo Nacional ha creado sanciones administrativas, a través de las cuales se pueden revocar las solvencias laborales, es decir, actos administrativos que afectan derechos subjetivos, al impedir el pleno y total ejercicio de la libertad económica, "*y ello se ha hecho sin contar con la más mínima tipificación legal y en forma claramente desproporcionada, vaga e imprecisa*".

En ese orden de ideas, además señalaron que las "sanciones" consagradas en el artículo 4 del acto recurrido desconocen el derecho fundamental previsto en el artículo 49 numeral 6 del Texto Constitucional, según el cual "*ninguna persona podrá ser sancionada por actos u omisiones que no fueren previstos como delitos, faltas o infracciones en leyes preexistentes*".

Al respecto, esta Sala debe, por una parte, ratificar lo expuesto precedentemente en el presente fallo en cuanto a que en la sentencia N° 417 de fecha 1° de abril de 2009, dictada por este Órgano Jurisdiccional, ya se declaró que el Presidente de la República con el Decreto N° 4.248 no transgredió el principio de la reserva legal ni incurrió en el vicio de usurpación de funciones, y por la otra, en complemento a lo anterior y específicamente circunscribiéndonos a la denuncia bajo análisis, que no se está en presencia del ejercicio por parte del Estado del *ius puniendi* o derecho sancionador, sino del establecimiento de determinado requisito, a suerte de habilitación, autorización o certificación, en ejecución de la potestades reguladora y fiscalizadora, con fundamento en las atribuciones conferidas expresamente tanto por la Constitución como por las leyes, para reglamentar estas últimas; el cual en definitiva se ha implementado para asegurar el acatamiento, respeto u obediencia por parte de los patronos de los derechos laborales y sindicales de los trabajadores y trabajadoras.

En efecto, en este caso se trata de un acto dictado por el Ejecutivo Nacional de naturaleza reglamentaria y, por ende, de efectos generales, que tiene su basamento en disposiciones constitucionales y legales, cuya concreta ejecución y aplicación se persigue a través del contenido del decreto en referencia.

Así, la Administración a través de la solvencia laboral pretende asegurar el cumplimiento y efectividad de un aspecto medular de la normativa laboral, concretamente, de los derechos laborales consagrados en los artículos 87 y siguientes de la Constitución de la República Bolivariana de Venezuela, así como en la ley orgánica que rige la materia, ya que dicho documento certifica que el patrono o patrona efectivamente respeta los derechos humanos laborales y sindicales de sus trabajadores y trabajadoras.

En este orden de ideas, se advierte que el empleo de la potestad rescisoria de la Inspectoría del Trabajo responde a la pérdida sobrevenida, por parte del solicitante del documento administrativo denominado "*solvencia laboral*", de una condición o requisito necesario para su emanación y conservación, como lo es, el respeto efectivo de los derechos humanos laborales y sindicales, cuya manifestación se concreta en los supuestos de hecho contenidos en el artículo 4 del proveimiento impugnado, entre los cuales cabe destacar: (i) la negativa de cumplir la providencia administrativa o cautelar de reenganche y pago de salarios caídos; (ii) el no cumplimiento oportuno de las cotizaciones y demás aportes del Sistema de Seguridad Social; y (iv) el menoscabo de los derechos de libertad sindical, negociación colectiva, voluntaria o de huelga.

El incumplimiento de las identificadas obligaciones y deberes, que sí están tipificadas como sanciones en leyes especiales, constituye uno de los presupuestos para denegar o revocar el identificado documento administrativo, pero esto último, no con carácter sancionatorio, sino como estricta consecuencia de no cumplirse con los requisitos para su obtención, o para dejarla sin efecto, en caso que previamente se haya concedido dicha solvencia, si la inobservancia es sobrevenida.

De allí, que la Inspectoría del Trabajo tiene la obligación de no aprobar o revocar, según el caso, esa certificación laboral a aquellas empresas que se encuentren al margen de la legalidad al no acatar los compromisos laborales derivados de la normativa consagrada, entre otras, en la Ley Orgánica del Trabajo; abstracción hecha que por esas mismas transgresiones del patrono éstos puedan ser objeto de las sanciones de naturaleza administrativa, civil o penal establecidas, entre otras, en la Ley Orgánica del Trabajo y en la Ley Orgánica de Prevención, Condiciones y Medio Ambiente del Trabajo.

De tal manera, que siendo la revocatoria de la solvencia laboral una medida administrativa que ejerce el Estado en ejercicio de sus potestades reguladora y fiscalizadora -mas no sancionadora- imprescindible para la tutela del interés público que representa la dignificación del trabajo como un hecho social, esta Sala debe declarar improcedente la denuncia bajo análisis. Así se declara.

(...)

Al respecto expresaron que los márgenes de discrecionalidad que deja abierto el artículo 4 del Decreto N° 4.248 "*son sencillamente incompatibles e insuficientes con las garantías que requiere la protección del derecho fundamental a la libertad económica*".

Este Órgano Jurisdiccional constata que cursa a los folios 103 al 106 del expediente judicial el acto administrativo impugnado, en el cual se lee expresamente lo siguiente:

> *"Artículo 4°. La solicitud de solvencia laboral será presentada por los patronos o patronas ante la Inspectoría del Trabajo competente y tendrá una vigencia de un (1) año. El Inspector del Trabajo negará o revocará la solvencia laboral cuando el patrono o patrona:*
>
> *a) Incumpla una Resolución del Ministro o Ministra del Trabajo o cualquier otro acto o decisión dictada por éste o ésta en el ámbito de sus competencias;*
>
> *b) Se niegue a cumplir efectivamente la providencia administrativa o cautelar de reenganche y pago de salarios caídos, así como cualquier otra orden o decisión que dicte la Inspectoría del Trabajo en el ámbito de su competencia;*
>
> *c) Desacate cualquier observación realizada por los funcionarios competentes en materia de supervisión e inspección del trabajo;*
>
> *d) Incumpla cualquier observación o requerimiento dictado por el Instituto Venezolano de los Seguros Sociales o el Instituto Nacional de Prevención, Seguridad y Salud Laborales en el ámbito de su competencia;*
>
> *e) Incumpla una decisión de los tribunales con competencia en materia del trabajo o la seguridad social;*
>
> *f) No cumpla oportunamente con las cotizaciones y demás aportes al Sistema de Seguridad Social;*
>
> *g) Menoscabe los derechos de libertad sindical, negociación colectiva voluntaria o de huelga".*

Advierte este Órgano Jurisdiccional que en los actos discrecionales se requiere que la norma remita a una valoración que atribuya a la Administración la opción de elegir entre distintas soluciones igualmente justas, lo cual no sucede en el caso de autos.

El dispositivo cuestionado no le otorga a las Inspectorías del Trabajo un margen de discrecionalidad para revocar o negar la solvencia laboral al patrono, todo lo contrario, le impone la obligación de hacerlo una vez que verifique la existencia de cualquiera de las causales allí establecidas de manera objetiva, por lo tanto, se desestima el presente alegato y así se declara.

Por otra parte, los representantes judiciales de la actora indicaron que "*la normativa cuestionada no es proporcional frente a los fines que busca tutelar, lo que conlleva a una afectación ilegítima del derecho a la libertad económica previsto en el artículo 112 de la Constitución*".

En este orden de ideas, sostuvieron que aun cuando el fin perseguido por el Estado al dictar el acto impugnado es legítimo, la creación de un nuevo sistema autorizatorio resulta una opción claramente exagerada, injustificada y desproporcionada para lograr los cometidos previstos en el Decreto N° 4.248.

Así, adujeron que no existen razones suficientes que justifiquen la creación de ese nuevo sistema para exigir solvencias laborales a todas las empresas regidas por la legislación laboral, cuando nuestro ordenamiento jurídico está cargado de normas legales destinadas a cumplir con los mismos fines, entre las cuales destacaron los artículos siguientes: (i) 118 de la Ley Orgánica de Prevención, Condiciones y Medio Ambiente de Trabajo; (ii) 639 y 642 de la Ley Orgánica del Trabajo; (iii) 31 de la Ley Orgánica de Amparo sobre Derechos y Garantías Constitucionales; (iv) 483 del Código Penal; y (v) 115 del Decreto con rango, valor y fuerza de Ley Orgánica del Sistema de Seguridad Social.

Ahora bien, respecto de esta denuncia la Sala observa que el artículo 89 de la Constitución de la República Bolivariana de Venezuela consagra la obligación que tiene el Estado de proteger el trabajo como un hecho social, en los siguientes términos:

> "*El trabajo es un hecho social y gozará de la protección del Estado. La ley dispondrá lo necesario para mejorar las condiciones materiales, morales e intelectuales de los trabajadores y trabajadoras* (...)".

El Presidente de la República en ejercicio de la obligación de cumplir y hacer cumplir la Constitución y las leyes, en atención a lo dispuesto en el artículo 236 numeral primero de la Carta Magna y, en virtud del mandato constitucional establecido en el dispositivo antes transcrito, emitió el Decreto recurrido con la finalidad de garantizar los derechos humanos laborales de los trabajadores y trabajadoras, a través de la regulación del otorgamiento, control y revocatoria de la solvencia laboral de los patronos y patronas, incluidas las asociaciones cooperativas que contraten los servicios de no asociados.

La solvencia laboral es el documento administrativo emanado del Ministerio del Trabajo que certifica que el patrono o patrona respeta efectivamente los derechos humanos laborales y sindicales de sus trabajadores y trabajadoras, el cual constituye un requisito imprescindible para celebrar contratos, convenios y acuerdos con el Estado. (*Vid.* Artículo 2 del acto impugnado).

No obstante lo anterior, la parte actora considera injustificada y desproporcionada la regulación en referencia, puesto que ya existen en nuestro ordenamiento jurídico normas destinadas a cumplir con los mismos fines perseguidos en el acto recurrido, según afirma.

Es por ello que esta Sala debe precisar si los dispositivos legales aludidos por la representación judicial de la recurrente son suficientes para garantizar los derechos laborales y sindicales de los trabajadores y trabajadoras, lo cual procede hacer a continuación:

1.- Ley Orgánica de Prevención, Condiciones y Medio Ambiente de Trabajo. Este instrumento normativo establece en el Título VIII denominado de las "*Responsabilidades y Sanciones*", el régimen sancionatorio pecuniario aplicable a los empleadores en caso de incumplimiento de las normas legales y reglamentarias en materia de seguridad y salud laboral sujetas a su responsabilidad.

2.- La Ley Orgánica del Trabajo, en los artículos 639 y 642, establece una sanción pecuniaria a los patronos que desacaten las órdenes de reenganche definitivamente firmes de un trabajador amparado con fuero sindical y que desobedezcan la citación u orden emanada del funcionario competente del trabajo, respectivamente.

3.- La Ley Orgánica de Amparo sobre Derechos y Garantías Constitucionales, en el artículo 31, prevé una sanción penal de seis (6) a quince (15) meses para quien incumpliere el mandamiento de amparo constitucional dictado por el juez.

4.- El artículo 483 del Código Penal establece que: "*El que hubiere desobedecido una orden legalmente expedida por la autoridad competente o no haya observado alguna medida legalmente dictada por dicha autoridad en interés de la justicia o de la seguridad o salubridad públicas, será castigado con arresto de cinco a treinta días, o multa de veinte unidades tributarias (20 U.T.) a ciento cincuenta unidades tributarias (150 U.T.)*".

5.- El Decreto con rango, valor y fuerza de Ley Orgánica del Sistema de Seguridad Social, dispone que los registradores, registradoras, notarios y notarías no deben dar curso a ninguna operación de venta, cesión, arrendamiento, donación o traspaso a cualquier título del dominio de una empresa o establecimiento si el interesado o interesada no presenta certificado de solvencia con el Sistema de Seguridad Social. De igual forma, señala que el certificado de solvencia también se exigirá a todo patrono o patrona o empresa para participar en licitaciones de cualquier índole que promuevan los órganos y entes del sector público y para hacer efectivo cualquier crédito contra éstos. (Artículo 115 *eiusdem*).

Tal como puede apreciarse, efectivamente en la legislación laboral existen un conjunto de disposiciones destinadas a regular las situaciones y relaciones jurídicas derivadas del trabajo como hecho social, cuyos fines específicos en los supuestos normativos antes identificados son los siguientes: (i) que el empleador cumpla las normas legales y reglamentarias en materia de seguridad y salud laboral; (ii) que se acaten las órdenes de reenganche definitivamente firmes de un trabajador amparado con fuero sindical (iii) que se obedezcan las citaciones u órdenes emanadas de funcionarios competentes del trabajo; (iv) que se dé cumplimiento a las mandamientos de amparo constitucionales independientemente de la materia de que se trate; (v) que los registradores y notarios exijan el certificado de solvencia con la seguridad social a las empresas que pretendan realizar operaciones civiles y mercantiles; y (vi) que se requiera el certificado de solvencia laboral a personas jurídicas que deseen participar en procesos licitatorios.

Esta Sala advierte que los dispositivos legales antes citados establecen sanciones administrativas y penales, cuya finalidad es castigar a quienes hayan desplegado conductas tipificadas en las leyes como una infracción.

Por su parte, en el acto recurrido el Estado consagra una medida administrativa reguladora y fiscalizadora (denegación y revocatoria de la solvencia laboral), que busca preservar los derechos humanos laborales y sindicales de los trabajadores y trabajadoras.

De modo que, con el acto impugnado se persigue la consecución de un fin más amplio que el pretendido en las precitadas leyes, como lo es, garantizar y fortalecer los derechos de los trabajadores en el marco de lo dispuesto en el artículo 89 del Texto Constitucional, y no el castigo del infractor de las normas laborales.

En concordancia con lo antes expuesto, debe esta Sala concluir que no existe una vulneración al derecho constitucional a la libertad económica denunciado como conculcado puesto que, dicha medida administrativa resulta ser legítima, proporcional y adecuada a los fines perseguidos por el Estado. Así se declara.

III. EL ORDENAMIENTO ORGÁNICO DEL ESTADO

1. *Régimen de la Administración Pública: Potestad sancionatoria: reserva legal*

TSJ-SC (1178) 13-8-2009

Magistrado Ponente: Carmen Zuleta De Merchán

Caso: Impugnación de la Ley General de Bancos y otras Instituciones Financieras.

...El accionante alega que los cardinales 1, 2, 3, 7, 8, 15 y 18 del artículo 185 violan la reserva legal en materia sancionatoria. En su criterio, el legislador debió atender al denominado principio de tipicidad, ya sea para una infracción o un ilícito, pues incurrió en una indeterminación del sujeto al establecer las prohibiciones para el otorgamiento de créditos y la realización de operaciones de compra venta a "*las personas relacionadas*", lo que conlleva a un problema desde el punto de vista del aspecto subjetivo de la tipificación que incide tanto en el ámbito penal como en el administrativo.

Así, respecto del ámbito penal indicó que la aludida indeterminación de sujeto se constata en el artículo 431 de la Ley de Bancos y Otras Instituciones Financieras, que fija la pena de prisión entre ocho (8) y diez (10) años para quienes incurran en la violación de lo dispuesto en los cardinales 1, 2, 3 y 8, del artículo 185 de dicho Decreto Ley; al igual que en el artículo 449 *eiusdem*, que plantea como pena accesoria y de aplicación automática la inhabilitación para el desempeño de cargos en bancos, entidades de ahorro y préstamo, instituciones financieras y casas de cambio, por un lapso de diez (10) años, contados a partir de la fecha del cumplimiento de la condena correspondiente.

Ya respecto del ámbito administrativo señaló que con base en esa misma indeterminación subjetiva el artículo 418 de la Ley de Bancos y Otras Instituciones Financieras prevé la sanción administrativa de inhabilitación por un período de diez años, cuando se aprueben créditos a favor de las personas relacionadas entre sí o con el ente financiero contraviniendo los cardinales 7, 15 y 18 del artículo 185.

Para la parte actora las normas aludidas ponen de relieve la dificultad para la determinación exacta del sujeto y ello compromete la tipicidad, requisito esencial para la aplicación del *ius puniendi* ya sea en el campo penal o en el terreno administrativo sancionador, pues de la norma constitucional contenida en el artículo 49.6 se desprende que tanto la infracción como la sanción deben estar establecidas previamente en la ley, por lo que debe existir una descripción y una tipificación de la conducta a sancionar, así como de las personas que pueden llegar a incurrir en la conducta calificada como prohibida.

Por su parte, la Procuraduría General de la República consideró que la normativa impugnada sí determina los tipos de infracción, tanto en términos de la conducta infractora, es decir, el otorgamiento de créditos o celebración de operaciones de compra venta; como de quiénes serían las personas responsables, esto es los sujetos activos y pasivos. Por tanto «*...no hay trasgresión alguna de los principios a la reserva legal sancionatoria ni a la garantía de la tipicidad*».

Reseñados los argumentos expuestos por las partes en torno a la supuesta infracción del principio de tipicidad por la norma contenida en el artículo 185 de la Ley de Bancos y Otras Instituciones Financieras, cabe una advertencia inicial: aunque la norma contenida en el artículo 185 sea una norma prohibitiva no por ello es un precepto de derecho sancionatorio o penal.

En efecto, tal como se sostuvo en renglones precedentes, el artículo 185 de la Ley de Bancos y Otras Instituciones Financieras delimita los derechos constitucionales de personas vinculadas a un ente financiero, o vinculadas entre sí prohibiéndole en determinados supuestos obtener un crédito con ese ente; sin embargo, la sanción administrativa y el delito que acarrea la inobservancia de tales prohibiciones se encuentran tipificados en preceptos diferentes, tal como lo aceptó la parte actora cuando trajo a colación las normas contenidas en los artículos 418, 431 y 449 de la Ley de Bancos y Otras Instituciones Financieras, de suerte que es respecto de tales artículos que cabe exigir el requisito de tipicidad, y no respecto del artículo 185 de la Ley General de Bancos y Otras Instituciones Financieras, como erradamente lo pretende la parte actora.

En ese sentido, es cierto que la norma contenida en el artículo 185 de la Ley de Bancos y Otras Instituciones Financieras alude a conceptos jurídicos que se completan con las pautas fijadas por la Superintendecia de Bancos y Otras Instituciones Financieras, en ejercicio de la potestad normativa asignada por el artículo 187 de la Ley en referencia, para: **i**) ampliar los supuestos de relación; **ii**) definir el otorgamiento directo e indirecto de créditos; y **iii**) calificar los créditos a personas relacionadas o vinculadas en los distintos supuestos; pero tal como se señaló en el apartado correspondiente, no se trata de una *deslegalización* sino de una norma que colma, bajo premisas técnicas, los supuestos de hecho de cada una de las normas que contiene el artículo 185 en referencia, inclusive con ocasión del reenvío explícito que realiza el artículo 431 de la Ley de Bancos y Otras Instituciones Financieras.

Así, el artículo 431 de la Ley de Bancos y Otras Instituciones Financieras contempla un delito plurisubjetivo o bilateral en el que la figura delictiva requiere de la intervención de dos personas: el que otorga el crédito y el que lo recibe. De modo que a los efectos del reenvío al artículo 185 *eiusdem*, la potestad normativa de la Superintendencia de Bancos y Otras Instituciones Financieras se limita a completar la conformación de la conducta antijurídica.

En efecto, el artículo 431 estipula que los miembros de la junta administradora, directores, administradores, funcionarios o empleados de un ente financiero que aprueben créditos de cualquier clase en contravención a lo previsto en los cardinales 1, 2, 3, y 8 del artículo 185 en perjuicio de la institución financiera serán penados con prisión de ocho (8) a diez (10) años, y que con igual pena será sancionado quien solicite el crédito aun a sabiendas de las prohibiciones pautadas por la Ley. Con dicha redacción, el precepto en referencia fija el núcleo esencial del tipo delictivo, pues señala específicamente quiénes son los sujetos activos del delito y cuál es el verbo rector del hecho ilícito. El reenvío en este supuesto recae en la determinación de quiénes son las personas que tienen prohibido recibir préstamos, lo cual se precisa acudiendo a los cardinales 1, 2, 3 y 8 del artículo 185 de la Ley de Bancos y Otras Instituciones Financieras.

Así, el cardinal 1 estipula la prohibición a los entes financieros de otorgar «*directa o indirectamente créditos de cualquier clase a sus presidentes, vice-presidentes, directores, consejeros, asesores, gerentes de área y secretarios de la junta directiva, o cargos similares, así como a su cónyuge separado o no de bienes y parientes dentro del cuarto (4°) grado de consanguinidad y segundo (2°) de afinidad». El cardinal 2 refiere la prohibición de los entes financieros de «Otorgar directa o indirectamente créditos de cualquier clase a sus funcionarios o empleados y a su cónyuge separado o no bienes». El cardinal 3 pauta la prohibición de «Otorgar directa o indirectamente créditos de cualquier clase a los accionistas que posean alguna de las siguientes características:/ a. Tenencia accionaria equivalente a una proporción igual o superior al diez por ciento (10%) del capital social [del ente financiero].../ b. Poder de voto en la Asamblea de Accionistas en una proporción igual o superior al diez por ciento (10%) del capital social [del ente financiero].../ c. Participación equivalente a un cuarto (1/4) o más del total de miembros de la junta administradora [del ente financiero]». Finalmente, el cardinal 8 prohíbe «Otorgar directa o indirectamente, créditos de cualquier clase, a personas naturales o jurídicas vinculadas o relacionadas al respectivo* [ente financiero]»

Ahora, con base en la potestad normativa asignada a la Superintendencia de Bancos y Otras Instituciones Financieras por el artículo 187 de la Ley respectiva, la aludida Superintendencia puede: modificar los porcentajes y montos señalados en el cardinal 3; definir cuándo existe un otorgamiento directo e indirecto de créditos en todos los supuestos; o calificar los créditos a personas relacionadas o vinculadas en el supuesto del cardinal 8. Esta potestad, visto que se limita a describir o completar quiénes son las personas que tienen prohibido recibir créditos, no altera la estructura esencial del tipo delictivo estipulado en el artículo 431 *eiusdem*, pues se ciñe a completar la determinación de la conducta punible mediante requerimientos técnicos, propios de la materia bancaria, necesarios para mantener la "salud" del sistema financiero.

En definitiva, el artículo 431 de la Ley de Bancos y Otras Instituciones Financieras contiene el núcleo esencial de la prohibición, satisfaciendo la exigencia de certeza, pues crea la suficiente concreción para que la conducta calificada como delictiva quede adecuadamente precisada con el complemento indispensable de la forma a la que el precepto remite, lo que como corolario implica que la suficiente concreción de la conducta calificada como delictiva se halle también frente al reenvío realizado por el artículo 449 *eiusdem*, pues dicho precepto se limita a fijar la pena accesoria de la pena principal señalada en el glosado artículo 431.

En definitiva, con la posibilidad de conocimiento de la actuación penalmente conminada se salvaguarda la garantía del tipo en los cardinales 1, 2, 3 y 8 del artículo 185 de la Ley de Bancos y Otras Instituciones Financieras, de cara al reenvío que a tales normas realiza los artículos 431 y 449 *eiusdem*.

Lo mismo puede decirse con ocasión del reenvío que la norma contenida en el artículo 418 de la Ley General de Bancos y Otras Instituciones Financieras hace a las disposiciones o instrucciones dictadas por la Superintendencia de Bancos y Otras Instituciones Financieras, que no son más que las disposiciones o instrucciones dictadas por esa Superintendencia con ocasión de la facultad contemplada en los distintos cardinales del artículo 185 de esa Ley.

Así, el artículo 418 estipula como ilícito administrativo el **otorgamiento indebido de créditos**. Según el precepto en referencia, «*El miembro de la junta administradora, director, administrador, o gerente de área de un banco, entidad de ahorro y préstamo u otra institución financiera que apruebe créditos o inversiones de cualquier clase en contravención a lo dispuesto en este Decreto Ley, o las disposiciones o instrucciones dictadas por la Superintendencia de Bancos y Otras Instituciones Financieras (...), será sancionado con inhabilitación para el ejercicio de la actividad bancaria por un lapso de hasta diez (10) años*».

Tal como se desprende de la mencionada norma, el legislador describió de forma suficientemente precisa cuál es el ilícito administrativo. Siendo así, la remisión que hace el artículo 418 a las pautas fijadas por la Superintendencia de Bancos y Otras Instituciones Financieras encuentra cobertura constitucional y legal desde el momento en que el propio legislador, esta vez, en el artículo 187 *eiusdem*, especificó que la habilitación legislativa otorgada a la Superintendencia de Bancos y Otras Instituciones Financieras debe atender a la finalidad de las limitaciones estipuladas en el artículo 185 *ibidem* y considerar las pautas de aceptación general aplicables al tema bancario; estando habilitada sólo para: a) modificar los porcentajes y montos señalados en el aludido artículo; b) ampliar los supuestos de relación con el ente financiero, bien sea a través de inclusión de cargos que se reputen como vinculados o bien mediante la ampliación del parentesco; y c) definir en qué supuestos existe otorgamiento directo e indirecto de créditos y cuáles serán los supuestos en que se calificarán los créditos a personas relacionadas o vinculadas. Por tanto, no se trata, como erradamente lo sostienen los accionantes, de una sanción que no cumple con el principio de tipicidad, pues la conducta sancionable está perfectamente definida en el precepto legal. Así se decide.

Desechados como han sido todos y cada uno de los argumentos vertidos en contra de las normas impugnadas, en atención a las consideraciones expuestas esta Sala declara SIN LUGAR la demanda de nulidad ejercida contra los cardinales 1, 2, 3, 7, 8, 10, 15 y 18 del artículo 185 y el artículo 187 del Decreto con Rango, Valor y Fuerza del Ley N° 6.287 de Reforma Parcial de la Ley General de Bancos y otras Instituciones Financieras, publicada en la *Gaceta Oficial de la Republica Bolivariana de Venezuela* N° 5.892, Extraordinario, del 31 de julio de 2008; que reeditan el Decreto originariamente impugnado, identificado con el N° 1.526, con Fuerza de Ley de Reforma de la Ley General de Bancos y otras Instituciones Financieras, publicado en la *Gaceta Oficial* N° 5.555, Extraordinario, del 13 de noviembre de 2001.

IV. El ORDENAMIENTO ECONÓMICO DEL ESTADO

1. *Libertad Económica: Intervención Estatal en la Actividad Financiera.*

TSJ-SC (1178) **13-8-2009**

Magistrado Ponente: Carmen Zuleta De Merchan

Caso: Impugnación de la Ley General de Bancos y otras Instituciones Financieras.

La protección del empresario bancario o financiero, como titular de la libertad económica, no puede menoscabar la protección de los ahorristas o de quienes, en general, les proporcionan sus fuentes de recursos para sus operaciones financieras. Precisamente, ante esa relación desigual nace el deber ineludible del Estado de velar por quienes se encuentren en la situación más débil o desventajosa, que sin duda es el ahorrista o el pequeño inversor. En otras palabras, la protección del interés general (ahorristas) sobre el interés particular y minoritario (los bancos).

Denunció el accionante la infracción a la garantía constitucional de la libertad económica, ya que tanto las limitaciones al otorgamiento de créditos como la celebración de operaciones de compra venta infringen el orden constitucional, por cuanto se restringe para los bancos la posibilidad de otorgar préstamos a un número significativo de personas, en virtud de las relaciones que ellas puedan tener con las directivas de las entidades financieras, o bien la adquisición de bienes que pueden resultar de interés para el sector financiero.

Asimismo, la parte actora estimó que la violación a la libertad económica también se puede apreciar cuando las personas señaladas en los cardinales impugnados en el artículo 185 se les impide seleccionar las entidades financieras con las cuales estén relacionadas, en virtud del grado de parentesco por consanguinidad o de afinidad que puedan existir con los miembros de las juntas directivas.

Por su parte, la Procuraduría General de la República consideró que no se estaría violando la libertad económica, ya que a pesar de la limitación de las personas indicadas en la normativa denunciada, existe un número mayor de personas; a saber "millones", a quienes la banca puede ofrecer sus servicios y celebrar válidamente operaciones de intermediación financiera, como es el caso del otorgamiento de préstamos, preservándose adicionalmente las condiciones de igualdad frente a terceros, es decir las demás personas que no tengan los vínculos objeto de limitación por la normativa impugnada.

Al respecto, este Máximo Tribunal insiste que la libertad económica no es un derecho absoluto; por el contrario, influenciado por la concepción del Estado Social de Derecho y de Justicia que consagra el Texto Fundamental, es un derecho sometido a constantes limitaciones basadas en su mayoría a impedir que se yuxtaponga al interés colectivo. Tal consideración de la libertad económica también estuvo presente en el ordenamiento jurídico venezolano bajo la égida de la Constitución de 1961, por lo que no resulta novedoso el planteamiento de las restricciones legales a la libertad económica que fijó el constituyente en el artículo 112 de la Constitución de 1999. Así lo ha reiterado la jurisprudencia de esta Sala Constitucional mediante la decisión N° 85/2002 (caso: *Asociación Civil Deudores Hipotecarios de Vivienda Principal*), en los siguientes términos:

> Igualmente, derechos individuales pierden efectividad ante derechos colectivos, tal como ocurre con el de la libertad económica, ya que por razones de interés social (artículo 112 Constitucional), ella puede verse limitada, sobre todo -si conforme al mismo artículo 112- el Estado debe garantizar la justa distribución de la riqueza.

Como puede apreciarse tanto la norma constitucional referida como su tratamiento jurisprudencial demuestran que la libertad económica encuentra sus restricciones o limitaciones en el contexto de la cláusula social, que caracteriza al Estado venezolano por mandato de la Carta Magna.

Advierte esta Sala Constitucional a las partes, que en el sector financiero se suscita una situación no usual en relación con el resto de la actividad económica. En efecto, los entes del mercado financiero operan en buena medida gracias a los recursos que les proporcionan los propios usuarios (paradójicamente los débiles de la relación), y por esta característica material del funcionamiento del sector se acrecienta la necesidad de regular la actividad a fin de proteger a quienes, a su vez al ser usuarios, mantienen el sistema.

Luego, estima la Sala que las operaciones de los entes regidos por la legislación financiera requieren de límites que impidan perjuicios a quienes contratando con ellos -al abrir cuentas en las que depositan dinero; celebrar operaciones financieras diversas; recibir créditos por los que pagan interés, entre otras- les permiten operar en la práctica, de tal modo que cuando una entidad dispone de manera indebida de los recursos que maneja, atenta no contra su patrimonio exclusivamente, sino también y de manera particular contra los ciudadanos, incurriendo sus directivos en presuntos delitos contra la fe pública, sin perjuicio de las demás sanciones administrativas.

Observa esta Sala que, en el libelo presentado, la parte actora prescinde del interés de los ciudadanos para centrarse en la restricción a la esfera de la propia entidad financiera y las personas que le están vinculadas. En cambio, para este Máximo Tribunal, el legislador atendió a una exigencia surgida de la realidad social, determinando los medios idóneos para evitar la repetición de situaciones de graves perjuicios colectivos, lo que en definitiva hace privar los intereses colectivos sobre los individuales, presupuesto básico del Estado Social de Derecho.

A juicio de este órgano sentenciador todo lo expuesto se aprecia claramente en el caso de las entidades regidas por la Ley General de Bancos y otras Instituciones Financieras. La protección del empresario bancario o financiero, como titular de la libertad económica, no puede menoscabar la protección de los ahorristas o de quienes, en general, les proporcionan sus fuentes de recursos para sus operaciones financieras. Precisamente, ante esa relación desigual nace el deber ineludible del Estado de velar por quienes se encuentren en la situación más débil o desventajosa, que sin duda es el ahorrista o el pequeño inversor. En otras palabras, la protección del interés general (ahorristas) sobre el interés particular y minoritario (los bancos).

Estima esta Sala Constitucional que de la revisión efectuada, las limitaciones contenidas en la normativa impugnada no resultan atentatorias contra la libertad económica, por lo que se desestima tal alegato presentado por la parte actora mediante la presente acción de nulidad. Así se declara.

2. *Derechos Económicos: Derecho de propiedad (propiedad de los activos de las sociedades de intermediación financiera)*

TSJ-SC (1178) **13- 8-2009**

Magistrado Ponente: Carmen Zuleta De Merchan.

Caso: Impugnación de la Ley General de Bancos y otras Instituciones Financieras.

Es imposible que se lesione a los entes financieros el derecho a la propiedad sobre bienes, cuando la facultad de disposición de los bancos y otras instituciones financieras sobre los activos del sector, dentro de los cuales se incluye el dinero, se encuentra sometida a la supervisión, regulación y control por parte de las instituciones estatales responsables del mantenimiento y preservación del equilibrio del sistema financiero, en virtud de las complejas situaciones jurídicas que se derivan de la intermediación financiera.

Asimismo, adujo el accionante que mediante las prohibiciones contenidas en el artículo 185 de la Ley General de Bancos se violó el derecho de propiedad. En este sentido, expuso la consideración doctrinaria según la cual el banco se convierte en auténtico propietario de los montos depositados una vez que se produce la entrega del dinero por el depositante, razón por la cual, aduce, el Banco adquiere el *dominium* sobre las cantidades traspasadas.

Que al ser ello así, las prohibiciones contenidas en los cardinales 1, 2, 3, 8, 10 y 15 del artículo 185 de la Ley impugnada le restringen de forma excesiva a los bancos u otras entidades financieras el derecho a la propiedad, en primer término, porque les prohíbe el otorgamiento de créditos (según los cardinales 1, 2, 3 y 8); y, en segundo término, porque les prohíbe invertir el dinero en transacciones de compra venta de inmuebles (contempladas en los cardinales 10 y 15).

Al respecto, la Procuraduría General de la República señaló que las operaciones que realizan los bancos u otras entidades financieras se efectúan con dinero de los depositantes y por tanto ese dinero no es de la propiedad de los gerentes, administradores, empleados, demás operadores o directivos, de modo que mal podría lesionársele a ellos derecho de propiedad alguno.

Los argumentos reseñados de ambas partes respecto de quién es el propietario de los depósitos se basan en un concepto de propiedad caracterizado por la singularidad (entendiendo por esto que el reconocimiento de un titular excluye necesariamente a todos los demás e imposibilita la limitación del poder de disposición de aquél), lo cual no se compadece ni con la concepción moderna del aludido derecho ni con la complejidad de la actividad de intermediación financiera. En otras palabras, los argumentos vertidos a favor y en contra de la norma se basan en un criterio reduccionista y simplista que, en uno u otro caso, jamás responderían de forma uniforme a la totalidad de supuestos que se presentan con la diversidad de productos financieros que ofertan los bancos y demás institutos financieros.

Ciertamente, la noción de la propiedad privada se sigue desarrollando desde una idea básica de dominio o poder exclusivo del titular con los atributos de uso, goce y disfrute sin que importe constatar que las restricciones, límites o delimitaciones, cada vez más numerosas para corregir el ejercicio egoísta del titular, ha invertido la regla «*poder salvo limitaciones*» conforme se sigue leyendo el artículo 545 del Código Civil.

El antecedente directo de la noción jurídica de la propiedad fue el *code francés*, y contrariamente a lo que pudiera pretenderse dicha definición, no proviene de las fuentes del Derecho Romano Clásico o Justiniano, ni aparece en la evolución histórica de la propiedad en Roma; más bien, es consecuencia de que fuera elevada en la Revolución Francesa a la categoría de derecho natural y absoluto sin que se hubiere determinado la legitimidad de su origen como lo denunció PROUDHOM en 1840 al iniciar los ataques más virulentos contra la institución de la propiedad cuando escribió: «*A muchas personas no les gusta que se levante el polvo de sus pretendidos títulos de propiedad, y que se investigue sobre su historia fabulosa y hasta escandalosa, ellos querrían que todo esto se callara; que la propiedad fuera un hecho, que siempre haya existido, y que siempre exista*» (*Proudhom, Qu'est-ce la propieté,* Paris, Garnier-Flammarion, 1966, p. 34).

A lo largo del tiempo la noción de la propiedad simple y libre, y como tal plena y única, ha predominado sólo en tres períodos de la historia de la humanidad: a) en el origen de la civilización romana (*dominium exjure quiritium*); b) al final del Imperio Romano y, c) después de la Revolución francesa de 1789; desde entonces los ordenamientos jurídicos occidentales a partir del llamado Código Civil de Napoléon volvieron a consagrar la propiedad plena, análoga al antiguo Derecho Romano.

Durante las etapas señaladas, el tratamiento jurídico de la propiedad ha estado estructurado por el dominio individual y de facultad absoluta de disposición; sin embargo, esta concepción absolutista de la propiedad entró en crisis el pasado Siglo XX por efecto, fundamentalmente, de legislaciones especiales que debieron dictarse para atender necesidades sociales apremiantes surgidas como secuelas de la Revolución Industrial, o de las crisis cíclicas de la economía capitalista; y cuando no, derivadas de las grandes confrontaciones bélicas. El período individualista bajo cuya influencia y para cuya regulación se escribió la legislación civil del *code francés* parece ahora destinado a cerrarse para siempre, cediendo el campo a construcciones jurídicas basadas en una idea de solidaridad social que acentúan la función social de la propiedad.

La nueva imagen de la propiedad en el derecho contemporáneo viene caracterizada por una concepción renovadora de las relaciones sociales que acentúa la aptitud de los bienes y recursos para satisfacer las necesidades de la colectividad, y no solamente las exigencias del propietario particular. Ello enfatiza el carácter «*social*» del dominio privado que deja de ser un derecho natural replanteando el modo jurídico de relacionarse el ciudadano con la sociedad; de allí surge la función social de la propiedad que es un criterio de valoración de las situaciones subjetivas con los principios de solidaridad social, utilidad pública, bienestar colectivo y otros de interés general o social que hace ceder los poderes del propietario ante las legítimas demandas de la sociedad. Este es el sentido de las normas contenidas en los artículos 115 y 116 de la Constitución de la República Bolivariana de Venezuela.

Hoy día, la fórmula «*función social*» de la propiedad constituye un principio general del Derecho y una fórmula técnica del ámbito jurídico. Se trata de lo que se ha llamado un «principio político», un principio organizador de la comunidad social que se inserta en el orden público económico para justificar el contenido y ejercicio de la propiedad.

Tras la concepción moderna de la propiedad, son muchas las circunstancias en las que se puede limitar el dominio, constituyéndose a favor de terceros derechos sobre cosa ajena (*ius in re aliena*), que gravan el dominio del titular. Así ocurre, precisamente, en el ámbito bancario con los **dineros depositados por el público**.

Ciertamente los bancos funcionan con capital propio y con capital captado de los usuarios. El capital fundacional del ente financiero lo constituyen las acciones a favor de los miembros o socios fundadores y equivalen a las cantidades o bienes aportados al momento de comenzar las operaciones. Luego pude requerirse el aumento de capital, emitiéndose nuevas acciones, que permita la expansión de la capacidad financiera. Lo importante es que se puede identificar claramente el aporte fundacional del capital, cuya titularidad está perfectamente diferenciada del resto de los elementos que constituyan el patrimonio, tal como sucede con otros activos que hayan sido adquiridos posteriormente para ejecutar las actividades propias del negocio financiero.

Esta distinción permite reconocer la propiedad que se tiene sobre los aportes iniciales al capital del Banco, el cual bien puede sufrir variaciones derivadas de la propia actividad, pudiéndose efectuar diversos aportes en dinero o mediante activos que puedan provenir de ejecución de hipotecas constituidas como garantía por las operaciones de crédito otorgadas.

Ello explica por qué las instituciones financieras pueden administrar en provecho propio los capitales depositados mediante el pago de intereses a los depositantes, hasta que éstos, como verdaderos titulares de los depósitos, dispongan de ellos sin que la inactividad del manejo de las cuentas implique el abandono a favor del banco.

Voto Salvado del Magistrado Pedro Rafael Rondón Haaz

El Magistrado Dr. Pedro Rafael Rondón Haaz discrepa del criterio mayoritario respecto de la sentencia que antecede, con fundamento en los siguientes razonamientos:

1. En el veredicto en cuestión la mayoría sentenciadora declaró que las prohibiciones que contienen los cardinales 1, 2, 3, 8, 10 y 15 del artículo 185 de la Ley que fue impugnada no infringen el derecho de propiedad que reconoce el artículo 115 de la Constitución de la República Bolivariana de Venezuela. Si bien el voto salvante concuerda con esa conclusión y con el criterio de que, en la moderna concepción del derecho de propiedad, prevalece la función social sobre los intereses individuales del propietario, objeta que: i) se niegue el derecho de propiedad que, conforme a nuestro derecho positivo, adquiere la banca sobre el dinero que capta del público mediante depósitos; ii) se recurra al expediente del derecho sobre cosa ajena, para la justificación de las limitaciones al ejercicio de la intermediación financiera que impone el artículo 185 de la Ley General de Bancos y Otras Instituciones Financieras, argumentación en la que, en criterio del disidente, la mayoría incurrió en serias contradicciones.

1.1 En opinión del salvante el dinero que se entrega a las instituciones financieras en cualquiera de las modalidades de depósito a la plazo, a la vista y de ahorro o en cuenta corriente bancaria pasa a la propiedad de la Institución, pese a que, como la entrega del dinero a la banca se denomina "*depósito*", surge la idea de que la relación entre la banca y sus usuarios es un contrato de esa naturaleza Sin embargo, como afirma Rodríguez Azuero, "*la expresión 'depósitos bancarios' es amplia y equívoca desde el punto de vista jurídico*", en el concreto caso del ordenamiento venezolano, el artículo 1.759 del Código Civil le niega la cualidad de depósito a esas colocaciones, en los siguientes términos:

> Cuando el depositario tiene permiso de servirse o usar la cosa de la cosa depositada, el contrato cambia de naturaleza y ya no es depósito, sino mutuo o comodato, desde que el depositario haga uso de ese permiso.

Las captaciones que hace la banca, en las modalidades antes señaladas, no son depósitos en sentido estricto, pues llevan implícita una autorización para su uso por parte de la banca, ya que según el artículo 1° de la Ley General de Bancos y Otras Instituciones Financieras, dichos entes se dedican principalmente a la actividad de intermediación financiera, que consiste en la "*captación de recursos incluidas las operaciones de mesas de dinero con la finalidad de otorgar créditos o financiamientos, e inversiones en valores...*". En este contexto existe una autorización general para el uso de la masa monetaria que se entrega en depósito a la banca en las modalidades a plazo, a la vista, de ahorros y en cuenta corriente con lo cual dichos depósitos son, en realidad, un mutuo -conocido en la antigüedad como "*préstamo de consumo*"-, en tanto que el dinero es una cosa genérica y consumible. De allí que la doctrina utilice la denominación de "*depósito irregular*" para referirse al dinero que se entrega a la banca.

En consecuencia, el artículo 1.736 del Código Civil establece que:

> Por efecto del mutuo el mutuario **se hace propietario** de la cosa que se le dio **en préstamo**, y ésta perece para él, de cualquier manera que suceda la pérdida.

Por cuanto el mutuo o préstamo no es esencialmente gratuito, como erróneamente afirmó la mayoría, el artículo 1.745 dispone, respecto del mutuo civil, que "*Se permite estipular intereses por el préstamo de dinero, frutos u otras cosas muebles*" y, en el caso del mutuo mercantil, la regla es que el mutuo es siempre a interés, salvo pacto en contrario (artículo 529 del Código de Comercio). En la especie de mutuo con ocasión de los depósitos bancarios estos contienen, usualmente, una cláusula de pago de interés, pero ello no es esencial como lo demuestra, por ejemplo, el caso de los depósitos para la provisión de fondos en cuenta corriente bancaria, en los que el pacto de intereses es excepcional.

De manera que, pese a que a las Instituciones financieras pueden usar el dinero que se les deposita para el otorgamiento de préstamos, financiamientos e inversiones, las pérdidas que sufran producto de ese uso no deben afectar a los depositantes, quienes deberán recibir su dinero en el tiempo que fue convenido. En criterio del voto salvante, esa es la razón principal para que se limite el derecho de propiedad que las instituciones adquieren sobre el dinero que se les deposita, pues la pérdida del dinero que haya sido depositado, en estricto derecho, no afecta al depositante; pero, en la realidad, las grandes mermas que se generan por efecto de prácticas viciadas, tanto en el otorgamiento créditos, como en la colocación de inversiones, dejan a los depositantes sin su dinero y con un inútil crédito contra una Institución financiera que ha perdido su capacidad para honrarlo, tal como ocurrió en la crisis bancaria de 1994.

Similar análisis hace ahora el disidente respecto de las captaciones del público con ocasión de la emisión de títulos u otras modalidades de captación, en las que el banco adquiere dinero mediante el compromiso de devolución de igual cantidad, con la adición de un interés, con la diferencia de que el crédito que se genera para el público puede ser negociable, debido a su incorporación a un título.

El voto salvante repara que las "*Normas Sobre la Imprescriptibilidad de los Depósitos de Ahorro*", que trajo a colación la mayoría, sólo con la finalidad de reforzar su errado razonamiento sobre la propiedad del dinero que se deposita en la banca, por el contrario, **confirman la tesis de que el dinero pasa a la propiedad de la banca y que los depositantes tiene un derecho de crédito.** Esa resolución del Consejo Bancario Nacional fija el inicio del lapso para la "***prescripción extintiva*** *de la obligación de pagar (devolver) las cantidades de dinero (tantudem) provenientes del depósito*". Si fuere cierto el argumento de la Sala aquellas normas regularían, en su lugar, el inicio del lapso de la **prescripción adquisitiva** por parte del banco. Según el disidente, la única manera de que la mayoría considerase esas normas como un ejemplo de que las instituciones financieras no se hacen propietarias de los depósitos, sería bajo el falaz argumento de que aquellas regulan el inicio del lapso para que el banco *adquiera* el dinero depositado, lo que evidencia un estudio superficial del contenido de la resolución y un desconocimiento de la diferencia entre ambos tipos de prescripción.

1.2 En criterio del salvante, la tesis que acogió la mayoría, de que las instituciones financieras tienen un derecho real innominado sobre en cosa ajena, en relación con el dinero que reciben en depósito, que "grava el dominio" del público depositante, además de que es desacertada, fue planteada con varias contradicciones. Por un lado, la mayoría, se dedicó a la justificación de las limitaciones que contiene el artículo 185 de la Ley General de Bancos y Otras Instituciones Financieras, respecto del dinero que se capta mediante depósito con el argumento de que "*las* ***facultades de disposición*** *de los bancos y otras instituciones financiera sobre los activos del sector dentro de los cuales se excluye el dinero, se encuentra sometida a la supervisión, regulación y control por parte de las instituciones estatales responsables del mantenimiento y preservación del equilibrio del sistema financiero* (negrillas añadidas)". Asimismo, indica el voto salvante, la mayoría afirmó que "*los cardinales impugnados le fijan a los entes financieros el alcance de la* ***facultad de disposición*** *de los montos depositados de cara a preservar el ánimo de lucro de la actividad de intermediación financiera...*" (negrillas añadidas).

Las citas antes mencionadas contradicen la tesis del derecho real sobre cosa ajena ya que, en esos casos, el propietario cede uno o alguno de los atributos del derecho, pero, nunca, el derecho de disposición que es el que, precisamente, permite gravar su derecho a favor de un tercero.

Por otro lado, indica quien discrepa, resulta incorrecto que se afirme que el supuesto derecho que constituyen los depositantes a favor de la banca tiene por finalidad la legitimación del lucro que obtienen las instituciones financieras, pues eso implica, por interpretación en contrario, que la ganancia que ellas obtienen por el uso del dinero que no proviene de los depósitos irregulares es, entonces, ilegítimo.

En adición, el voto salvante observa que la "*teoría*" del derecho sobre cosa ajena que expone la mayoría constituye una evidente desaplicación del artículo 1.736 del Código Civil, que no fue expresada en el fallo y, mucho menos, declarada, pues se habría requerido que esa norma se declarase inconstitucional o, por lo menos, su desaplicación por control difuso. Esa tesis evidencia un pobre conocimiento de la naturaleza de las operaciones bancarias, y la importancia que tiene, para las instituciones financieras, el traslado de la propiedad del dinero que proviene de los depósitos.

En contraste, las opiniones de los estudiosos de la materia bancaria apuntan a que la traslación de la propiedad de los depósitos es necesaria para la existencia del negocio bancario. Así en criterio de Sergio Rodríguez Azuero (Contratos Bancarios: 2002, p. 161) las operaciones bancarias tanto activas como pasivas:

> ...son o implican la realización de una operación o mejor de un negocio de crédito –en acepción técnica y restringida- caracterizado por ser una transmisión actual de la propiedad de una cosa, de una persona a otra, con cargo para esta última de devolver ulteriormente una cantidad equivalente de la misma especie y calidad. Este negocio de crédito recae siempre sobre cosas fungibles, aquellas que pueden sustituirse unas por otras y que configuran a cargo del deudor una obligación de género, que no de especie y, en el caso de que sustenten la realización de una operación bancaria, implican forzosamente la existencia del lucro, o sea, son onerosas.

Rodríguez Azuero añade que "*existe una operación bancaria siempre que la transmisión de la propiedad se produzca, tanto en el caso de que el banco la reciba de uno de sus clientes, como en el supuesto de el banco la transfiera a uno de sus clien*tes", por esa razón ese jurista afirma, además, que no puede aceptarse que las operaciones de crédito puedan explicarse mediante la teoría del goce sobre una cosa ajena porque, "*en tanto la transmisión de la misma se hace en propiedad, ingresa en plenitud al patrimonio del deudor, el cual adquiere como contraprestación la obligación de entregar un tanto equivalente*".

En similar sentido puede citarse la opinión de García Pita y José Luís Lastre (El depósito bancario de efectivo. En: *Contratos Bancarios & Parabancarios*, Coord. Ubaldo Nieto Carol, 1998, p. 902), quienes expresan:

> Con la entrega de la suma depositada –siempre que el depósito no sea "cerrado" o "con especificación de monedas"–, viene a nacer a la vida jurídica el contrato de Depósito y –simultáneamente– se produce el efecto de transmisión de la propiedad sobre las monedas y billetes depositados, que pasa de su depositante a la Entidad depositaria. Este es un factor común, que se manifiesta en los diferentes ordenamientos jurídicos, por muy diferentes que sean sus raíces y su orientación. Así, por ejemplo, en los Ordenamientos de corte latino, existen expresas proclamaciones de la eficacia traslativa del depósito bancario de dinero, en tanto que depósito irregular (o, en su caso, en tanto que préstamo de consumo) (23).
>
> Por lo que hace al Derecho inglés, es obligado citar el importantísimo precedente de la sentencia recaída en el caso *Foley C. Hill*, de 1848, que señala que el Banco que recibe fondos de su cliente, adquiere la propiedad sobre la suma y asume un deber de restitución, al tiempo que el cliente deja de ser propietario y se convierte en mero acreedor, con el derecho de exigir el pago "a la vista" ("on demand") (24).
>
> Este de la transmisión de la propiedad de los objetos depositados es el aspecto que más importancia posee, pues por este motivo, el Banco o Entidad de crédito depositarios adquieren el derecho de disponer de las sumas depositadas (25) (26)". (Subrayado añadido)

El disidente considera que la mayoría no apreció la importancia del traslado de la propiedad de los depositantes, pues ven los depósitos de manera aislada y no dentro de la integridad del negocio bancario, en la que el banco necesita la propiedad del dinero que se deposita para que, luego, pueda trasladarlo a las personas que piden crédito a la banca, en virtud de que, a menos que la mayoría decida cambiar también la naturaleza de los préstamos que otorga la banca al público, éste requiere que la banca le traslade la propiedad del dinero. De manera, que bajo la "*teoría*" del derecho real sobre cosa ajena, el banco **no puede otorgar préstamos con la porción el dinero que recibe de los depositantes**. Ahondando más en las dificultades que implica aquella "*teoría*" el voto salvante plantea que, con la exclusión del mutuo como figura que explica la relación entre el banco y los depositantes, la pérdida del dinero de los cuenta habientes, cuando esta sea atribuible a un hecho fortuito o fuerza mayor, entre ellos **el robo bancario, dejaría a los depositantes sin sus haberes**, porque la cosa se pierde para el propietario. Por otra parte, la teoría del derecho sobre cosa ajena plantea un serio problema en cuanto al seguro sobre los depósitos, ya que como la Banca no es propietaria del dinero que se le deposita y no es su patrimonio el que se vería afectado en caso de su sustracción, aquella no puede contratar seguros contra el robo y otras sustracciones fraudulentas de los haberes que fueron depositados, ya que no habría interés asegurable.

Las anteriores opiniones doctrinarias que fueron citadas y que encuentran un clarísimo apoyo en nuestro derecho positivo, así como los ejemplos sobre las consecuencias de las teoría que se sostiene en el fallo que se objeta, ponen en claro, la dificultad y peligrosidad de su aplicación, sobre todo para los usuarios de la banca, aspectos que ni siquiera consideró la mayoría porque, si lo hubiera hecho, habría concluido que el tratamiento de los depósitos como un mutuo, con o sin interés, es intrínseca al negocio bancario.

El voto salvante estima que la admisión del traslado de la propiedad que generan las colocaciones las colocaciones del público, no implica, como parece temer la mayoría, que la banca pueda disponer sin límites del dinero que proviene de ellos, pues, como se afirmó en principio y establece la Constitución, la propiedad está sujeta a limitaciones y restricciones.

1.3 En resumen, este disidente considera que el veredicto del que se aparta permite el arribo a las siguientes conclusiones:

a. Cuando la Sala Constitucional negó la propiedad de la banca sobre el dinero proveniente de los depósitos del público, dejó de aplicar normas vigentes del ordenamiento jurídico, sin que pronunciara expresa desaplicación de regla de derecho alguno, desaplicación que sólo es posible previa declaración de inconstitucionalidad y mediante control difuso de la constitucionalidad; pronunciamiento y declaración que no aparecen en el acto jurisdiccional del que se difiere;

b. Cuando la Sala Constitucional negó la propiedad de la banca sobre el dinero proveniente de los depósitos del público, colocó a Venezuela en situación única y aislada. En efecto, lo contrario (la afirmación de la propiedad de la banca sobre el dinero proveniente de los depósitos del público) es un factor común que se manifiesta en los diferentes ordenamientos jurídicos. En otras palabras, se trata de un principio y de una regla de derecho básica y universal (al menos hasta la aparición de este acto decisorio).

c. Cuando la Sala Constitucional negó la propiedad de la banca sobre el dinero proveniente de los depósitos del público dejó a dichos entes financieros sin título alguno para su ulterior colocación y, por tanto, para la culminación del trámite de intermediación financiera.

El asunto que precede se afinca en que, según el artículo 1736 del Código Civil, el mutuario (el prestatario) se hace propietario de la cosa que se le dio en préstamo y, por tanto, para celebrar dicho contrato hay que ser propietario del bien que se preste.

d. Cuando la Sala Constitucional negó la propiedad de la banca sobre el dinero proveniente de los depósitos del público, desprotegió al consumidor de servicios financieros. En efecto, según el acto de juzgamiento del que se discrepa, como los depositantes siguen siendo dueños de sus colocaciones, sobre ellos gravitan todos los riesgos por pérdidas, sustracciones o daños, en virtud de la expresa aplicación de la regla *res perit* domino (la cosa perece para el dueño). Lo anterior se traduce en una implícita mutación de la noción de empresa, según la cual los riesgos del negocio empresarial son del empresario (en este caso del banquero).

Tal desprotección permite la afirmación, en sintonía con el lenguaje que goza del favor de quienes militan y hablan del proceso en Venezuela, de que se trata de un fallo reaccionario y retrógrado, en tanto que desplaza buena parte de los riesgos del negocio bancario del empresario banquero al consumidor de servicios financieros, todo en perjuicio del público en general.

e. Cuando la Sala Constitucional negó la propiedad de la banca sobre el dinero proveniente de los depósitos del público introdujo una grave perturbación en el ambiente económico nacional y, muy especialmente, en el ámbito financiero, que es espacio altamente sensible y delicado, con graves riesgos dañosos para el interés y el orden público económico nacional.

f. Cuando la Sala Constitucional negó la propiedad de la banca sobre el dinero proveniente de los depósitos del público y sólo reconoció a aquélla un derecho sobre cosa ajena, no definió a este último, el cual permanece en el campo de lo ignoto y de lo inimaginable.

g. Cuando la Sala Constitucional negó la propiedad de la banca sobre el dinero proveniente de los depósitos del público desaplicó rudimentos básicos del Derecho Mercantil Bancario, juzgó con desconocimiento supino de las reglas que gobiernan tal disciplina jurídica e hizo dejación de serios deberes de responsabilidad que reclama la función jurisdiccional.

3. *Régimen de las Instituciones Bancarias y Financieras*

TSJ-SC (1178) 13-8-2009

Magistrado Ponente: Carmen Zuleta De Merchan

Caso: Impugnación de la Ley General de Bancos y otras Instituciones Financieras.

Las prohibiciones establecidas en la Ley de Bancos respecto al impedimento de ciertos actos comerciales en beneficio de personas que se encuentran vinculadas con el banco o vinculadas entre sí por parentesco, responde a la preservación de factores esenciales para el sistema económico, entre ellos la transparencia, eficacia y pulcritud del sector bancario, evitando la distracción de los fondos recibidos del público en inversiones de alto riesgo por haberse flexibilizado los requisitos ordinariamente exigidos.

DE LA PROPORCIONALIDAD Y RACIONALIDAD DE LA NORMATIVA IMPUGNADA.

El accionante señaló que la normativa impugnada resultó excesiva y que por ende contraviene lo dispuesto en la Carta Magna debido a las restricciones que allí se contienen, esto es, la prohibición para el otorgamiento de créditos a personas relacionadas y la adquisición de inmuebles por parte del banco u otra entidad financiera.

En tal sentido, si bien la parte actora reconoce las condiciones que conllevaron a legislar sobre el tema bancario de la manera tan severa como se hizo, consideró extremas las medidas normativas adoptadas y fundamentó su alegato utilizando la legislación y la doctrina extranjera, manifestando que comparativamente el ordenamiento legal venezolano resulta restrictivo en extremo y ello compromete el ejercicio de las actividades económicas de intermediación financiera.

Por su parte, la Procuraduría General de la República es de opinión contraria. Para el abogado de la República, los artículos denunciados no resultan desproporcionados o irrazonables, pues, a su entender, no constituye un argumento concluyente señalar que la legislación extranjera sea más benigna en cuanto a las restricciones establecidas, ya que la normativa nacional, responde a las crisis bancarias vividas en Venezuela en los próximos pasados años 60 y 90, con especial referencia al proceso de intervenciones y auxilios financieros que ejecutó el Estado para proteger los ahorros y depósitos de los usuarios de la banca.

Al respecto, la Sala estima iniciar sus consideraciones recalcando que tanto el accionante como la representación de la República coinciden en la necesidad, suficientemente justificada, de contar con el régimen normativo que regule las operaciones del sector bancario venezolano, sólo que, para el accionante, el modo como se pretende alcanzar esa regulación le parece desproporcionado.

En ese orden de ideas, se debe destacar que el contenido de los dispositivos impugnados pretende preservar la función social del sistema financiero venezolano y la seguridad jurídica para millones de usuarios que tienen relaciones de crédito (préstamos) o de cualquier otra índole financiera con el sector bancario, visto que su funcionamiento constituye una de las áreas más relevantes y complejas en cualquier economía del mundo contemporáneo.

En este sentido, la regulación de las operaciones de intermediación que desarrollan los bancos, entidades de ahorro y préstamo y demás entidades financieras es fundamental para la actividad económica y el bienestar social, razón por la cual la normativa bancaria -como todas aquellas vinculadas a la actividad económica- debe ser conforme con el modelo de Estado Social de Derecho y de Justicia que adopta la Constitución de la República Bolivariana de Venezuela. Así lo ha sostenido la Sala en el fallo Nº 1107/2008 (caso: *CORPBANCA*), en el cual, con motivo de la actividad financiera, expresó lo siguiente:

Bajo ese principio de justicia social en el desarrollo de una actividad económica, como la bancaria o financiera, no sólo se garantiza la tutela de los derechos de los titulares de la actividad económica sino de los usuarios del mismo, ya que dentro de los fines de ese régimen estatutario de derecho público, se propende a que las entidades sometidas a la Ley General de Bancos y Otras Instituciones Financieras, posean una condición financiera y estructural suficiente para responder a las eventuales exigencias de los usuarios.

Igualmente, resulta pertinente resaltar que la interpretación de las competencias y alcances del contenido de leyes como las contendidas en el ordenamiento jurídico que regula los bancos y otras instituciones financieras, debe responder a las características particulares del conjunto de normas estatutarias de derecho público que regulan el sistema financiero, lo cual implica considerar como elemento característico de dicho cuerpo normativo su necesaria mutabilidad, ya que sus previsiones aunque sean objeto de una constante revisión a los fines de subsanar aquellas inconsistencias o lagunas del ordenamiento jurídico que no permiten un adecuado control del sistema financiero, es en la labor hermenéutica que generalmente se tutelan los derechos y garantías de ese régimen estatutario de derecho público.

El precedente jurisprudencial citado se compadece con las normas orientadoras para el desarrollo del sistema socioeconómico y la función del Estado en la Economía que estipula el artículo 299 de la Constitución de la República Bolivariana de Venezuela, cuyo texto es del siguiente tenor:

> Artículo 299. El régimen socioeconómico de la República Bolivariana de Venezuela se fundamenta en los principios de justicia social, democratización, eficiencia, libre competencia, protección del ambiente, productividad y solidaridad, a los fines de asegurar el desarrollo humano integral y una existencia digna y provechosa para la colectividad. El Estado conjuntamente con la iniciativa privada promoverá el desarrollo armónico de la economía nacional con el fin de generar fuentes de trabajo, alto valor agregado nacional, elevar el nivel de vida de la población y fortalecer la soberanía económica del país, garantizando la seguridad jurídica, solidez, dinamismo, sustentabilidad, permanencia y equidad del crecimiento de la economía, para garantizar una justa distribución de la riqueza mediante una planificación estratégica democrática participativa y de consulta abierta.

De la norma transcrita se evidencia la función social que el Texto Fundamental le asigna a todas las actividades económicas, dentro de la cual se incardina la intermediación financiera que adelantan los bancos, entidades de ahorro y préstamo y demás entes financieros; por lo que resulta esencial el rol del Estado como agente regulador y garante de la transparencia, equilibrio y eficiencia que debe caracterizar las labores que presta la banca pública y privada en Venezuela. Así lo ha sostenido esta Sala en el fallo N° 825 de 6 de mayo de 2004 (caso: *Banco del Caribe, C.A.*), en los siguientes términos:

> ...lo cierto es que dicha actividad [se refiere a la bancaria] sí está vinculada con la preservación de un interés general como es la transparencia, estabilidad, seguridad, eficiencia, solvencia y licitud de las operaciones efectuadas en el ámbito de la intermediación financiera y de la cual depende el disfrute efectivo, real, de derechos o intereses individuales y colectivos de la población, **y es por tal razón que el Estado tiene la obligación constitucional de ejercer una serie de controles en el ámbito donde tiene lugar la mencionada actividad de intermediación, a través de la legislación y de la actividad administrativa de la autoridad competente, que permitan constatar el cumplimiento de las obligaciones que tanto la Constitución como el bloque de la legalidad imponen a los agentes del sector**, así como el respeto de los derechos subjetivos de los usuarios de los servicios privados que prestan las instituciones bancarias y financieras, pero de cuya eficiente y justa prestación depende, se insiste, la satisfacción de derechos e intereses individuales y colectivos, lo cual, en definitiva, es el objetivo al que debe dirigirse la regulación y la actuación de la Administración. (Destacado y corchetes de este fallo).

Ahora bien, esta necesidad de control y vigilancia sobre el sistema bancario no se agota únicamente con la actividad administrativa que prestan la Superintendencia de Bancos y otras Instituciones Financieras, el Banco Central de Venezuela o el Fondo de Garantía de Depósitos y Protección Bancaria, es también necesario delinear el marco legislativo en el cual se dicten las previsiones necesarias no sólo para garantizar los mecanismos de control, sino además para modelar un determinado sistema bancario que se caracterice por su transparencia y fidelidad con los usuarios.

Es por ello que en Venezuela la regulación bancaria ha evolucionado paulatinamente de un sistema de regulación fragmentada y de escaso margen de operatividad bancaria, a un sistema mixto de ordenación que incluye el modelo de banca universal y banca especializada -denominado inverso o negativo-, el cual no establece en forma precisa las actividades que puedan ser desarrolladas por los intermediarios financieros sino las prohibiciones genéricas y especificas que le son aplicables a los bancos en su desempeño como agentes de intermediación financiera; sin embargo, esta normativa bancaria, aun en sus orígenes, ha contemplado de forma ininterrumpida ciertas prohibiciones que el legislador considera insitas en cualquier régimen bancario, en procura del buen manejo de los fondos de los clientes por parte de los bancos, entre ellas precisamente las normas hoy impugnadas.

(*omissis*)

La presencia constante desde 1940 de las prohibiciones impugnadas da cuenta de que el objetivo del legislador trasciende en demasía a una simple tutela individual del derecho a la igualdad, tal como lo alegan los accionantes cuando afirman que las normas recurridas tienen por objeto garantizar el derecho a la igualdad en el otorgamiento de los créditos y evitar tratos privilegiados a los presidentes, vicepresidentes, directores, consejeros, asesores, gerentes, etcétera.

Para la Sala, aunque lo alegado en contra de la normativa impugnada pudiera ser una consecuencia colateral de la medida legislativa, su objetivo principal es la preservación de factores esenciales para el sistema económico, entre ellos -se insiste- la transparencia, eficacia y pulcritud del sector bancario, evitando la distracción de los fondos recibidos del público en inversiones de alto riesgo por haberse flexibilizado los requisitos ordinariamente exigidos por tratarse, precisamente, de personas vinculadas al ente financiero, que potencialmente pudieran conducir a la iliquidez, facilitando el escenario para una crisis del ente bancario o, en el peor de los casos, del sistema bancario en su totalidad. Por ello, no es casual la correspondencia de las reformas legislativas sobrevenidas a las graves crisis bancarias que han afectado la historia reciente del país.

Es precisamente por este equívoco en el diagnóstico del objetivo de la norma que no prospera el recurso de nulidad con base en la falta de proporcionalidad de la normativa, pues, tal y como ha tenido oportunidad la Sala de esbozarlo en otra ocasión (*vid.* fallo N° 80/2001), el test de la proporcionalidad exige su verificación en cuatro aspectos: i) el fin de la norma; ii) la comprobación de la idoneidad para alcanzar el fin; iii) la necesidad de la norma; y, iv) la proporcionalidad -ahora entendida en sentido estricto-. Al ser ello así, si se banaliza el objetivo de la norma es lógico que se concluirá en la desproporción de la medida, pues en el juicio argumentativo nunca habrá correspondencia entre el objetivo y el medio, como sucede con los accionantes en este caso.

(*Omissis*)

En definitiva, durante la crisis financiera de 1994 los grupos financieros dieron cabida a un sistema bancario turbio, donde los autopréstamos y las autocarteras estaban a la orden del día, desbordando la propia capacidad financiera, operativa y patrimonial de los bancos. Estos hechos dan cuenta de que allende donde no se han cumplido las prohibiciones impugnadas se deteriora el sistema bancario, incidiendo negativamente en el aparato económico de la Nación. Por ello, la idoneidad y la necesidad de tales prohibiciones dan al traste con los efectos perniciosos que producen su inobservancia, efectos que trascienden, en demasía, a la simple custodia del derecho a la igualdad. Se tratan de objetivos reales sustentados en hechos que la memoria nacional aún no ha olvidado, y que el legislador ha tenido la precaución de vertirlo en las normas impugnadas.

Es por ello que no tiene cabida aducir como fundamento de la nulidad que en Derecho Comparado existen medidas similares más benignas, pues las normas impugnadas obedecen a la realidad venezolana, aunado al hecho de que hoy día la alegada deferencia hacia la actividad bancaria de las normas de Derecho Comparado está siendo objeto de revisión con ocasión de la crisis económica global, pues son muchas las opiniones que coinciden en que el origen de la aludida crisis radica en la falta de rigurosidad en el control de los bancos.

Al margen de ello, ciertamente, es posible dictar normas menos gravosas; pero si ellas son inocuas para la realidad venezolana el legislador no sólo no tiene por qué optar por ellas, por el contrario tiene la obligación de legislar para la realidad nacional. Así, lo importante para que se pueda cuestionar la constitucionalidad de la opción legislativa no es la existencia de opciones, sino demostrar que la regla seleccionada no puede sostenerse sin afectar el núcleo esencial de los derechos constitucionales. En definitiva, el legislador cuenta con la libertad de escoger una solución entre varias, incluso una más limitativa que otra u otras. Lo que tiene prohibido es escoger una que anule por completo el derecho constitucional delimitado. Siendo ello así, entre diferentes opciones serán válidas, desde el punto de vista constitucional, aquellas que sean justificables, aunque haya otra que luzca igualmente correcta. Se trata de escoger entre soluciones adecuadas para alcanzar el objetivo trazado, desechando sólo aquellas que estén reñidas con la razón, como lo indicó la Sala en el fallo N° 898/2002 (caso: *Giuseppe Giannetto Pace y Miguel Antonio Castillejo Cans*), en los siguientes términos:

Al juez, por otra parte, desde la premisa de que el legislador es el primer intérprete de la Constitución –de allí que le esté vedado invadir la esfera de las opciones políticas que el legislador tiene reservadas-, le corresponde ponderar si la definición o calificación que el legislador haga de las situaciones de facto o las relaciones de vida que deben ser tratadas de forma igual o desigual, no vacíe de contenido el derecho fundamental que se denuncie como conculcado. Respecto a la anotada prohibición de arbitrariedad o irrazonabilidad dos son las vías que se han ensayado para examinar una denuncia en estos términos: a) una primera, juzga si el criterio utilizado carece de una suficiente base material para proceder al tratamiento diferenciado; o b) a través de un criterio negativo, que sirve para fundamentar la censura solamente en aquellos casos de desigualdad flagrante e intolerable.

La Sala estima que su juicio, en estos casos, exige la determinación de si el contenido del derecho fundamental de que se trate ha sido o no desconocido, y ello supone un análisis de si el criterio diferenciador es razonable, esto es, si es tolerable por el ordenamiento constitucional. Luego, cumplida esta fase, el juez se abstendrá de controlar si el legislador, en un caso concreto, ha encontrado la solución más adecuada al fin buscado, o la más razonable o más justa, ya que de lo contrario se estaría inmiscuyendo en la mencionada discrecionalidad legislativa (*cf.* la contribución de Luis Nunes de Almeida a la obra colectiva *Las tensiones entre el Tribunal Constitucional y el Legislador en la Europa Actual*, Tecnos, pp. 227-230).

(*Omissis*)

El sector financiero, se insiste, debe ser objeto de rigurosos controles, en virtud de su complejidad, la diversidad de operaciones que actualmente se prestan en el mercado nacional e internacional y el escenario de perspectivas macroeconómicas que puede experimentar el país en los próximos años, con motivo del proceso de ajuste de la dinámica económica mundial. Así lo ha sostenido la Sala en el fallo N° 1419/2007 (caso: *Alianza Nacional de Usuarios y Consumidores*), doctrina que se reitera en los siguientes términos:

Por tanto, la Sala ha fundamentado la necesidad del control sobre las entidades financieras en el carácter social del Estado venezolano -al que se contrae el artículo 2 de la Constitución-, que exige dar primacía a los intereses colectivos sobre los intereses individuales y hace que en ciertas áreas la autoridad pública esté llamada a intervenir con muy marcada intensidad. En tal sentido, esta Sala –en fallo N° 85/2002- destacó que la intervención estatal alcanza todas las actividades, incluidas las económicas.

Igual consideración, que también se reitera, se hizo en el fallo N° 1107/2008 (caso: *CORPBANCA*), en el que se reafirmó el marcado interés público que posee la actividad financiera en Venezuela, en los siguientes términos:

Al hilo de tales consideraciones, los preceptos normativos contenidos en leyes estatutarias de derecho público como la Ley General de Bancos y Otras Instituciones Financieras (tanto la vigente como la publicada en la *Gaceta Oficial de la República de Venezuela* N° 4.649 Extraordinario del 19 de noviembre de 1993) o Ley de Regulación de la Emergencia Financiera, debían y tienen que materializar o viabilizar entre otros aspectos, el de asegurar el desarrollo humano integral y una existencia digna y provechosa para la colectividad, mediante el correcto y eficaz desarrollo de la actividad de la banca y demás instituciones financieras, bajo los principios de justicia social.

Por tanto, siendo que las normas bajo examen proyectan un efecto preventivo sobre el sector bancario, pues regula la discrecionalidad de los accionistas, directores, gerentes o administradores, y las demás personas relacionadas en las operaciones financieras que realicen para su beneficio con el banco al cual pertenecen, todo ello a fin de tutelar el buen funcionamiento de las actividades de intermediación financiera, la liquidez monetaria y en general la confianza pública en el sector bancario, lo cual contribuye con el fortalecimiento de la economía nacional, esta Sala estima que existen suficientes fundamentos jurídicos y de hecho que justifican la consagración de aquellas previsiones legales que coadyuven con el funcionamiento adecuado de los servicios de intermediación financiera en Venezuela y, por tanto, se desestima al alegato de inconstitucionalidad por desproporcionalidad de las normas contenidas en los cardinales 1, 2, 3, 7, 8, 10, 15 y 18 del artículo 185 y el artículo 187 de la Ley General de Bancos y Otras Instituciones Financieras. Así se decide.

4. *Intervención Estatal en la Actividad Financiera. Propiedad Privada (violación a los entes financieros)*

TSJ-SC (1178) 13- 8-2009

Magistrado Ponente: Carmen Zuleta De Merchan

Caso: Impugnación de la Ley General de Bancos y otras Instituciones Financieras.

Es imposible que se lesione a los entes financieros el derecho a la propiedad sobre bienes, cuando la facultad de disposición de los bancos y otras instituciones financieras sobre los activos del sector, dentro de los cuales se incluye el dinero, se encuentra sometida a la supervisión, regulación y control por parte de las instituciones estatales responsables del mantenimiento y preservación del equilibrio del sistema financiero, en virtud de las complejas situaciones jurídicas que se derivan de la intermediación financiera.

(…)

Por otra parte, en el caso de los depósitos bancarios, los depósitos a plazo y a la vista, por ejemplo, estos son activos en el patrimonio de los bancos destinados a la realización de operaciones de intermediación financiera; y no en cambio, pueden ser utilizados en provecho o con ventaja por los accionistas del banco, pues, el poder de disposición del banco sobre los depósitos bancarios está restringidamente regulado (*ius in re aliena*).

De ese modo, es sobre esta facultad restringida de los montos depositados que los entes bancarios y otras instituciones financieras poseen derecho: derecho en cosa ajena, permitiendo que tales depósitos figuren como activos del ente financiero en términos contables, así como también que obtengan ganancias en nombre propio con ellos. En otras palabras, los depositantes son titulares de los montos colocados, aunque con disponibilidad limitada porque las instituciones financieras poseen derechos sobre esos montos una vez depositados, aunque se reitera, se trata de *derecho en cosa ajena.*

Es así como este *derecho en cosa ajena*, en el ámbito bancario, constituye propiamente un derecho innominado establecido en beneficio de las entidades financieras y que no se puede asimilar a otro tipo de derechos reales. Su operatividad, dada la más reciente aparición de los instrumentos bancarios, tiene el efecto de legitimar el lucro de los bancos porque la actividad bancaria es una gestión de carácter mercantil y tiene fines de lucro. Se trata de reinterpretar la naturaleza jurídica de las operaciones bancarias en beneficio y tutela de los depositantes, titulares derechos reales, fomentándose mayor confianza en el sistema bancario.

En definitiva, la actividad de *intermediación financiera* que cumplen los bancos configura un complejo orden de relaciones jurídicas mediante las cuales se realizan operaciones propias de la actividad financiera con los depósitos de los usuarios. Tal situación conlleva al establecimiento de limitaciones sobre el uso y disposición del dinero tanto para el banco como para los usuarios depositantes del dinero, que, se insiste, no puede basarse en una concepción reduccionista de la propiedad.

Siendo así, para este órgano jurisdiccional es imposible que se lesione a los entes financieros el derecho a la propiedad sobre bienes, cuando la facultad de disposición de los bancos y otras instituciones financieras sobre los activos del sector, dentro de los cuales se incluye el dinero, se encuentra sometida a la supervisión, regulación y control por parte de las instituciones estatales responsables del mantenimiento y preservación del equilibrio del sistema financiero, en virtud de las complejas situaciones jurídicas que se derivan de la *intermediación financiera*, cuestión que además está influenciada por las propias previsiones constitucionales, debido al carácter social que reconoce la Constitución vigente de 1999 al modelo económico en Venezuela.

Observa este Máximo Tribunal que la compleja relación jurídica que surge entre el banco y el cliente en lo que respecta a la titularidad de los fondos se ha pretendido equiparar como una variante del *contrato de mutuo*, puesto que en éste último la culminación se caracteriza por la devolución de la cosa, que en este caso sería el dinero, en condiciones de cantidad y calidad iguales, lo cual ocurriría y sería exigible al momento de cancelar las cuentas individuales con el banco, situación que no ocurre así en el campo de la *intermediación financiera*, debido, entre otras obligaciones de las partes: al compromiso de pago de intereses, los cargos por servicios o las comisiones que se requieran para el mantenimiento de la cuenta y las medidas que provengan de los organismos encargados de la supervisión, vigilancia y control de las entidades, ello realizado sobre el capital depositado por el cliente, desvirtuándose así, entre otros aspectos, el carácter gratuito, la unilateralidad y la traslación de la propiedad de la cosa, que caracterizan el *contrato de mutuo*.

Otros de los temas que pone de relieve la facultad reguladora del Estado de manera *cuantitativa* sobre la capacidad negocial del sector bancario, viene dado por la figura del *Encaje Legal*, el cual consiste en la facultad que tiene el Banco Central de Venezuela de adoptar medidas que permitan regular la liquidez del sistema, con el fin de promover el correcto desempeño de la actividad financiera y la protección de los usuarios en su condición de depositantes.

Al respecto, señala la doctrina que la figura del Encaje Legal constituye un instrumento de política monetaria, mediante el cual se congela un porcentaje de los recursos que las instituciones bancarias no pueden invertir en sus operaciones financieras. Esto permite, en cierto modo, controlar el volumen de circulante que permanece en manos del público y que se constituye mediante la sumatoria de la «moneda legal» (unida de pago, unidad de medida del valor) más la "moneda bancaria" (total de los depósitos en cuenta corriente de la banca). De esta manera el *Encaje Legal* puede ser empleado para controlar el denominado "*multiplicador de depósitos*", que se produce cuando un banco, luego de otorgar un crédito; el beneficiario, como ocurre normalmente, deposita el monto en una cuenta bancaria o bien efectúa pagos cuyos acreedores también los depositan en otra cuenta bancaria; y así las instituciones que se benefician con tales depósitos o pagos luego pueden otorgar, sucesivamente, nuevos préstamos que serán tratados de manera similar.

De tal manera que la variación del *Encaje Legal* permite al Banco Central de Venezuela aumentar o disminuir la liquidez, de acuerdo con las circunstancias económicas, sociales y de otra naturaleza que requieran consideración para el mantenimiento del buen funcionamiento del sistema financiero y del interés general, demostrando con ello también cómo se condiciona la titularidad de los depósitos efectuados por las personas, que luego conformarán los llamados dineros de la banca.

Observa esta Sala Constitucional que la actividad de intermediación financiera también se encuentra regulada de manera *cualitativa*, mediante la creación de regímenes especiales que permiten a los organismos responsables de la supervisión y control de la *intermediación financiera*, establecer tasas de interés preferenciales; fijar determinados porcentajes de la cartera de créditos para atender determinados sectores de la economía, como sucede con el tema agropecuario y recientemente otras áreas como el turismo; vivienda; manufacturas. De tal manera que la disponibilidad de los capitales y las operaciones de intermediación financiera puede ser condicionadas con el fin de consolidar el aparato económico en aspectos que la planificación y la acción gubernamental consideren necesario, permitiendo a su vez el desempeño de las instituciones bancarias y sus similares con todas aquellas garantías y derechos que brinda del modelo socio-económico señalado en el artículo 299 y siguientes del Texto Fundamental.

Ahora bien, en lo que respecta a la regulación de la facultad de disposición, y que el accionante ha estimado como infracciones al derecho de la propiedad en virtud del control que se ejerce sobre los dineros depositados, la doctrina especializada sobre el tema ha desarrollado un principio, aceptado comúnmente por la banca y por lo tanto se ha incorporado progresivamente en los diversos ordenamientos que tratan el problema de la *intermediación financiera* y sus riegos, denominado ***principio de dispersión de los riesgos***.

Al respecto, la doctrina ha señalado que el mencionado principio constituye una regla de sana administración para los bancos, cuya finalidad consiste en evitar una excesiva y peligrosa concentración de riesgos en una sola persona, por lo que se promueve que los mismos se distribuyan de manera equilibrada. Así, si una persona incumple con la obligación de restitución del capital otorgado por vía de operaciones de intermediación, se pretende que, mediante la utilización del referido principio, tal omisión no comprometa la cartera de capital y la facultad de otorgar nuevos créditos de la institución, con el consiguiente daño que se le pueda causar a los depositantes que hayan confiado sus fondos al organismo bancario.

Observa este Máximo Tribunal que el principio de dispersión de los riesgos guarda relación con el contenido de las normas impugnadas mediante la presente acción de inconstitucionalidad, ya que el propósito de tales regulaciones pretenden controlar tanto los créditos que puedan celebrarse entre las instituciones y personas vinculadas directa o indirectamente entre sí y los grupos financieros. De allí que se otorguen importantes facultades de investigación, supervisión, control y vigilancia de la *intermediación financiera* a la Superintendencia de Bancos y otras Instituciones Financieras.

Al respecto, los mecanismos de control de riesgo han sido incorporados en la legislación bancaria venezolana a partir de 1994 y las reformas posteriores, teniendo en cuenta los criterios del denominado **Comité de Basilea**, siendo éste un acuerdo internacional sobre gerencia de los organismos financieros, en particular los bancos, con arreglo a una ética aceptable y reconocida, así como en atención a las buenas prácticas de gestión eficiente y eficaz de los recursos con que pueda contar el sector.

Observa esta Sala que la desatención al cumplimiento del principio en comento puede conducir a problemas de iliquidez e insolvencia bancaria, lo que, en no pocos casos, representa el preámbulo de una quiebra, de una intervención o de medidas de vigilancia y control que amerite una institución financiera, según sea el caso.

Al respecto, la Sala observa que la aplicación del principio mencionado y las consecuencias que de él se derivan, representa una restricción al carácter autónomo que pudiera considerar tener una institución financiera acerca de la titularidad y propiedad de los fondos depositados, observándose que tales recursos deben ser administrados conforme a reglas de estricto cumplimiento a fin de evitar daños y perjuicios a los depositantes, con lo cual queda en evidencia el carácter regulatorio que se ejerce sobre las operaciones del sector, en virtud de interés general que subyace en la dinámica financiera.

Lo mismo debe decirse respecto de la prohibición de celebrar operaciones de compra venta de inmuebles innecesarios. A juicio de este Máximo Tribunal, las instituciones financieras desarrollan una actividad altamente regulada cuyo objeto principal no es el corretaje inmobiliario, de allí que la aludida prohibición pretenda evitar la pérdida de liquidez, en aras de la protección del sistema financiero, puesto que el banco u otra entidad afín debe contar con el dinero y tenerlo siempre disponible para el momento que lo requieran los usuarios.

En definitiva, las restricciones contenidas en los cardinales 1, 2, 3, 8, 10 y 15 del artículo 185 de la Ley General de Bancos y Otras Instituciones Financieras se explican porque la forma en que los bancos y otras instituciones financieras invierten el dinero depositado por los usuarios está limitado por el interés estatal de velar por la buena marcha del sector financiero.

Observa este Máximo Tribunal que a estos parámetros es que responde la labor configuradora de la actividad legislativa, de tal modo que, sin vaciar de contenido el núcleo esencial del derecho de propiedad o de libertad económica, los cardinales impugnados le fijan a los entes financieros el alcance de la facultad de disposición de los montos depositados de cara a preservar el ánimo de lucro de la actividad de intermediación financiera; pero protegiendo a los usuarios del sistema bancario de los desmanes de una administración bancaria errada. Por tanto, la Sala desestima el alegato presentado por la parte actora en tal sentido. Así se decide.

V. EL ORDENAMIENTO TRIBUTARIO DEL ESTADO

1. *Tributos*

A. *Contribuciones especiales: Contribución al Fondo de Ahorro Obligatorio de Vivienda (Base imponible)*

TSJ-SPA (1127) **29-7-2009**

Magistrado Ponente: Hadel Mostafa Paolini

Caso: Banco Nacional de Vivienda y Hábitat (BANAVIH) vs. Decisión Tribunal Superior Tercero de lo Contencioso Tributario de la Circunscripción Judicial del Área Metropolitana de Caracas.

La base de cálculo de la Contribución al Fondo de Ahorro Obligatorio de Vivienda se encuentra delimitado por el salario normal a que hace alusión el artículo 133 de la Ley Orgánica del Trabajo.

Por último, en lo referente a la base imponible para determinar el cálculo de la contribución al Fondo de Ahorro Obligatorio de Vivienda, observa esta Sala que los aportes supuestamente omitidos abarcan períodos fiscales comprendidos entre los años 2001 hasta el año 2007, en los cuales estuvieron vigentes diversas leyes que regulaban tal contribución parafiscal; en razón de ello debe procederse a delimitar la base legal y, posteriormente, establecer cómo se encuentra constituida la base imponible del mencionado tributo.

(*Omissis*)

Respecto al concepto de salario normal, la Sala Constitucional de este Máximo Tribunal en su sentencia N° 301 del 27 de febrero de 2007, caso: *Adriana Vigilanza García y Carlos A. Vecchio*, interpretó el sentido y alcance de la proposición contenida en el artículo 31 de la Ley de Impuesto sobre la Renta, cuestión que resulta aplicable al presente caso. Dicha decisión señaló lo siguiente:

"(...) la Sala es de la opinión que la norma que estipula los conceptos que conforman el enriquecimiento neto de los trabajadores, puede ser interpretada conforme a los postulados constitucionales, estimando que éste sólo abarca las remuneraciones otorgadas en forma regular (salario normal) a que se refiere el parágrafo segundo del artículo 133 de la Ley Orgánica del Trabajo, con ocasión de la prestación de servicios personales bajo relación de dependencia, excluyendo entonces de tal base los beneficios remunerativos marginales otorgados en forma accidental, pues de lo contrario el trabajador contribuyente perdería estas percepciones -si no en su totalidad, en buena parte- sólo en el pago de impuestos.

Por tal razón, con el objeto de adecuar el régimen impositivo a la renta aplicable a las personas naturales con ocasión de los ingresos devengados a título salarial, con los presupuestos constitucionales sobre los que se funda el sistema tributario; ponderando, por una parte, el apego al principio de justicia tributaria y, por la otra, la preservación del principio de eficiencia presente en tales normas, en los términos bajo los cuales han sido definidos a lo largo de este fallo, esta Sala Constitucional modifica la preposición del artículo 31 de la Ley de Impuesto sobre la Renta, en el siguiente sentido:

*'**Artículo 31**. Se consideran como enriquecimientos netos los salarios devengados en forma regular y permanente por la prestación de servicios personales bajo relación de dependencia. También se consideran como enriquecimientos netos los intereses provenientes de préstamos y otros créditos concedidos por las instituciones financieras constituidas en el exterior y no domiciliadas en el país, así como las participaciones gravables con impuestos proporcionales conforme a los términos de esta Ley.*

A los efectos previstos en este artículo, quedan excluidos del salario las percepciones de carácter accidental, las derivadas de la prestación de antigüedad y las que la Ley considere que no tienen carácter salarial' (Subrayados de la nueva redacción).

De esta manera, la Sala ejerciendo su labor de máxima intérprete de la Constitución ajusta la disposición legal antes referida a los postulados constitucionales, la cual además se adecua a la letra y espíritu del parágrafo cuarto del artículo 133 de la Ley Orgánica del Trabajo, que dispone 'cuando el patrono o el trabajador estén obligados a cancelar una contribución, tasa o impuesto, se calculará considerando el salario normal correspondiente al mes inmediatamente anterior a aquél en que se causó'. Así se decide".

En este sentido, la Sala Constitucional del Tribunal Supremo de Justicia reafirmó el citado criterio, cuando en su sentencia Nº 390 del 9 de marzo de 2007, caso: *Carlos Alberto Peña, Gustavo E. Fernández M., Migderbis Morán y Marylin Pérez Terán* (aclaratoria del fallo antes transcrito), expresó lo que se transcribe a continuación:

"(...) Resalta la Sala, 1) que esta decisión se refiere al régimen impositivo de los asalariados, esto es, de quienes perciben un salario por la prestación de un servicio; y 2) ***que los bonos y otras remuneraciones no regulares ni permanentes, no son pechables al no estar incluidas en el salario normal****".*

Sobre este particular, la Sala Político-Administrativa en reiterada jurisprudencia ha sentado su opinión al respecto, manifestando que las utilidades (entre otros conceptos no regulares ni permanentes) no forman parte del salario normal, visto que se trata de remuneraciones complementarias y aleatorias, en tanto que la empresa haya obtenido beneficios, sólo pagaderas en proporción a los meses de servicios prestados, no así en función de la jornada diaria de trabajo, debiendo excluirse por consiguiente, del cálculo del salario normal todos aquellos beneficios o prestaciones obtenidas por los trabajadores de manera esporádica, accidental o respecto de los cuales no exista seguridad o certeza en cuanto a su percepción. (*Vid.* sentencias N° 00290 del 15 de febrero de 2007, caso: *Digas Tropiven, S.A.C.A.*; N° 01540 del 3 de diciembre de 2008, caso: *Cotécnica Caracas, C.A.*; Nº 00273 del 26 de febrero de 2009, caso: *H.L. Boulton & CO, S.A.*; Nº 00296 del 4 de marzo de 2009, caso: *C.A. La Electricidad de Caracas*; Nº 00761 del 3 de junio de 2009, caso: *Comunicaciones Corporativas C.C.D., C.A.).*

En cuanto a los conceptos referentes a: bonificaciones, horas extras y vacaciones, ha estimado la Sala valederas las mismas consideraciones formuladas en torno a la gravabilidad de las utilidades, vale decir, que los mismos no están incluidos dentro de las definiciones de salario ni sueldos, por cuanto se trata de remuneraciones complementarias de carácter accidental o extraordinario dirigidas a beneficiar una situación especial de los empleados, pero que no implican un pago regular, como consecuencia de las labores ejecutadas por éstos durante la jornada ordinaria de trabajo. (*Vid.*, sentencia Nº 00761 del 3 de junio de 2009, caso: *Comunicaciones Corporativas C.C.D., C.A.)*.

Aplicando la normativa antes transcrita así como los citados criterios jurisprudenciales al caso bajo análisis, concluye esta Sala al igual que lo hizo en un caso similar al de autos (*Vid.*, sentencia Nº 001102 de fecha 22 de julio de 2009, caso: *Vehicle Security Resources de Venezuela, C.A.*) que, conforme fue apreciado por el Tribunal *a quo*, resulta improcedente la exigencia de la diferencia de aportes al Fondo Mutual Habitacional y al Fondo de Ahorro Obligatorio para la Vivienda, correspondientes a los períodos impositivos de 2001, 2002, 2003, 2004, 2005, 2006 y 2007, considerados omitidos por el acto recurrido, por cuanto se constató de dicho acto que el Banco Nacional de la Vivienda y el Hábitat (BANAVIH) añadió dentro de la base imponible de los referidos aportes, entre otras, las partidas por conceptos de vacaciones, comisiones, bonificaciones, utilidades y horas extras, las cuales, tal como fue expresado precedentemente, no deben incluirse por no encontrarse contenidas dentro de la base de cálculo del citado aporte patronal, que se encuentra delimitado por el salario normal a que hace alusión el artículo 133 de la Ley Orgánica del Trabajo. Así se declara.

Por otra parte, en cuanto a los rendimientos a pagar sobre aportes omitidos, observa esta Sala que en atención a la declaratoria de improcedencia de la diferencia de aportes exigida en el acto recurrido, los accesorios determinados a la obligación principal deben ser declarados igualmente improcedentes. Así se establece.

Con fundamento en lo *supra* expuesto esta Sala, conociendo en consulta, confirma la sentencia N° 1371 dictada por el Tribunal Superior Tercero de lo Contencioso Tributario de la Circunscripción Judicial del Área Metropolitana de Caracas el 11 de febrero de 2009, en la cual se declaró con lugar el recurso contencioso tributario incoado por la contribuyente, por lo que se confirma la nulidad de las obligaciones determinadas a su cargo. Así finalmente se declara.

VI. LA ACTIVIDAD ADMINISTRATIVA

1. *El Procedimiento Administrativo*

A. *Consulta popular en la elaboración de normas de aplicación general*

TSJ- SPA (1006) 8-7-2009

Magistrado Ponente: Hadel Mostafá Paolini

Caso: Asociación Civil Confederación Venezolana de Industriales (CONINDUSTRIA).

Quien denuncie la inobservancia del procedimiento establecido en los dispositivos 136 y 137 de la Ley Orgánica de la Administración Pública, debe acreditar que cumplió con la carga de solicitar "libremente su inscripción en el registro" contemplado en el artículo 135 de la prenombrada Ley, ya que de lo contrario no surge en el órgano u ente público correspondiente la obligación de remitir en consulta el anteproyecto de ley o norma de cualquier otro rango.

Alegaron los apoderados actores que el Decreto recurrido se adoptó sin cumplir con la consulta obligatoria a que aluden los artículos 136 y 137 de la Ley Orgánica de la Administración Pública.

De manera que, a los fines de resolver sobre la denuncia planteada debe la Sala necesariamente transcribir el contenido de las citadas disposiciones, esto es, los artículos 136 y 137 de la Ley Orgánica de la Administración Pública publicada en la *Gaceta Oficial de la República Bolivariana de Venezuela* N° 37.305 de fecha 17 de octubre de 2001, aplicable *ratione temporis*, cuyo tenor es el siguiente:

> *"Artículo 136. Cuando los órganos o entes públicos, en su rol de regulación, propongan la adopción de normas legales, reglamentarias o de otra jerarquía, deberán remitir el anteproyecto para su consulta a las comunidades organizadas y organizaciones públicas no estatales inscritas en el registro señalado por el artículo anterior. En el oficio de remisión del anteproyecto correspondiente se indicará el lapso durante el cual se recibirán por escrito las observaciones, y el cual no comenzará a correr antes de los diez días hábiles siguientes a la entrega del anteproyecto correspondiente.*
>
> *Paralelamente a ello, el órgano o ente público correspondiente publicará en la prensa nacional la apertura del proceso de consulta indicando su duración. De igual manera lo informará a través de su página en la Internet, en la cual se expondrá el o los documentos sobre los cuales verse la consulta.*
>
> *Durante el proceso de consulta cualquier persona puede presentar por escrito sus observaciones y comentarios sobre el correspondiente anteproyecto, sin necesidad de estar inscrito en el registro a que se refiere el artículo anterior.*
>
> *Una vez cumplido el lapso de recepción de las observaciones, el órgano o ente público fijará una fecha para que sus funcionarios o funcionarias, especialistas en la materia que sean convocados, y las comunidades organizadas y las organizaciones públicas no estatales intercambien opiniones, hagan preguntas, realicen observaciones y propongan adoptar, desechar o modificar el anteproyecto propuesto o considerar un anteproyecto nuevo.*
>
> *El resultado del proceso de consulta no tendrá carácter vinculante."*
>
> *"Artículo 137. El órgano o ente público no podrá aprobar normas para cuya resolución sea competente, ni remitir a otra instancia proyectos normativos que no sean consultados, de conformidad con el artículo anterior. Las normas que sean aprobadas por los órganos o entes públicos o propuestas por éstos a otras instancias serán nulas de nulidad absoluta sino han sido consultadas según el procedimiento previsto en este Título.*
>
> *En casos de emergencia manifiesta y por fuerza de la obligación del Estado en la seguridad y protección de la sociedad, el Presidente o Presidenta de la República, gobernador o gobernadora, alcalde o alcaldesa, según corresponda, podrán autorizar la aprobación de normas sin la consulta previa. En este caso, las normas aprobadas serán consultadas seguidamente bajo el mismo procedimiento a las comunidades organizadas y a las organizaciones públicas no estatales, el resultado de la consulta deberá ser considerado por la instancia que aprobó la norma y ésta podrá ratificarla, modificarla o eliminarla."*

Como puede apreciarse de la anterior trascripción, ambas disposiciones desarrollan los postulados de los artículos 62 y 211 de la Constitución de la República Bolivariana de Venezuela, referidos a la participación ciudadana en la formación, ejecución y control de la gestión pública, dentro de la cual se incluye la actividad legislativa y reglamentaria, así como el deber de consultar a los otros órganos del Estado, a los ciudadanos y a la sociedad organizada, para oír su opinión sobre los proyectos de leyes o normas de cualquier otro rango.

En este orden de ideas, cabe destacar que esta Sala en sentencia N° 1.063 del 25 de septiembre de 2008, interpretó el alcance de las disposiciones antes transcritas en los siguientes términos:

> *"(...) el artículo 136 de la Ley Orgánica de la Administración Pública, consagra la obligación de los órganos o entes públicos encargados de la adopción de normas legales, reglamentarias o de cualquier otra jerarquía de remitir el anteproyecto para su consulta a '...las comunidades organizadas...' y a '...las organizaciones públicas no estatales inscritas en el registro señalado por el artículo anterior [artículo 135 eiusdem]...'.*
>
> *No obstante, prevé la referida norma que '...[d]urante el proceso de consulta **cualquier persona** puede presentar por escrito sus observaciones y comentarios sobre el correspondiente anteproyecto, sin necesidad de estar inscrito en el registro a que se refiere el artículo anterior [135 de la Ley Orgánica de la Administración Pública] ...'. (Resaltado de la Sala).*
>
> *De manera que, aun cuando el mencionado proceso de consulta queda abierto a cualquier persona interesada, debe precisarse que en lo que atañe a la obligación del órgano o ente público de realizar la remisión del anteproyecto a que alude el artículo 136 de la Ley Orgánica de la Administración Pública, la misma queda circunscrita, en los términos de dicha norma, a dos categorías de grupos u organismos, estos son, las comunidades organizadas y las organizaciones públicas no estatales inscritas en el registro señalado en el tantas veces nombrado artículo 135 eiusdem, cuyo tenor es el siguiente:*
>
> > *'...Sin perjuicio de lo dispuesto en la Constitución de la República Bolivariana de Venezuela y en las leyes especiales, los órganos y entes de la Administración Pública promoverán la participación ciudadana en la gestión pública.*
> >
> > *A tales fines, las personas podrán, directamente o a través de las comunidades organizadas o las organizaciones públicas no estatales legalmente constituidas presentar y formular opiniones sobre la gestión de los órganos y entes de la Administración Pública.*
> >
> > *A los efectos de su participación en la consulta sobre políticas y normas para la regulación del sector respectivo, cada órgano o ente público llevará un registro de las comunidades organizadas públicas no estatales cuyo objeto se refiera al sector **y que soliciten libremente su inscripción**...'.*
>
> *De lo anterior se colige, que sin perjuicio del derecho a participación que tiene cualquier persona en los procesos de consulta a que haya lugar, quien pretenda se declare la violación a lo establecido en los artículos 136 y 137 de la Ley Orgánica de la Administración Pública, debe en primer lugar, acreditar que cumplió con la carga de solicitar '...libremente su inscripción en el registro...', contemplado en el artículo 135 eiusdem, ya que de lo contrario no surge en el órgano u ente público correspondiente la obligación de remitir en consulta el anteproyecto de ley o norma de cualquier otro rango.*
>
> *Lo anterior se justifica debido a la imposibilidad material de la Administración Pública de conocer y notificar a todas y cada una de las organizaciones o grupos que pudieran ser titulares del derecho a participación. De ahí que, sea necesario a los fines de entender satisfecha dicha exigencia que la parte interesada acredite en juicio que, no obstante, su solicitud de inscripción en dicho registro, el órgano u ente administrativo correspondiente omitió su notificación.*
>
> *Ahora bien, circunscribiéndonos al caso de autos se aprecia que la representación judicial de la empresa recurrente no alegó y mucho menos demostró que su mandante haya solicitado la inscripción ante el citado Registro y en consecuencia, no resulta procedente la violación que denuncia respecto a los artículos 136 y 137 de la Ley Orgánica de la Administración Pública, relativa a la falta de remisión del anteproyecto de la Resolución impugnada. Así se decide".*

De acuerdo con el criterio citado *supra*, la obligación del órgano o ente público de realizar la remisión del anteproyecto a que alude el artículo 136 de la Ley Orgánica de la Administración Pública, queda circunscrita a dos categorías de grupos u organismos, estos son, las comunidades organizadas y las organizaciones públicas no estatales inscritas en el registro señalado en el artículo 135 *eiusdem*.

De modo que, quien denuncie la inobservancia del procedimiento establecido en los dispositivos 136 y 137 de la prenombrada Ley, debe acreditar que cumplió con la carga de solicitar "libremente su inscripción en el registro" contemplado en el artículo 135 de la Ley Orgánica de la Administración Pública, ya que de lo contrario no surge en el órgano u ente público correspondiente la obligación de remitir en consulta el anteproyecto de ley o norma de cualquier otro rango.

Siguiendo esta línea argumentativa y visto que no consta en autos que la parte actora haya alegado y demostrado su inscripción en el identificado registro, debe esta Sala, en concordancia con el argumento expuesto en la precitada decisión, desestimar el alegato relativo a la omisión de procedimiento. Así se declara.

B. *Derecho de los administrados: Derecho a la defensa*

TSJ-SPA ACC (1254) 12-8-2009

Magistrado Ponente: Evelyn Margarita Marrero Ortiz

Caso: René Molina Galicia y Lourdes D. Yajaira Yrureta Ortíz vs. Consejo Moral Republicano.

Por otra parte, denuncian los recurrentes que el Presidente del Consejo Moral Republicano violó sus derechos constitucionales a la defensa y al debido proceso, pues -a su decir- el referido funcionario omitió el procedimiento establecido por el legislador en la Ley Orgánica del Poder Ciudadano, para la calificación de las faltas cometidas por los Magistrados del Tribunal Supremo de Justicia.

Ahora bien, el contenido y alcance del derecho a la defensa y al debido proceso, ha sido objeto de pronunciamientos de esta Sala en los cuales se ha señalado lo siguiente:

"(...) el debido proceso constituye una expresión del derecho a la defensa, el cual comprende tanto la posibilidad de acceder al expediente, el derecho a ser oído (audiencia del interesado), a obtener una decisión motivada e impugnar la decisión (Vid. sentencia 4.904 del 13 de julio de 2005).

Del mismo modo se ha pronunciado esta Sala sobre aquellos aspectos esenciales que el Juzgador debe constatar previamente, para declarar la violación del derecho consagrado en el artículo 49 de la Carta Magna, señalando primordialmente entre dichos aspectos, el que la Administración haya resuelto un asunto sin cumplir con el procedimiento legalmente establecido o que haya impedido de manera absoluta a los particulares su participación en la formación del acto administrativo que pudiera afectar sus derechos o intereses.

Asimismo, constituye criterio reiterado de este Órgano Jurisdiccional considerar que el derecho al debido proceso no se patentiza por el hecho de que la manifestación de voluntad concretizada en el acto administrativo que afecta al administrado, haya sido dictada luego de instruido un procedimiento, pues ello depende de las garantías y derechos que en el transcurso de éste se le permitan al administrado, tales como el derecho de alegar y promover pruebas..." (Sentencia N° 02936 del 20 de diciembre de 2006, ratificada en la sentencia N° 1336 del 31 de julio de 2007).

En aplicación del criterio jurisprudencial parcialmente transcrito al caso de autos, aprecia la Sala el alegato de los accionantes en el escrito contentivo del recurso contencioso administrativo de nulidad, referido a que la denuncia presentada en fecha 19 de junio de 2002 ante el Consejo Moral Republicano, no fue sustanciada conforme a lo dispuesto en los artículos 32 al 34 de la Ley Orgánica del Poder Ciudadano.

Sobre el particular, se observa que los artículos mencionados por los recurrentes se ubican dentro del Capítulo II "Del Procedimiento por Falta de los Magistrados y las Magistradas del Tribunal Supremo de Justicia" de la referida Ley, relativos al procedimiento que debe seguirse para la tramitación de la denuncia presentada por algún ciudadano o ciudadana o los representantes de los Poderes Públicos, contra los Magistrados o Magistradas de este Máximo Tribunal.

En orden a lo anterior, en el caso bajo análisis el Presidente del Consejo Moral Republicano, al resolver acerca de la admisión de la denuncia presentada, consideró que la misma debía declararse inadmisible, entre otros aspectos, por lo siguiente:

"(...) *El fundamento de que los Magistrados de la Sala Político Administrativa se encuentran en desacato proviene del hecho de que los mismos no han procedido a sentenciar. Ahora bien, en criterio de quien suscribe, tal actitud no significa o implica un desacato, pues la Sala Constitucional al ordenar la reposición no fijó un plazo a la Sala Político Administrativa. Adicionalmente, la gran cantidad de trabajo que tiene esta Sala no permite a los Magistrados emitir el número de pronunciamientos queridos. Por otra parte, los propios denunciantes señalan que los Magistrados de la Sala Político Administrativa han procedido a abrir expedientes con otra nomenclatura, con lo cual queda entendido que los mismos acataron la orden de reponer los juicios y procederán a decidirlos.*

Sin embargo este Consejo Moral Republicano debe concordar con los denunciantes en la necesidad de que la Sala Político Administrativa se avoque en forma inmediata a pronunciarse sobre el fondo de las causas.

En virtud de lo expuesto es inadmisible la denuncia en cuestión.

(...) estima quien suscribe esta decisión que en el presente caso no existe una 'patente, notoria e incuestionable contradicción con el ordenamiento jurídico', 'tan patente y grosera que pueda ser apreciada por cualquiera', sino una diferencia interpretativa de una norma, lo cual evidencia de la sentencia dictada por la Sala Político Administrativa del 13 de febrero de 2001 (caso Molinos San Cristóbal) donde se aprecian los fundamentos de la declaratoria de perención: (...)

En cuanto a la reiterada inobservancia de los plazos o términos legales o en el diferimiento de las sentencias, es necesario precisar que efectivamente algunas Salas no han podido ponerse al día con los casos que deben sentenciar pero ello es producto del volumen de trabajo que se maneja en las mismas.

En virtud de lo expuesto es inadmisible la denuncia formulada.

(...)

En virtud de todo lo anterior, forzoso es concluir que no es factible aplicar las normas contempladas en el Código de Ética del Juez Venezolano o Jueza Venezolana hasta tanto sea sancionado por la Asamblea Nacional, mientras tanto se aplicará la Ley Orgánica del Poder Ciudadano, así como la Ley Orgánica del Consejo de la Judicatura y la Ley de Carrera Judicial, en tanto en cuanto ello sea posible, pues también debe tomarse en consideración que en materia sancionatoria tampoco es factible aplicación analógica de las penas. (...)".

De lo anteriormente expuesto se evidencia que el Presidente del Consejo Moral Republicano, ciudadano Clodosbaldo Russián, al analizar cada uno de los puntos contenidos en la denuncia presentada por los recurrentes estimó que la misma era inadmisible, siendo el fundamento de la denuncia el hecho de que los Magistrados antes identificados procedieron a decretar la perención de la instancia en diversas causas sometidas a su consideración que se encontraban en estado de sentencia; proceder que el referido funcionario estimó no como una "*patente, notoria e incuestionable contradicción con el ordenamiento jurídico*", sino como una diferencia interpretativa de una norma.

En armonía con lo antes señalado, considera la Sala que el Consejo Moral Republicano al declarar inadmisible la denuncia presentada por los ciudadanos René Molina Galicia y Lourdes del Valle Yajaira Yrureta Ortíz, no estaba obligado a seguir el procedimiento previsto en los artículos 32 al 34 de la Ley Orgánica del Poder Ciudadano para tramitar las denuncias contra los Magistrados y Magistradas del Tribunal Supremo de Justicia; razón por la cual se desestima la alegada violación del derecho a la defensa y al debido proceso. Así se declara.

C. *Principio de Buena Fe. Noción*

TSJ- SPA (1006) 8-7-2009

Magistrado Ponente: Hadel Mostafá Paolini

Caso: Asociación Civil Confederación Venezolana de Industriales (CONINDUSTRIA)

La presunción de buena fe del ciudadano es uno de los principios que deben tener por norte los órganos de la Administración Pública Central y Descentralizada funcionalmente a nivel nacional cuando se elaboren los planes de simplificación de trámites.

Los apoderados judiciales de la recurrente expusieron que el sistema autorizatorio que pretende instaurar el Decreto N° 4.248, desconoce el principio de buena fe expresamente establecido en los artículos 8 y 10 del Decreto con rango y fuerza de Ley sobre Simplificación de Trámites Administrativos, por las siguientes razones: (i) Parte del supuesto que todas las empresas domiciliadas en el país son infractoras, obligándolas a obtener una solvencia laboral, en lugar de sancionar a las que incumplan con los actos dictados por las autoridades administrativas competentes; (ii) Impone trámites innecesarios que incrementan el costo operacional de la Administración Pública y de las empresas sometidas a la legislación laboral; y (iii) Contraría lo dispuesto en los artículos 15 y 26 del identificado Decreto-Ley.

Al efecto, esta Sala observa que el Decreto con rango y fuerza de Ley sobre Simplificación de Trámites Administrativos, reimpreso por error material, el 7 de diciembre de 1999 y publicado en la *Gaceta Oficial* de la República Bolivariana de Venezuela N° 36.845, de esa fecha, vigente para el momento en que se dictó el acto impugnado, disponía en los artículos 8 y 10, lo siguiente:

"***Artículo 8:*** *Los planes de simplificación de trámites administrativos que elaboren los organismos sujetos a la aplicación de este Decreto-Ley, deberán realizarse con base en los siguientes principios:*

1. *La presunción de buena fe del ciudadano.*
2. *La simplicidad, transparencia, celeridad y eficacia de la actividad de la Administración Pública.*
3. *La actividad de la Administración Pública al servicio de los ciudadanos.*
4. *La desconcentración en la toma de decisiones por parte de los órganos de dirección"*

*"**Artículo 10**: Los órganos y entes de la Administración Pública en sus respectivas áreas de competencia, deberán realizar un inventario de los documentos y requisitos cuya exigencia pueda suprimirse de conformidad con la presunción de buena fe, aceptando en sustitución de los mismos las declaraciones juradas hechas por el interesado o un representante con carta poder".*

De la lectura de los dispositivos antes citados se desprende que la presunción de buena fe del ciudadano es uno de los principios que deben tener por norte los órganos de la Administración Pública Central y Descentralizada funcionalmente a nivel nacional cuando se elaboren los planes de simplificación de trámites; y que en atención a ese principio debe suprimirse la exigencia de documentos y requisitos que en opinión de los órganos y entes de la Administración Pública puedan sustituirse por las declaraciones juradas hechas por el administrado.

Una vez precisado lo anterior, esta Sala observa que los apoderados judiciales de la parte actora alegaron la vulneración del principio de buena fe, en primer lugar porque la Administración en el acto recurrido presume que todas las empresas domiciliadas en el país son infractoras, obligándolas a obtener una solvencia laboral, en vez de sancionar a las que incumplan con los actos dictados por las autoridades administrativas competentes.

Al respecto, debe reiterarse que la solvencia laboral es un documento administrativo que certifica que el patrono o patrona respeta efectivamente los derechos humanos laborales y sindicales de los trabajadores y trabajadoras.

El proveimiento recurrido es un acto administrativo de carácter normativo cuyo objeto es regular el otorgamiento, vigencia, control y revocatoria de la solvencia laboral de los patronos y patronas, incluidas las asociaciones cooperativas que contraten los servicios de no asociados. Así, en el artículo 4 del Decreto impugnado se establecen siete (7) causales objetivas que producirán la negativa o revocatoria del identificado documento.

En este orden de ideas, se tiene que el otorgamiento anual de la solvencia laboral comprende un control permanente por parte del Estado de un efectivo resguardo de los derechos de los trabajadores y trabajadoras, e inclusive la configuración de alguna de las causales objetivas de violación de los derechos laborales y sindicales, en el transcurso del año de vigencia, ocasiona la aplicación de la medida administrativa de revocación.

Por tal razón, es que la norma no presume en modo alguno la mala fe, dado que la solvencia laboral es otorgada y mantiene su vigencia para todo aquel que no incurra en las conductas descritas en el artículo 4 del Decreto N° 4.248, es decir, que la consecuencia jurídica de denegatoria y revocación del mencionado documento administrativo se producirá sólo cuando el administrado actúe en contravención a lo establecido en el ordenamiento jurídico.

Por consiguiente, no puede entenderse la exigencia anual del documento administrativo que certifica el cumplimiento de los derechos humanos laborales y sindicales como una vulneración del principio de presunción de buena fe del patrono. Así se declara.

2. *Reglamentos*

A. *Potestad Reglamentaria*

TSJ- SPA (1006) 8-7-2009

Magistrado Ponente: Hadel Mostafá Paolini

Caso: Asociación Civil Confederación Venezolana de Industriales (CONINDUSTRIA).

El Decreto N° 4.248 de fecha 30 de enero de 2006, mediante el cual se regula el otorgamiento, vigencia, control y revocatoria de la solvencia laboral de los patronos, fue dictado por el Presidente de la República con fundamento en las competencias constitucionales y legales atribuidas.

Corresponde a esta Sala pronunciarse respecto al mérito de la causa y a tal efecto observa que en el presente juicio se cuestiona la legalidad e inconstitucionalidad del Decreto N° 4.248, dictado por el Presidente de la República en fecha 30 de enero de 2006 y publicado en la *Gaceta Oficial de la República Bolivariana de Venezuela* N° 38.371 de fecha 2 de febrero de 2006, mediante el cual se regula el otorgamiento, vigencia, control y revocatoria de la solvencia laboral de los patronos.

De seguida pasa esta Sala a pronunciarse sobre cada uno de los argumentos expuestos en el escrito recursivo, y al respecto se observa lo siguiente:

Al respecto indicaron que el acto impugnado vulnera abiertamente el **principio de la reserva legal**, al establecer condiciones y requisitos para el ejercicio del derecho al trabajo y a la libertad económica, impuestos en una norma que no ha sido dictada por el Poder Legislativo Nacional y mucho menos mediante una Ley Orgánica. Añaden, que el Ejecutivo no cuenta con una habilitación de donde se deriven directrices o parámetros para establecer un sistema regulatorio como el previsto en el Decreto N° 4.248.

En el presente apartado, también sostuvieron los apoderados de la recurrente que el acto cuya nulidad es solicitada adolece del **vicio de usurpación de funciones**, al considerar que a través de su adopción el Ejecutivo Nacional pretende asumir competencias que ni siquiera el legislador tiene encomendadas, al establecer un sistema autorizatorio que no se encuentra previsto ni sugerido en las leyes que regulan el sector laboral, toda vez que de las normas invocadas en la base legal del Decreto N° 4.248 "*no se puede inducir, ni siquiera inferir*", que el legislador autoriza a funcionarios de la Administración Pública a exigir solvencias laborales. (Ver: Sent. Nº 0417 de 1-4-2009 *Revista de Derecho Público* Nº 118)

En atención a la decisión transcrita *supra*, el Presidente de la República, al dictar el acto recurrido, actuó con fundamento en las atribuciones conferidas expresamente en la Constitución y en las leyes para reglamentar estas últimas, por lo que debe esta Sala desestimar la denuncia relativa a la transgresión del principio de la reserva legal y la configuración del vicio de usurpación de funciones. Así se declara.

a. *Límites: Reserva legal*

TSJ-SPA (1131) **29-7-2009**

Magistrado Ponente: Emiro García Rosas

Caso: Hugo Medina y Presidente de la ASOCIACIÓN DE JUBILADOS Y PENSIONADOS DE C.V.G. VENALUM (AJUPEVE).

Con relación a la denunciada contravención contenida en el artículo 23 del Reglamento de la Ley del Estatuto sobre el Régimen de Jubilaciones y Pensiones de los Funcionarios o Empleados de la Administración Pública Nacional, de los Estados y de los Municipios, respecto de los postulados constitucionales que propugnan la justicia social, responsabilidad social y preeminencia de los derechos humanos, esta Sala examina lo siguiente:

De la lectura del expediente se observa que el *thema decidendum* se circunscribe a obtener la nulidad de una norma de rango reglamentario.

Al respecto, la doctrina ha sostenido que las normas reglamentarias pueden detallar, explicar, desarrollar, complementar e interpretar a la Ley, siempre que no contrasten e innoven en relación con lo establecido por el texto legislativo, es decir, que no alteren el espíritu, propósito y razón de la Ley.

A este respecto, hay autores que señalan que "Su sumisión a la Ley es absoluta, en varios sentidos: no se produce más que en los ámbitos que la Ley le deja, no puede intentar dejar sin efecto los preceptos legales o contradecirlos, no puede suplir a la Ley allí donde ésta es necesaria para producir un determinado efecto o regular un cierto contenido". (Eduardo García de Enterría y Tomás-Ramón Fernández, *Curso de Derecho Administrativo I*, octava edición, p. 168).

Acerca del alcance y contenido de la garantía de la reserva legal (en relación al ejercicio de la facultad de reglamentar las leyes), en sentencia Nº 00302 del 12 de marzo de 2008, esta Sala reitera la jurisprudencia de este Máximo Tribunal (Sala Constitucional), que sostiene lo siguiente:

> *"...la figura de la reserva legal viene dada por la consagración a nivel constitucional de determinadas materias que, debido a la importancia jurídica y política que tienen asignadas, sólo pueden ser reguladas mediante ley, desde el punto de vista formal, y ello excluye la posibilidad de que tales materias sean desarrolladas mediante reglamentos o cualquier otro instrumento normativo que no goce de dicho rango legal.*
>
> *Ahora bien, en virtud de lo previsto en el artículo 190, numeral 10 de la Constitución de 1961 -hoy, artículo 236, numeral 10 de la Constitución de la República Bolivariana de Venezuela- el Ejecutivo Nacional puede reglamentar las leyes que se dicten en materias que pertenezcan a la reserva legal, incluso cuando tengan carácter de leyes orgánicas; lo que permite la participación del Poder Ejecutivo en el desarrollo de los principios contenidos en la Ley, siempre que no altere su espíritu, propósito y razón, y sin que ello pueda significar, en modo alguno, el otorgamiento al Presidente de la República de la potestad de legislar en torno a la materia o materias específicas que estén delimitadas por la Ley.*
>
> *Así, el principio de la reserva legal contiene una obligación para el legislador de regular en el texto de la Ley de que se trate, toda la materia relacionada con ésta, de tal manera que, sólo puede remitir al reglamentista la posibilidad de establecer o fijar los detalles de su ejecución, esto es, explicar, desarrollar, complementar e interpretar a la Ley en aras de su mejor ejecución, estando prohibidas, por constituir una violación a la reserva legal, las remisiones 'genéricas' que pudieran originar reglamentos independientes, o dar lugar a los reglamentos 'delegados'".* (Sentencia de la Sala Constitucional Nº 2338 del 21 de noviembre de 2001), (subrayado de esta decisión).

De conformidad con la jurisprudencia citada, los aspectos fundamentales de las leyes dictadas conforme al procedimiento de elaboración y sanción previsto en la Constitución, son regulados por el órgano deliberante nacional, pudiendo el Poder Ejecutivo establecer los aspectos necesarios para su aplicación y ejecución, salvo la potestad legislativa delegada que puede ejercer el Presidente de la República.

Conforme al Texto Fundamental corresponde al Presidente de la República reglamentar total o parcialmente las leyes, sin alterar su espíritu, propósito y razón (numeral 10 del artículo 236 de la Constitución de la República Bolivariana de Venezuela), pero a su vez constituye una atribución y obligación cumplir y hacer cumplir la Constitución y las leyes (numeral 1 del artículo 236 *eiusdem*), función que corresponde al Poder Ejecutivo Nacional.

En el presente caso, para determinar si la norma cuya nulidad se solicita deriva del desarrollo de la Ley a cuyas disposiciones se debe someter, se hace indispensable analizar lo que respecto a la pensión de sobreviviente dispone la Ley del Estatuto sobre el Régimen de Jubilaciones y Pensiones de los Funcionarios o Empleados de la Administración Pública Nacional, de los Estados y de los Municipios, publicada en *Gaceta Oficial de la República de Venezuela* Nº 3.850 Extraordinario del 18 de julio de 1986, reformada parcialmente según *Gaceta Oficial de la República Bolivariana de Venezuela* Nº 38.426 del 28 de abril de 2006, reimpresa por error material en la *Gaceta Oficial* Nº 38.501 del 16 de agosto del citado año. Dicha Ley establece en el artículo 15 lo siguiente:

> "***Artículo 15. La pensión de sobreviviente se causará por el fallecimiento de un beneficiario o beneficiaria de jubilación o de un empleado o empleada que a la fecha de su muerte llenare los requisitos para tener derecho a la jubilación****. No se otorgará más de una pensión por mérito de un solo causante*". (Destacado de esta Sala).

De este dispositivo se evidencia que el legislador estableció la manera de cómo puede causarse la pensión de sobreviviente, disposición que mantiene su texto original contenido en la Ley reformada.

Por su parte, la última modificación del Reglamento de la Ley del Estatuto sobre el Régimen de Jubilaciones y Pensiones de los Funcionarios o Empleados de la Administración Pública Nacional, de los Estados y de los Municipios, tiene data del 11 de enero de 1999.

Es importante resaltar la data de este Reglamento, por cuanto de la referida fecha se infiere que el contenido del artículo 23, cuya nulidad se pide, es anterior a la Constitución de la República Bolivariana de Venezuela, vigente desde el 30 de diciembre de 1999.

Lo anterior viene a colación porque la Constitución vigente contempla en el Capítulo V denominado "De los Derechos Sociales y de las Familias", normas que otorgan una protección especial a la seguridad social y al trabajo, considerado como un "hecho social". En efecto, los artículos 86 y 89 disponen lo siguiente:

> "***Artículo 86. Toda persona tiene derecho a la seguridad social*** *como servicio público de carácter no lucrativo, que garantice la salud y asegure protección en contingencias de maternidad, paternidad, enfermedad,* ***invalidez****, enfermedades catastróficas, discapacidad, necesidades especiales,* ***riesgos laborales****, pérdida de empleo, desempleo, vejez, viudedad, orfandad, vivienda, cargas derivadas de la vida familiar y cualquier otra circunstancia de previsión social. El Estado tiene la obligación de asegurar la efectividad de este derecho, creando un sistema de seguridad social universal, integral, de financiamiento solidario, unitario, eficiente y participativo, de contribuciones directas o indirectas. La ausencia de capacidad contributiva no será motivo para excluir a las personas de su protección. Los recursos financieros de la seguridad social no podrán ser destinados a otros fines. Las cotizaciones obligatorias que realicen los trabajadores y trabajadoras para cubrir los servicios médicos y asistenciales y demás beneficios de la seguridad social podrán ser administrados sólo con fines sociales bajo la rectoría del Estado. Los remanentes netos del capital destinado a la salud, la educación y la seguridad social se acumularán a los fines de su distribución y contribución en esos servicios. El sistema de seguridad social será regulado por una ley orgánica especial". (Destacado de la Sala).*

> "***Artículo 89****. El trabajo es un* ***hecho social*** *y gozará de la protección del Estado. La ley dispondrá lo necesario para mejorar las condiciones materiales, morales e intelectuales de los trabajadores y trabajadoras. Para el cumplimiento de esta obligación del Estado se establecen los siguientes principios:*
>
> *1. Ninguna ley podrá establecer disposiciones* ***que alteren la intangibilidad y progresividad de los derechos y beneficios laborales****. (...)*
>
> *5.* ***Se prohíbe todo tipo de discriminación*** *por razones de política, edad, raza, sexo o credo o por cualquier otra condición.* (...)". (Destacado de la Sala).

De las disposiciones transcritas se desprende la intención del constituyente de brindar protección a todas las personas por las contingencias surgidas, entre las que se encuentran los estados de invalidez y riesgos laborales. Asimismo, se considera el trabajo como un hecho social, se prohíbe cualquier retroceso de los derechos y beneficios laborales (principio de progresividad) y también se prohíbe todo tipo de discriminación relacionada con las condiciones mencionadas.

Por su parte, los reglamentos dictados por cualquier autoridad administrativa están sometidos al control de constitucionalidad y legalidad que ejerce esta Sala, de conformidad con los artículos 259 y 266 numeral 5 de la Constitución vigente (artículo 190 ordinal 10 de la derogada Constitución). Así lo expresó este Máximo Tribunal en sentencia Nº 48 dictada por la antes denominada Corte Suprema de Justicia de fecha 10 de mayo de 1965, declarando lo siguiente:

> "*Es inherente a la función administrativa la facultad que tiene la Administración de dictar actos que contengan normas de carácter general. Los reglamentos son, precisamente, actos de esta naturaleza. Dentro de la clasificación general de éstos figura el que se denomina subordinado, porque es dictado para complementar la ley o asegurar su ejecución. La actividad reglamentaria está en estos casos limitada y encausada por la norma legal, y de ahí que* ***toda disposición reglamentaria que viole la Constitución o las leyes es susceptible de anulación o de inaplicación en los casos concretos***". (Ver copiador de sentencias, año 1965, segundo trimestre, página 6).

Con referencia a los Reglamentos Ejecutivos, la Constitución exige en su artículo 236 numeral 10, que no deben alterar el "espíritu, propósito y razón" de las leyes. Al respecto, la entonces denominada Corte Federal y de Casación en Corte en Pleno, expresó lo siguiente:

> "*Se altera el espíritu de la Ley cuando el acto reglamentario contiene excepciones o sanciones no previstas, o disposiciones contrarias a los fines perseguidos por el Legislador*". (Ver sentencia del 4 de junio de 1952 en *Gaceta Forense* Nº 11, 1952, p. 25).

En otra sentencia, la Corte en Pleno precisó esta sujeción al declarar lo que sigue:

> "*El decreto reglamentario o Reglamento Ejecutivo, tomado en su acepción estricta -que es la que interesa en este caso-, tiene como antecesor a la Ley, de la cual es derivación, efecto y corolario. Esta sienta el principio, aquél prevé y desarrolla sus consecuencias, facilita su aplicación a los pormenores y determina las medidas necesarias para su aplicación. De ahí que cuando el reglamento ejecutivo se propasa y se ocupa de reparar las diferencias de la Ley, regula cuestiones no comprendidas en ella, o se aparta del espíritu, propósito y razón que lógicamente han debido guiar al Legislador en su elaboración, se está en presencia de una extralimitación de atribuciones, en el primer caso, y de una violación del texto constitucional en el segundo; y en uno y otro, de un reglamento ejecutivo viciado, en todo o en parte, de ilegalidad por violatorio de expresas normas de la Ley Fundamental*". (Ver sentencia del 24 de septiembre de 1952 en *Gaceta Forense* Nº 1, 1958, p. 151).

Obviamente, el legislador no ha encomendado al reglamentista dictar normas que pugnen con la Carta Magna, por lo que ante reglamentos que arriben a resultados manifiestamente desproporcionados o que atenten contra la justicia natural, debe el órgano jurisdiccional declarar que su disconformidad con los postulados constitucionales impone restablecer la situación jurídica infringida, declarando su nulidad.

Siendo la norma reglamentaria desarrollo de la legal, no le está dado al reglamentista crear un supuesto distinto o desarrollar un ámbito más allá del previsto en la ley. La potestad reglamentaria no puede ir allende el "complemento indispensable" que garantice el desarrollo y la ejecución de la ley; no podría contener nuevos mandatos normativos, ni podría agravar cargas u obligaciones que la ley desarrolla.

En el presente caso, **el artículo 15 de la Ley** del Estatuto sobre el Régimen de Jubilaciones y Pensiones de los Funcionarios o Funcionarias o Empleados o Empleadas de la Administración Pública Nacional, de los Estados y de los Municipios dispone que **la pensión de sobreviviente se obtendrá por el fallecimiento del beneficiario de la pensión de jubilación**; nada mencionó sobre los casos en los que el beneficio acordado hubiera sido la pensión de invalidez.

Al contemplar el **artículo 23 del Reglamento de la Ley** del Estatuto sobre el Régimen de Jubilaciones y Pensiones de los Funcionarios o Funcionarias o Empleados o Empleadas de la Administración Pública Nacional, de los Estados y de los Municipios que **la muerte de un beneficiario de una pensión de invalidez no causará pensión de sobrevivientes**, hizo intrusión en un ámbito que es potestativo de la Ley, y que ésta -siéndole propio- no contempló, invadiendo así el Reglamento la reserva legal; y más aún, alterando el "espíritu, propósito y razón" de la Ley.

La referida norma reglamentaria creó una limitación a los sobrevivientes de los pensionados por invalidez, que la Ley no reguló expresamente, no resultando tal restricción compatible con los postulados previstos en los transcritos artículos 86 y 89 constitucionales, vigentes desde el 30 de diciembre de 1999, cuya protección especial **prohíbe cualquier discriminación relacionada con el "hecho social" trabajo**.

La Sala no puede desconocer el valor de derecho social propio de la pensión por invalidez, pues ésta se obtiene luego de que una persona estando al servicio de un empleador, padece merma de su capacidad para realizar cualquier tipo de trabajo, como resultado, ya sea de un accidente por acción que pueda ser determinada o sobrevenida en el curso del trabajo, por el hecho o con ocasión del trabajo; o por una enfermedad ocupacional con ocasión del trabajo o exposición al medio en el que la persona se encuentre obligada a laborar. **El beneficio de la pensión es un logro, cuyo objetivo es que su acreedor** -que cesó involuntariamente en sus labores diarias de trabajo- **mantenga la misma o una calidad de vida mayor de la que tenía, producto de los ingresos que provienen de la pensión, beneficio que debe ser extensivo a sus sobrevivientes, como sucede en los casos de jubilación**.

En cuanto a la seguridad social como una protección constitucional, esta Sala en sentencia Nº 00016 del 14 de enero de 2009, pronunció lo siguiente:

"(...) El artículo 86 de la Constitución de la República Bolivariana de Venezuela define el sistema de seguridad social como un servicio público destinado a proteger las contingencias que sufran los particulares independientemente de su capacidad contributiva, condición social y actividad laboral, en los siguientes términos:

*'**Toda persona tiene derecho a la seguridad social como servicio público** de carácter no lucrativo, que garantice la salud y asegure protección en contingencias de maternidad, paternidad, enfermedad, invalidez, enfermedades catastróficas, discapacidad, necesidades especiales, riesgos laborales, pérdida de empleo, desempleo, vejez, viudedad, orfandad, vivienda, cargas derivadas de la vida familiar y cualquier otra circunstancia de previsión social. **El Estado tiene la obligación de asegurar la efectividad de este derecho, creando un sistema de seguridad social universal, integral, de financiamiento solidario, unitario, eficiente y participativo, de contribuciones directas o indirectas**. La ausencia de capacidad contributiva no será motivo para excluir a las personas de su protección. Los recursos financieros de la seguridad social no podrán ser destinados a otros fines. Las cotizaciones obligatorias que realicen los trabajadores y las trabajadoras para cubrir los servicios médicos y asistenciales y demás beneficios de la seguridad social podrán ser administrados sólo con fines sociales bajo la rectoría del Estado. Los remanentes netos del capital destinado a la salud, la educación y la seguridad social se acumularán a los fines de su distribución y contribución en esos servicios. El sistema de seguridad social será regulado por una ley orgánica especial'. (Destacados de este fallo).*

El sistema de seguridad social ha sido concebido por el Constituyente como universal, integral y de financiamiento solidario, ya que debe proteger tanto a las personas que contribuyan al mismo, como a las que no porque la ausencia de capacidad contributiva no puede ser motivo para excluir a las personas de esa protección (...)".

A este aspecto se refirió la Sala Constitucional en la oportunidad de analizar el concepto de Estado Social de Derecho y de Justicia, precisando lo siguiente:

"(...) El Preámbulo de la Constitución, como tal es parte de ella, y según él, la Constitución es la base para refundar la República de acuerdo a los valores expresados en el mismo Preámbulo. Consecuencia de ello, es que la conceptualización de lo que es Estado Social de Derecho y de Justicia tiene que adaptarse a los valores finalistas del Preámbulo, y por ello el concepto venezolano, puede variar en sus fundamentos del de otro 'Estado Social', ya que su basamento será diferente.

Manteniéndose la columna vertebral conceptual de lo que es un Estado Social, el cual la Sala ya lo expresó, del Preámbulo se colige que el Estado Social está destinado a fomentar la consolidación de la solidaridad social, la paz, el bien común, la convivencia, el aseguramiento de la igualdad, sin discriminación ni subordinación. Luego, la Constitución antepone el bien común (el interés general) al particular, y reconoce que ese bien común se logra manteniendo la solidaridad social, la paz y la convivencia. ***En consecuencia, las leyes deben tener por norte esos valores, y las que no lo tengan, así como las conductas que fundadas en alguna norma, atenten contra esos fines, se convierten en inconstitucionales.***

La Constitución de 1999 en su artículo 2 no define que debe entenderse por Estado Social de Derecho, ni cual es su contenido jurídico. Sin embargo, la Carta Fundamental permite ir delineando el alcance del concepto de Estado Social de Derecho desde el punto de vista normativo, en base a diferentes artículos, por lo que el mismo tiene un contenido jurídico, el cual se ve complementado por el Preámbulo de la Constitución y los conceptos de la doctrina, y permiten entender que es el ***Estado Social de Derecho, que así deviene en un valor general del derecho constitucional venezolano****. Además del artículo 2 de la vigente Constitución, los artículos 3 (que señala los fines del Estado), 20 (que hace referencia al orden social), 21.1 y 2, 70, 79, 80, 81, 82, 83, 86, 90, 102, 112, 113, 115, 127, 128, 132 y 307, y los relativos a los Derechos Sociales establecidos en el Capítulo V del Título III, se encuentran ligados a lo social, y sirven de referencia para establecer el concepto del Estado Social de Derecho y sus alcances.*

Inherente al Estado Social de Derecho es el concepto antes expresado de interés social, el cual es un valor que persigue equilibrar en sus relaciones a personas o grupos que son, en alguna forma, reconocidos por la propia ley como débiles jurídicos, o que se encuentran en una situación de inferioridad con otros grupos o personas*, que por la naturaleza de sus relaciones, están en una posición dominante con relación a ellas, por lo que si en esas relaciones se les permitiera contratar en condiciones de igualdad formal, los poderosos obligarían a los débiles a asumir convenios o cláusulas que los perjudicarían o que obrarían en demasía en beneficio de los primeros, empobreciendo a los segundos.*

Para evitar tal desequilibrio, la Constitución y las Leyes determinan cuáles materias son de interés social (artículos 120 y 307 constitucionales, por ejemplo), o definen o utilizan expresiones que permiten reconocer que en específicas áreas de las relaciones humanas, ***existen personas en posiciones de desigualdad donde unas pueden obtener desmesurados beneficios a costa de otros, rompiendo la armonía social necesaria para el bien colectivo.***

Dentro de las protecciones a estos 'débiles', la Constitución de 1999, establece Derechos Sociales, los cuales por su naturaleza son de interés social; mientras que otras leyes señalan expresamente materias como de interés social; o se refieren a la protección de personas que califican de débiles jurídicos (artículos 6.3 de la Ley al Protección de Consumidor y al Usuario, por ejemplo). ***De esta manera se va formando un mapa de quiénes son los sujetos protegidos por el Estado Social****. (...)*". (Sentencia Nº del 24 de enero de 2002; caso: *ASODEVIPRILARA*), (resaltado de la Sala).

Dentro de esta categoría de "débiles" a que alude la sentencia transcrita se ubica a las personas cuya subsistencia depende de una pensión recibida a consecuencia del hecho social trabajo. En tal sentido lo ha expresado esta Sala al reiterar que "*la consagración legal de las pensiones de jubilación y de sobrevivientes a favor de quienes presten sus servicios a la Administración y de sus herederos, responde a la necesidad de garantizarles una subsistencia digna*" (ver sentencia Nº 00763 del 8 de mayo de 2001).

De acuerdo a las estadísticas publicadas por el Instituto de Prevención, Salud y Seguridad Laborales (INPSASEL) -correspondientes al año 2006-, el 84,7% de las personas que sufren accidentes laborales están ubicados en los niveles educativos de "*iletrado, primaria o secundaria*"; asimismo, las edades comprendidas entre 14 y 44 años representan el 85,6% de estas contingencias. Estos datos infieren que la mayor parte de trabajadores que sufren estos infortunios por accidentes de trabajo o enfermedades profesionales califican como obreros, lo cual sólo les permitiría una condición económica muy modesta.

Si a este escenario le agregamos que su núcleo familiar (cónyuge e hijos) dependen económicamente del incapacitado, la pensión recibida debe ser considerada como una protección directa a la familia.

Y no puede ser otra la intención del legislador al establecer en el artículo 16 de la vigente Ley del Estatuto sobre el Régimen de Jubilaciones y Pensiones de los Funcionarios o Empleados de la Administración Pública Nacional, de los Estados y de los Municipios -para el caso de los jubilados-que, a la fecha de su muerte, "*Tendrán derecho por partes iguales a la pensión de sobrevivientes los hijos o hijas y el cónyuge o la cónyuge de la causante o el causante…*"; cuya única limitación es cumplir los requisitos previstos en dicha norma.

Este dispositivo está acorde al fin perseguido por el constituyente que garantizó a todos "*la seguridad social, la cual debe responder a los conceptos de solidaridad, universalidad, integralidad, unicidad, participación y eficiencia*". (Exposición de motivos del Capítulo V de la Constitución de la República Bolivariana de Venezuela).

En efecto, la seguridad social se instituyó como un servicio público de carácter obligatorio que protege las contingencias de "*maternidad, paternidad, enfermedad, invalidez, enfermedades catastróficas, discapacidad, necesidades especiales, riesgos laborales, pérdida de empleo, desempleo, vejez, viudedad, orfandad, vivienda, cargas derivadas de la vida familiar y cualquier otra circunstancia de previsión social*". (Artículo 86 *eiusdem*).

Esta Sala observa que la Constitución no establece distinción alguna en cuanto a los sobrevivientes de los pensionados por vejez o por invalidez; tan evidente es que el sistema general de pensiones garantiza a los sobrevivientes el amparo contra las contingencias derivadas de su muerte. En efecto, el numeral 7 del artículo 18 del Decreto con Rango, Valor y Fuerza de Ley de Reforma Parcial de la Ley Orgánica de Seguridad Social (publicado en la *Gaceta Oficial de la República Bolivariana de Venezuela* Nº 5.891 Extraordinario de fecha 31 de julio de 2008) dispone:

"***Artículo 18***. *El Sistema de Seguridad Social garantizará las prestaciones siguientes:*

(…)

*7. **Pensiones de vejez, sobrevivencia y discapacidad.***

(…)

La organización y el disfrute de las prestaciones previstas en este artículo serán desarrolladas de manera progresiva hasta alcanzar la cobertura total y consolidación del Sistema de Seguridad Social creado en la Constitución de la República Bolivariana de Venezuela". (Destacado de la Sala).

La pensión de sobrevivientes constituye uno de los mecanismos para la consecución del objetivo de la seguridad social antes mencionado. La finalidad esencial de esta prestación social es la protección de la familia como núcleo fundamental de la sociedad, de tal suerte que las personas que dependen económicamente del causante y que la ley les acuerda tal beneficio, puedan seguir atendiendo sus necesidades de subsistencia, sin que vean alterada la situación social y económica con que contaban en vida del pensionado o jubilado fallecido.

Adicionalmente, los representantes de los solicitantes han informado a la Sala que mientras esperan esta sentencia, han fallecido varios de ellos.

En efecto, en el folio 175 consta que "*el ciudadano Miguel Ángel Ordaz García, quien fue certificado en el año 2001 como discapacitado falleció seis años después, el 21 de mayo de 2007, dejando tres (3) niños y una esposa*". Además, han presentado algunos documentos que -si bien es cierto no son necesarios para un recurso como éste- sirven para ilustrar la injusticia que implica la discriminación a que están sometidos.

Por las razones expuestas, esta Sala estima que el artículo 23 del Reglamento de la Ley del Estatuto sobre el Régimen de Jubilaciones y Pensiones de los Funcionarios o Funcionarias o Empleados o Empleadas de la Administración Pública Nacional, de los Estados y de los Municipios, es violatorio del principio constitucional que impone los límites a la potestad reglamentaria contenida en el numeral 10 del artículo 236, en concordancia con el numeral 1 del artículo 236 de la Constitución de la República Bolivariana de Venezuela.

En consecuencia, debe declararse con lugar el recurso de nulidad interpuesto y, por lo tanto, nulo el referido artículo 23 del citado Reglamento. Así se establece.

Igualmente considera la Sala que los efectos de este fallo abarcan también la situación jurídica de los herederos de los recurrentes que fenecieron luego de iniciar su solicitud, esperando esta sentencia. Así también se determina.

3. *Actos Administrativos*

A. *Vicios en la base legal*

TSJ-SPA (1131) 29-7-2009

Magistrado Ponente: Emiro García Rosas

Caso: Hugo Medina y Presidente de la ASOCIACIÓN DE JUBILADOS Y PENSIONADOS DE C.V.G. VENALUM (AJUPEVE).

Ahora bien, esta Sala ha señalado que el vicio de ausencia de base legal se produce cuando un acto emanado de la Administración no es capaz de sostenerse en un instrumento normativo determinado, careciendo de ese modo de la sustentación jurídica necesaria que le sirva de fundamento. (*Vid.* Sentencias N° 161 del 1° de febrero de 2006 y 2.309 del 24 de octubre de 2006).

Juzga esta Sala, que las normas constitucionales y legales en que se basó el Presidente de la República para dictar el proveimiento cuestionado, le conceden la atribución legal correspondiente para emitir actos como el impugnado, es decir, que la base legal utilizada es cónsona con la actuación administrativa efectuada, no resultando equivocada la interpretación realizada por aquél; por lo tanto, debe esta Sala desestimar la configuración del denunciado vicio. Así se declara.

B. *Vicios en la causa: Falso Supuesto de Derecho*

TSJ-SPA ACC. (1254) 12-8-2009

Magistrado Ponente: Evelyn Margarita Marrero Ortiz

Caso: René Molina Galicia y Lourdes D. Yajaira Yrureta Ortíz vs. Consejo Moral Republicano.

Una vez mas la Sala confirma la doctrina existente referente al vicio de falso supuesto como un vicio que tiene lugar cuando la Administración se fundamenta en hechos inexistentes, o que ocurrieron de manera distinta a la apreciación efectuada por el órgano administrativo; o cuando la Administración se apoya en una norma que no resulta aplicable al caso concreto. Se trata de un vicio que por afectar la causa del acto administrativo acarrea su nulidad, por lo cual es necesario examinar si la configuración del acto administrativo se adecuó a las circunstancias de hecho probadas en el expediente administrativo, de manera que guardaran la debida congruencia con el supuesto previsto en la norma legal.

VII. LA JURISDICCIÓN CONTENCIOSO ADMINISTRATIVA

1. *El Procedimiento Contencioso Administrativo de Anulación*

A. *Legitimación activa: impugnación de actos administrativos de efectos generales*

TSJ- SPA (1006) 8-7-2009

Magistrado Ponente: Hadel Mostafá Paolini

Caso: Asociación Civil Confederación Venezolana de Industriales (CONINDUSTRIA).

Cualquier persona que ostente la cualidad conferida por el artículo 21 de la Ley Orgánica del Tribunal Supremo de Justicia de la República Bolivariana de Venezuela, es decir, que posea un simple interés en las resultas de un determinado juicio de nulidad, podrá intervenir en éste, cuando se trate de la nulidad de un acto de efectos generales.

Ahora bien, advierte la Sala que el acto administrativo cuya nulidad se debate posee efectos generales, por lo cual resulta necesario observar la disposición normativa que rige los procesos de nulidad ejercidos contra actos de esa naturaleza, contenida en la Ley Orgánica del Tribunal Supremo de Justicia de la República Bolivariana de Venezuela, aplicable en concordancia con el artículo 26 del Texto Constitucional, a los fines de determinar la legitimación activa para incoar dichos juicios; así, el referido artículo 26 de la Constitución y el primer aparte del artículo 21 de la citada Ley, preceptúan lo siguiente:

*"**Artículo 26**: Toda persona tiene derecho de acceso a los órganos de administración de justicia para hacer valer sus derechos e intereses, incluso los colectivos o difusos, a la tutela efectiva de los mismos y a obtener con prontitud la decisión correspondiente.*

El Estado garantizará una justicia gratuita, accesible, imparcial, idónea, transparente, autónoma, independiente, responsable, equitativa y expedita, sin dilaciones indebidas, sin formalismos o reposiciones inútiles".

"Artículo 21: (...) Toda persona natural o jurídica, o el Fiscal General de la República o el Defensor del Pueblo podrá proponer ante el Tribunal Supremo de Justicia, demanda de nulidad, por ilegalidad o inconstitucionalidad de contratos, convenios o acuerdos celebrados por los organismos públicos nacionales, estadales, municipales o del Distrito Capital, cuando afecten los intereses particulares o generales, legítimos, directos, colectivos o difusos de los ciudadanos y ciudadanas".

De conformidad con las normas *supra* transcritas, la legitimación para solicitar la nulidad de un acto de efectos generales corresponde a cualquier persona plenamente capaz, sea ésta natural o jurídica, que resulte afectada o lesionada en sus derechos e intereses; en tal sentido, le bastará demostrar a quien ejerza o pretenda ejercer la acción de nulidad por razones de inconstitucionalidad o de ilegalidad contra un acto administrativo de efectos generales, su interés, sea éste directo o indirecto, individual o colectivo, sin tener que comprobar que le asiste un derecho subjetivo o un interés personal, legítimo y directo para impugnar el acto demandado.

De allí, se infiere que cualquier persona que ostente la cualidad conferida por el artículo 21 de la Ley Orgánica del Tribunal Supremo de Justicia de la República Bolivariana de Venezuela, es decir, que posea un simple interés en las resultas de un determinado juicio de nulidad, podrá intervenir en éste. No obstante, vista la pluralidad de formas de intervención de los terceros en juicio, en el presente caso debe precisarse bajo cuál de los supuestos descritos en el artículo 370 del Código de Procedimiento Civil, puede subsumirse la solicitud de adhesión interpuesta por la confederación de federaciones y sindicatos nacionales previamente identificada.

En el caso de autos, pudo esta Sala advertir que la solicitud de adhesión al recurso de nulidad ejercido conjuntamente con solicitud de suspensión de efectos contra el Decreto N° 4.248 dictado el 30 de enero de 2006 por el Presidente de la República, se presentó conforme a lo dispuesto en el ordinal 3° del señalado artículo 370, en concordancia con el 381 del Código de Procedimiento Civil, es decir, aquella intervención en la cual el tercero alega un interés jurídico actual en sostener las razones de uno de los sujetos, en virtud de los efectos que pudiera extender la cosa juzgada entre los intervinientes en el proceso, respecto de las relaciones jurídicas del tercero con el adversario de la parte en cuya victoria se está interesado.

Así, habiéndose solicitado la nulidad de un acto de efectos generales, para lo cual resulta legitimada cualquier persona que considere afectados sus derechos e intereses, conforme a la norma contenida en el artículo 21 de la Ley Orgánica del Tribunal Supremo de Justicia de la República Bolivariana de Venezuela, resulta forzoso a esta Sala declarar admisible la adhesión al presente juicio de la Confederación de Federaciones y Sindicatos Nacionales denominada Unión Nacional de Trabajadores, pues su requerimiento denota la existencia de intereses subjetivos vinculados con la situación jurídica objeto de controversia. Así se decide.

B. *Procedimiento*

a. *Cartel de emplazamiento (desistimiento tácito)*

TSJ-SPA (1250) **12-8-2009**

Magistrado Ponente: Evelyn Marrero Ortiz

Caso: Valmore Domingo Azuaje vs. Contralor General de la República.

La Sala reitera que el lapso para retirar, publicar y consignar el cartel de emplazamiento dirigido a los terceros interesados es de treinta (30) días continuos, contados a partir del día en que se libró el cartel de emplazamiento. Una vez publicado el referido cartel, deberá consignarse dentro de los tres (3) días de despacho siguientes a su publicación. En caso de que ninguna de esas formalidades se lleve a cabo se entenderá desistida la acción judicial interpuesta.

Corresponde a la Sala pronunciarse respecto a la situación advertida por el Juzgado de Sustanciación sobre el retiro, publicación y consignación del cartel de emplazamiento a los terceros interesados. A tal efecto, se observa:

La citación de los terceros interesados en los juicios que se tramiten ante este Máximo Tribunal de la República, está regulado por el aparte undécimo del artículo 21 de la Ley Orgánica del Tribunal Supremo de Justicia de la República Bolivariana de Venezuela, en los siguientes términos:

> "*En el auto de admisión se ordenará la citación del representante del organismo o del funcionario que haya dictado el acto; al Fiscal General de la República, si éste no hubiere iniciado el juicio, el cual deberá consignar un informe hasta el vencimiento del plazo para presentar los informes; al Procurador General de la República en el caso de que la intervención de éste en el procedimiento fuere requerida por estar en juego los intereses patrimoniales de la República. Asimismo, cuando fuere procedente, en esa misma oportunidad,* ***se podrá ordenar la citación de los interesados****, por medio de carteles que se publicarán en un (1) diario de circulación nacional, para que se den por citados, en un lapso de diez (10) días hábiles siguientes: contados a partir de la publicación del cartel o de la notificación del último de los interesados. El recurrente deberá consignar un (1) ejemplar del periódico donde fue publicado el cartel, dentro de los tres (3) días siguientes a su publicación****; el incumplimiento de esta obligación se entenderá que desiste del recurso, y se ordenará el archivo del expediente****...*". (Resaltados de la Sala).

De la norma parcialmente transcrita se desprende que el legislador previó la figura del desistimiento tácito, para aquellos casos en los cuales el recurrente no consignara en autos, dentro del lapso de tres (3) días de despacho siguientes a la publicación, un ejemplar del periódico donde apareciere el cartel de emplazamiento a los terceros interesados. Sin embargo, no indicó el lapso para retirar dicho cartel, así como tampoco la consecuencia jurídica que traería su falta de retiro una vez librado.

Sobre este particular la Sala se pronunció y estableció, mediante sentencia Nº 5.481 de fecha 11 de agosto de 2005, que el lapso para retirar, publicar y consignar el cartel de emplazamiento a que se refiere el aparte undécimo del artículo 21, de la Ley Orgánica del Tribunal Supremo de Justicia de la República Bolivariana de Venezuela, en los siguientes términos:

> "*Ahora bien, de la lectura de la norma contenida en el referido artículo 21 aparte undécimo -parte in fine- de la Ley Orgánica del Tribunal Supremo de Justicia de la República Bolivariana de Venezuela, constató la Sala que el legislador se limitó a establecer el lapso correspondiente para 'consignar' la publicación en prensa del cartel de emplazamiento, esto es tres (3) días (de despacho), sin precisar el lapso para que la parte actora cumpla con las otras obligaciones inherentes a dicha formalidad, cuales son, su retiro y efectiva publicación, determinación que resulta de particular importancia, pues al no especificarse la oportunidad para que se verifiquen tales exigencias, el proceso queda en suspenso a espera del cumplimiento por parte del recurrente del retiro y publicación del cartel de emplazamiento, lo que podría perjudicar ostensiblemente los derechos de los terceros que se vean afectados por el acto cuya nulidad se solicite en el recurso contencioso administrativo de anulación, además de contravenir el principio de celeridad procesal y seguridad jurídica, cuya estricta observancia contribuye a ejecutar la obligación de este Máximo Tribunal de ser garante de la justicia y la tutela judicial efectiva.*

Por tal razón, esta Sala, actuando como ente rector de la jurisdicción contencioso-administrativa, a fin de garantizar que el proceso contencioso administrativo se lleve a cabo de una forma expedita, clara y sin obstáculos innecesarios, en el cual se asegure el derecho a la defensa y debido proceso (artículo 49 del texto fundamental) de todos los administrados, así como el acceso a la justicia, y siendo que el Juez como director del proceso debe procurar la estabilidad de los juicios, considera la Sala en esta oportunidad, que se debe aplicar supletoriamente, por mandato del primer aparte del artículo 19 de la Ley Orgánica del Tribunal Supremo de Justicia de la República Bolivariana de Venezuela, el lapso de treinta (30) días continuos previstos en el artículo 267 ordinal 1° del Código de Procedimiento Civil que establece la figura de la perención breve, para que en los recursos contencioso administrativos de anulación, se cumpla con la obligación de retirar y publicar el cartel de emplazamiento al que se refiere el aparte undécimo del artículo 21 de la Ley que rige las funciones de este Máximo Tribunal.

En efecto, ***dicho lapso de treinta (30) días comenzará a contarse a partir de la fecha en que sea expedido el cartel de emplazamiento****, y será dentro del mismo que el recurrente deberá retirar y publicar el ejemplar del periódico donde fue publicado el referido cartel, contando luego con tres (3) días de despacho siguientes a dicha publicación para su consignación en autos; de manera que* ***cuando el recurrente no cumpla con la carga procesal aquí descrita procederá la declaratoria de desistimiento, la cual se verifica como una sanción para la parte actora en virtud de su inactividad en el procedimiento****. Así se declara. (...)*" (Resaltado de la Sala).

De conformidad con el fallo citado, el lapso para retirar y publicar el referido cartel de emplazamiento es de treinta (30) días continuos a partir de la fecha de su expedición, lapso previsto en el ordinal 1° del artículo 267 del Código de Procedimiento Civil, aplicable supletoriamente a los procedimientos contencioso administrativos por remisión expresa del primer aparte del artículo 19 de la Ley Orgánica del Tribunal Supremo de Justicia de la República Bolivariana de Venezuela.

Asimismo, estableció esta Sala en la sentencia antes transcrita, que la consecuencia jurídica del incumplimiento del recurrente de la carga procesal de retirar el cartel librado por el Juzgado de Sustanciación en el tiempo señalado, es la declaratoria de desistimiento del recurso interpuesto.

En el caso bajo examen, advierte la Sala que en fecha 19 de mayo de 2009, el Juzgado de Sustanciación libró el cartel de emplazamiento a los terceros interesados, sin que hasta la fecha la parte actora haya comparecido a fin de retirar, publicar y consignar el aludido cartel.

En consecuencia, transcurrido el lapso de treinta (30) días continuos para el retiro y publicación y, los tres (3) días de despacho para su consignación, sin que se hubiese verificado tal actuación, debe la Sala declarar el desistimiento del recurso contencioso administrativo de nulidad interpuesto. Así se declara.

C. *Sentencia: Consulta obligatoria (sentencias contrarias a los intereses de la República)*

TSJ-SPA (1127) **29-7-2009**

Magistrado Ponente: Hadel Mostafa Paolini

Caso: Banco Nacional de Vivienda y Hábitat (BANAVIH) vs. Decisión Tribunal Superior Tercero de lo Contencioso Tributario de la Circunscripción Judicial del Área Metropolitana de Caracas.

La Sala revisa por consulta una sentencia definitiva desfavorable a los intereses del Banco Nacional de Vivienda y Hábitat (BANAVIH), de acuerdo con el artículo 72 del vigente Decreto con Fuerza de Ley Orgánica de la Procuraduría General de la República de 2008.

Sobre la base de lo antes expuesto y toda vez que el fallo recurrido no violenta normas de orden público, debe esta Alzada concluir que el Banco Nacional de Vivienda y Hábitat (BANAVIH) desistió tácitamente del recurso de apelación y, de conformidad con lo dispuesto en el artículo 19, aparte 17 de la Ley Orgánica del Tribunal Supremo de Justicia de la República Bolivariana de Venezuela, quedaría firme la sentencia apelada. Así se declara.

No obstante, corresponde a esta Sala verificar si en el caso de autos es procedente conocer en consulta, conforme a lo previsto en el artículo 72 del Decreto con Fuerza de Ley Orgánica de la Procuraduría General de la República de 2008, de la sentencia N° 1.371 dictada en fecha 11 de febrero de 2009 por el Tribunal Superior Tercero de lo Contencioso Tributario de la Circunscripción Judicial del Área Metropolitana de Caracas, que declaró con lugar el recurso contencioso tributario incoado por la contribuyente, y al efecto observa:

La presente causa versa sobre un juicio de naturaleza tributaria que debe ser resuelto siguiendo los principios y normas adjetivas contenidas en el Código Orgánico Tributario de 2001, aplicable *ratione temporis*. A tal efecto, y con el fin de constatar la operatividad de la consulta, es necesario acudir al artículo 278 *eiusdem*, el cual contempla el principio de apelabilidad de las sentencias, indicando respecto a ello, el tipo de las decisiones recurribles, el término en que pueden hacerse y, en su aparte único, los casos en que es procedente el recurso de apelación, al establecer que: "***Cuando se trate de la determinación de tributos o de la aplicación de sanciones pecuniarias, este recurso procederá sólo cuando la cuantía de la causa exceda de cien unidades tributarias (100 U.T.) para las personas naturales y de quinientas unidades tributarias (500 U.T.) para las personas jurídicas***". (Destacado de la Sala).

Ahora bien, a objeto de verificar la procedencia o no de la referida consulta, resulta necesario examinar los requisitos exigidos por el legislador nacional, analizados mediante sentencias Nº 00566 y 00812 dictadas por esta Sala en fechas 2 de marzo de 2006 y 9 de julio de 2008, casos: *Agencias Generales CONAVEN, S.A. y Banesco Banco Universal, C.A.*, respectivamente, en las que se establecieron como supuestos de procedencia de la consulta, los siguientes:

1.- Que se trate de sentencias definitivas o interlocutorias que causen un gravamen irreparable, es decir, revisables por la vía ordinaria del recurso de apelación.

2.- Que la cuantía de la causa exceda de cien unidades tributarias (100 U.T.), cuando se trate de personas naturales, y de quinientas unidades tributarias (500 U.T.) en el supuesto de personas jurídicas.

3.- Que las sentencias definitivas o interlocutorias que causen un gravamen irreparable, resulten contrarias a las pretensiones de la República.

En tal sentido, observa esta Sala que en el presente caso el Tribunal Superior Tercero de lo Contencioso Tributario de la Circunscripción Judicial del Área Metropolitana de Caracas declaró con lugar el recurso contencioso tributario interpuesto por la contribuyente Estructuras Nacionales, S.A., (ENSA), por lo que anuló el acto administrativo impugnado, mediante el cual se ordenó a la prenombrada sociedad mercantil el pago por concepto de diferencias de aportes al Fondo de Ahorro Obligatorio para la Vivienda (FAOV) y rendimientos producidos por los aportes omitidos, de todo lo cual surge el cumplimiento del primer supuesto de procedencia.

En segundo lugar, una vez concordada la cuantía de la causa, esto es, ciento ochenta y dos mil novecientos setenta y cuatro bolívares con sesenta y seis céntimos (Bs. 182.974,66), con lo establecido en la Providencia Administrativa Nº 0062 del 22 de enero de 2008, suscrita por el Superintendente Nacional Aduanero y Tributario, publicada en la *Gaceta Oficial* de la República Bolivariana de Venezuela Nº 38.855 de la misma fecha, mediante la cual se reajustó el valor de la Unidad Tributaria de treinta y siete bolívares con seiscientos treinta y dos milésimas (Bs. 37,632) a cuarenta y seis bolívares sin céntimos (Bs. 46,00), vigente para el momento en que fue dictada la decisión consultada (11 de febrero de 2009), se constata que la cuantía de la presente causa equivale a tres mil novecientas setenta y siete con setenta y un unidades tributarias (3.977,71 U.T.), las cuales resultan superiores al mínimo de quinientas unidades tributarias (500 U.T.) exigido por la precitada norma, a los efectos de la procedencia del referido recurso de apelación para las personas jurídicas.

Con relación al último de los supuestos mencionados, relativo a que la sentencia resulte desfavorable para la República, constata la Sala que el acto administrativo impugnado por la contribuyente aportante fue emitido por la Gerencia de Fiscalización del Banco Nacional de Vivienda y Hábitat, cuya ley de creación y organización (Decreto con Rango, Valor y Fuerza de Ley del Régimen Prestacional de Vivienda y Hábitat, publicado en la *Gaceta Oficial* de la República Bolivariana de Venezuela N° 5.899 Extraordinario del 31 de julio de 2008), dispone de manera expresa en su artículo 10, lo siguiente: "***El Banco Nacional de Vivienda y Hábitat gozará de las prerrogativas, privilegios y exenciones de orden fiscal, tributario, procesal y de cualquier otra índole que la Ley otorgue a la República***". (Destacado de la Sala). Por consiguiente, al igual que en los casos donde la República sea parte, las sentencias de instancia en que el Banco Nacional de Vivienda y Hábitat (BANAVIH), resulte perdidoso, deben ser consultadas al tribunal superior competente, en el caso concreto, la Sala Político-Administrativa, por ser la alzada natural de los Tribunales Superiores de lo Contencioso Tributario. En razón de lo anterior y visto que la sentencia definitiva objeto de consulta fue desfavorable a los intereses del referido ente, procede esta Sala de seguidas a revisar su conformidad a derecho, de acuerdo con el artículo 72 del vigente Decreto con Fuerza de Ley Orgánica de la Procuraduría General de la República de 2008.

2. *El Contencioso Administrativo Especial*

A. *El Contencioso Administrativo Tributario: Competencia*

TSJ-SPA (1127) **29-7-2009**

Magistrado Ponente: Hadel Mostafa Paolini

Caso: Banco Nacional de Vivienda y Hábitat (BANAVIH) vs. Decisión Tribunal Superior Tercero de lo Contencioso Tributario de la Circunscripción Judicial del Área Metropolitana de Caracas.

Los aportes al Fondo de Ahorro Obligatorio para la Vivienda (FAOV), constituyen contribuciones especiales, razón por la cual la competencia para conocer de los actos emanados de la Gerencia de Fiscalización del Banco Nacional de Vivienda y Hábitat (BANAVIH), que determinen tributos, apliquen sanciones o afecten en cualquier forma los derechos de los administrados, respecto al referido aporte, corresponderá a la Jurisdicción Contencioso-Tributaria.

El Tribunal Superior Tercero de lo Contencioso Tributario de la Circunscripción Judicial del Área Metropolitana de Caracas, en sentencia N° 1371 del 11 de febrero de 2009, al declarar con lugar el recurso contencioso tributario incoado por la sociedad mercantil recurrente, anuló la Resolución N° GF/O/2008/000161 de fecha 14 de abril de 2008, emanada de la Gerencia de Fiscalización del Banco Nacional de Vivienda y Hábitat, mediante la cual se exigió a la indicada contribuyente el pago de ciento cincuenta y ocho mil setecientos treinta y tres bolívares con noventa y cuatro céntimos (Bs. 158.733,94), por "(...) *diferencias no depositadas al mes de septiembre de 2007, ante el Fondo de Ahorro Obligatorio para la Vivienda* (...)", y veinticuatro mil doscientos cuarenta bolívares con setenta y dos céntimos (Bs. 24.240,72), por "(...) *los rendimientos que debía general (sic) al mes de febrero de 2008* (...)".

En tal sentido, el referido órgano jurisdiccional, determinó el carácter tributario del aporte exigido mediante la Ley del Régimen Prestacional de Vivienda y Hábitat, seguidamente, declaró la prescindencia total y absoluta de procedimiento legalmente establecido respecto la fiscalización llevada a cabo por el Banco Nacional de Vivienda y Hábitat y, por último, estableció la base imponible para el cálculo de la contribución al Fondo de Ahorro Obligatorio para la Vivienda.

Respecto al primer aspecto referente a la naturaleza tributaria de los aportes al Fondo de Ahorro Obligatorio de Vivienda (FAOV), que deben efectuar los sujetos pasivos al Banco Nacional de Vivienda y Hábitat (BANAVIH), esta Sala mediante sentencia N° 01007 del 18 de septiembre de 2008, Caso: *Festejos Mar, C.A.*, señaló lo siguiente:

> "(...) *Así, de la normativa transcrita se advierte que la obligación legal establecida en cabeza de patronos y empleados de contribuir con el sistema habitacional obligatorio mediante el aporte de una exacción patrimonial, que por su tipificación encuadra dentro de la clasificación legal de los tributos, vale decir, como una 'contribución' debida por el particular a un determinado ente por la percepción de un beneficio o aumento de valor de sus bienes derivado de la realización de obras públicas o la prestación de servicios o proyectos públicos, y que en el caso en particular, al igual que sucede por ejemplo con la contribución debida al Instituto de Cooperación Educativa (INCE), resulta de tipo parafiscal, habida cuenta de su afectación a una cuenta patrimonial distinta a la de un órgano que puede considerarse como 'fiscal', que para el supuesto de autos resulta ser el Fondo de Ahorro Obligatorio para la Vivienda, administrado por el Banco Nacional de Vivienda y Hábitat (BANAVIH).*
>
> *En efecto, en el acto impugnado el ente habitacional actuando en el ejercicio de sus funciones practicó una fiscalización a la empresa recurrente respecto de sus obligaciones con el Fondo de Ahorro Obligatorio para la Vivienda, para comprobar tanto el estado de los aportes propios a los cuales se encuentra obligada por ley, así como para verificar la realización y posterior enteramiento de las retenciones que ésta debe practicarles a sus trabajadores como agente de retención de la referida contribución parafiscal. Por esta razón, juzga la Sala que el señalado acto administrativo dictado por el Banco Nacional de Vivienda y Hábitat (BANAVIH) detenta un eminente carácter tributario, pues mediante el mismo se verificó una determinación tributaria en materia de la aludida contribución parafiscal debida al Fondo de Ahorro Obligatorio para la Vivienda administrado por el Banco Nacional de Vivienda y Hábitat (BANAVIH), sujeta como tal al ámbito del derecho tributario formal y material, que escapa del conocimiento en vía de impugnación de la esfera competencial atribuida a las Cortes de lo Contencioso Administrativo, en virtud de existir una jurisdicción especial exclusiva y excluyente atribuida a los Tribunales Superiores de lo Contencioso Tributario para el conocimiento de los actos de contenido tributario que determinen tributos, apliquen sanciones o afecten los derechos de los particulares.*
>
> *Por esta razón, juzga la Sala que aun cuando el acto administrativo recurrido haya emanado de un ente cuyas decisiones resultan impugnables, en principio, ante las Cortes de lo Contencioso Administrativo, el mismo fue dictado en ejercicio de una competencia tributaria*

asignada por las citadas normativas al referido ente habitacional, resultando así de evidente naturaleza tributaria y escapando por consiguiente, del ámbito competencial en razón de la materia de las referidas Cortes, pues su conocimiento está atribuido, como se indicó, a los señalados Tribunales Superiores de lo Contencioso Tributario, a quienes en definitiva, corresponde el examen de su constitucionalidad y legalidad, conforme a las previsiones normativas contenidas en el instrumento regulador de la materia tributaria (Código Orgánico Tributario)".

Derivado de lo anterior, debe esta Sala señalar que los aportes al Fondo de Ahorro Obligatorio para la Vivienda (FAOV), constituyen contribuciones especiales, razón por la cual la competencia para conocer de los actos emanados de la Gerencia de Fiscalización del Banco Nacional de Vivienda y Hábitat (BANAVIH), que determinen tributos, apliquen sanciones o afecten en cualquier forma los derechos de los administrados, respecto al referido aporte, corresponderá a la Jurisdicción Contencioso-Tributaria. Así se declara.

Por otra parte, en lo que respecta al procedimiento a seguir por el Banco Nacional de Vivienda y Hábitat (BANAVIH), para llevar a cabo sus facultades de fiscalización y determinación de la contribución parafiscal de Ahorro Obligatorio para Vivienda, esta Máxima Instancia en sentencia N° 00913 del 18 de junio de 2009, Caso: *Vicson, C.A.*, señaló que la misma debe ser llevada a cabo conforme a lo establecido en el artículo 177 y siguientes del vigente Código Orgánico Tributario.

B. *El Contencioso Administrativo Funcionarial: Lapso de caducidad*

TSJ-SC (1185) **25-9-2009**

Magistrado Ponente: Marcos Tulio Dugarte Padrón

Caso: Rigoberto Zabala G.

La Sala analiza el lapso de caducidad establecido en el artículo 94 de la Ley del Estatuto de la Función Pública.

En atención a ello, esta Sala aprecia que en el presente caso, se pretende la revisión de una decisión definitivamente firme dictada por la Corte Segunda de lo Contencioso Administrativo, que al conocer el recurso de apelación ejercido por el querellante -hoy solicitante- contra la sentencia dictada el 16 de enero de 2007, por el Juzgado Superior Tercero en lo Civil y Contencioso Administrativo de la Región Capital declaró: (i) su competencia para conocer la referida apelación; (ii) parcialmente con lugar la apelación ejercida; (iii) revocó parcialmente la sentencia apelada; y (iv) ordenó la remisión del expediente al referido juzgado superior, a los fines de que éste proceda a pronunciarse sólo respecto a la diferencia de prestaciones sociales.

Dicha solicitud de revisión se fundamenta en la presunta violación de los derechos constitucionales relativos al debido proceso, a la tutela judicial efectiva y el acceso a la justicia, por cuanto, a juicio del solicitante, la Corte Segunda de lo Contencioso Administrativo no debió declarar la caducidad de la acción respecto a los conceptos reclamados relativos a beca, útiles escolares, cesta tickets, bono de fin de año, vacaciones vencidas y no disfrutadas, bono vacacional y bonificación especial por contratación, si no que debió aplicar el "criterio de un año para recurrir ante el contencioso administrativo para todos los conceptos".

Por su parte la Corte Segunda de lo Contencioso Administrativo declaró la caducidad de la acción respectos a los pagos reclamados por concepto de beca, útiles escolares, cesta tickets, bono de fin de año, vacaciones vencidas y no disfrutadas, bono vacacional y bonificación especial por contratación por considerar que había transcurrido "sobradamente" el lapso de caducidad establecido en el artículo 94 de la Ley del Estatuto de la Función Pública; en cuanto al reclamo por concepto de prestaciones sociales la mencionada Corte Segunda aplicó el criterio fijado por la Corte Primera de lo Contencioso Administrativo en sentencia N° 2003-2158 del 9 de julio de 2003, en el que se fijó el lapso de un (1) año para que los funcionarios públicos recurrieran a sede jurisdiccional a reclamar las prestaciones sociales en virtud de la terminación de la relación de empleo público.

Ahora bien, esta Sala a propósito de los cambios en las interpretaciones de las normas procesales, efectuadas por los tribunales con competencia contencioso administrativa, los cuales lejos de coadyuvar al fortalecimiento de un Estado de Derecho, generan una constante inseguridad jurídica, se vio en la necesidad de interpretar las normas *procesales* que regulan la caducidad de la acción.

En tal sentido, la Sala en sentencia Nº 2325, del 14 de diciembre de 2006, (caso: *Lene Fanny Ortíz Díaz*), señaló lo siguiente:

> "*En efecto, estima la Sala que la regulación material de la prestación de antigüedad en cuanto derecho de los funcionarios públicos, como beneficio y las condiciones de su prestación, debe ajustarse a lo prescrito en la Constitución de la República Bolivariana de Venezuela, a la Ley Orgánica del Trabajo y a su Reglamento, ello por expresa remisión del artículo 28 de la Ley del Estatuto de la Función Pública. Sin embargo, en lo atinente a la regulación procesal que debe aplicarse para el reclamo en sede judicial de las cantidades adeudadas por este concepto, así como de los intereses que surgen por la mora en su pago (ex artículo 92 constitucional), la incoación de estas demandas debe ajustarse a las prescripciones contenidas en la Ley del Estatuto de la Función Pública, pues dicha remisión normativa se efectúa sólo en lo relativo a la regulación material de ese derecho, como así lo expresa incluso la propia ley laboral (ex Parágrafo Sexto del artículo 108 de la Ley Orgánica del Trabajo).*
>
> *Ello significa que el operador jurídico deberá atender a los aspectos sustantivos de tal derecho adquirido (base de cálculo, acreditación, tasa de interés aplicable y supuestos de anticipo) en las estipulaciones que consagre el Legislador Laboral sobre la materia, a los fines de revisar la procedencia o improcedencia de aquellas pretensiones que contengan un reclamo de esta naturaleza, sin embargo, ello no comporta la ampliación de los aspectos procedimentales de la Ley Orgánica del Trabajo a los procesos que ventilen controversias surgidas de una relación de empleo público puesto que ello supondría una alteración, por parte del Juez Contencioso Administrativo, de las normas procesales especiales aplicables al proceso contencioso administrativo funcionarial -consagradas en la Ley del Estatuto de la Función Pública-, la creación de una desigualdad procesal entre funcionarios públicos fundada en el contenido de la pretensión mas no en la naturaleza de la relación jurídica previa que subyace en este tipo de conflictos, de contenido estatutario, además de crear una situación de inseguridad jurídica de los usuarios del servicio de justicia ante la confrontación de la ley con los criterios jurisprudenciales adoptados sobre tal aspecto.*
>
> *La Sala considera que la estabilidad de las normas ordenadoras del proceso, vinculada con la especialidad de cada uno de los regímenes procesales establecidos en razón del bien jurídico tutelado por cada materia (constitucional, contencioso-administrativa, militar, civil, penal, laboral, tributario, etc.) forma parte del derecho a la tutela judicial efectiva postulado por el artículo 26 de la Constitución de la República Bolivariana de Venezuela, así como del carácter instrumental del proceso en procura de la justicia predicado por el artículo 257 eiusdem, pues ello presupone el conocimiento previo de aquellas reglas procesales y sus correlativas garantías -p.ej. competencia del órgano y garantía del juez natural, derecho a la prueba y establecimiento del lapso probatorio- que operan para que el ciudadano canalice adecuadamente sus pretensiones ante la jurisdicción bajo formas certeras, en procura de obtener la tutela o el reconocimiento de sus derechos de forma expedita y eficaz. Por tanto, la modificación de estas reglas debe obedecer, en virtud del principio de legalidad procesal, a la voluntad legislativa y no a las modificaciones que hagan los jueces de instancia por apre-*

ciaciones particulares que prescinden, incluso, de la técnica de control difuso de la constitucionalidad -ex segundo aparte del artículo 334 de la Constitución de la República Bolivariana de Venezuela en concordancia con el artículo 20 del Código de Procedimiento Civil-.

En esa línea argumentativa, la Sala considera que sólo le es dado al legislador la modificación de los lapsos procesales para el ejercicio de la acción contencioso funcionarial, bien mediante una reforma de la legislación funcionarial en este aspecto concreto bien porque, en atención al mandato efectuado por el Constituyente en la Disposición Transitoria Cuarta, numeral 3, del Texto Fundamental, el legislador laboral extienda expresamente a los funcionarios públicos al servicio de la Administración Pública nacional, estadal o municipal la regulación material y procesal del derecho a las prestaciones sociales tutelado por el artículo 92 constitucional.

En el presente caso, la peticionante asevera que el inicio del cómputo del plazo de caducidad para la interposición de la querella funcionarial '(...) debe comenzar a contarse a partir del último abono que fue en fecha 31 de agosto de 2.003', y que el mismo debió efectuarse conforme al artículo 61 de la Ley Orgánica del Trabajo, sin embargo, tal aserto no tiene sustento probatorio alguno que permita a la Sala examinar su veracidad, considerando que el examen de tal presupuesto procesal requiere de elementos que permitan fijar la fecha de ocurrencia del hecho o del acto administrativo que se denuncia como lesivo a los derechos del funcionario y que permita a la Sala, a partir de la correcta aplicación del plazo de caducidad de tres meses contemplado en el artículo 94 de la Ley del Estatuto de la Función Pública, corregir la actividad de juzgamiento de la Corte Segunda de lo Contencioso Administrativo.

Ahora bien, la Sala advierte que constituye una carga del solicitante presentar conjuntamente con su escrito todos los elementos de convicción que a su juicio sustentan la procedencia de la revisión de una determinada sentencia.

De allí que, en criterio de la Sala, quien incoa una revisión no sólo tiene la carga de aportar al Tribunal la decisión impugnada (Vid. Sentencia de esta Sala Nº 150/2000, caso: 'José Gustavo Di Mase y otros'), sino todas aquellas sentencias o aquellas actuaciones procesales relevantes producidas a lo largo del juicio que dio origen a la sentencia objeto de revisión, cuando las mismas son determinantes para el análisis del caso planteado y, sin que esto menoscabe la facultad de la Sala de fijar los hechos sobre la base de la doctrina de la notoriedad judicial (Vid. Sentencia de la Sala Nº 1.137 del 8 de junio de 2005, caso: 'Domitila Pantoja Sinchi').

Por lo tanto, siendo una carga del solicitante presentar los elementos de convicción necesarios para que la Sala analice las denuncias formuladas en su escrito de revisión y dado que en el presente caso no se derivan circunstancias de orden público o interés general que compelan a la Sala a ejercer sus amplios poderes inquisitivos, con la finalidad de extraer elementos de convicción necesarios, para dictar una decisión de eminente interés particular, esta Sala estima que la solicitud interpuesta no sólo tiene como objetivo una instancia adicional de revisión sobre el mérito del asunto debatido, sino que la situación planteada no se enmarca dentro de la finalidad que persigue la solicitud de revisión en los términos expresados en el fallo citado supra.

Finalmente, esta Sala advierte que la Corte Segunda de lo Contencioso Administrativo al otorgar eficacia retroactiva al criterio jurisprudencial de la Corte Primera de lo Contencioso Administrativo, que aplicaba el lapso de prescripción de un año fijado en el artículo 61 de la Ley Orgánica del Trabajo para aquellas pretensiones de cobro de prestaciones sociales causadas por una relación de empleo público, obró en resguardo de normas y principios jurídicos fundamentales como el de igualdad, confianza legítima y seguridad jurídica que debe brindar la actividad jurisdiccional a través de la estabilidad de sus precedentes -posibilidad ésta reconocida por la Sala en sus sentencias Nros. 401 del 19 de marzo de 2004, caso: 'Servicios La Puerta, S.A.' y 3.057 del 14 de diciembre de 2004, caso. 'Seguros Altamira, C.A.'.

Sin embargo, en virtud del razonamiento efectuado por la Sala en el presente fallo, se advierte a esa instancia jurisdiccional, en su condición de Alzada natural de los Juzgados Superiores con competencia contencioso funcionarial (ex artículo 110 de la Ley del Estatuto de la Función Pública), para que en lo sucesivo –tal como lo advirtió acertadamente en el fallo sometido a revisión respecto del plazo legalmente previsto para el ejercicio de la querella funcionarial, cual es el previsto en el artículo 94 de la Ley del Estatuto de la Función Pública-, vele por la observancia de las normas procesales consagradas en la Ley del Estatuto de la Función Pública, como normas de carácter especial y, por tanto, de aplicación prevalente en materia contencioso administrativa funcionarial, para asegurar la estabilidad de aquellas formas dirigidas a la iniciación, instrucción y decisión del proceso, como forma de garantizar al ciudadano el conocimiento cierto y previo de las reglas que regulan el derecho de acceso a la jurisdicción, predicado por el artículo 26 de la Constitución de la República Bolivariana de Venezuela".

En este orden, considera esta Sala, coherente con su posición a favor del mantenimiento de la seguridad jurídica, que la Corte Segunda de lo Contencioso Administrativo al aplicar *rationae temporis* el precedente fijado por la Corte Primera de lo Contencioso Administrativo en sentencia N° 2003-2158 del 9 de julio de 2003, sólo respecto al reclamo por concepto de prestaciones sociales, resguardó los principios a la confianza legítima y seguridad jurídica, a los fines de garantizar una justicia idónea, transparente y responsable, en los términos establecidos en la Constitución de la República Bolivariana de Venezuela, siendo que este criterio se estableció únicamente para el cobro en sede jurisdiccional de la prestación de antigüedad y sus diferencias.

De esta forma, considera la Sala, que en el presente caso, no se dan los supuestos necesarios para que proceda la revisión solicitada, puesto que la misma no contraría en modo alguno la jurisprudencia de esta Sala Constitucional, no interpreta erróneamente la norma constitucional que permita definir que se sostuvo un criterio contrario a la jurisprudencia previamente establecida, no viola flagrantemente normas y principios jurídicos fundamentales, derivados de la presunta violación de los derechos constitucionales alegados por la representación judicial de la solicitante.

Por tanto, esta Sala considera que las cuestiones planteadas por el peticionante en nada contribuirían a la uniformidad de la interpretación de normas y principios constitucionales, de manera que, la Sala Constitucional aún cuando posee la facultad de revisión extraordinaria que le otorga directamente el Texto Fundamental, para revisar las decisiones dictadas por las distintas Salas de este Supremo Tribunal y los demás Tribunales de la República, en el presente caso, decide no hacer uso de tal potestad, por lo que debe declarar no ha lugar a la presente solicitud de revisión. Así se decide.

VIII. LA JUSTICIA CONSTITUCIONAL

1. *Acción de inconstitucionalidad: Objeto. Leyes derogadas*

TSJ-SC (1178) **13-8-2009**

Magistrado Ponente: Carmen Zuleta De Merchan

Caso: Impugnación de la Ley General de Bancos y otras Instituciones Financieras.

Las prohibiciones establecidas en la Ley de Bancos respecto al impedimento de ciertos actos comerciales en beneficio de personas que se encuentran vinculadas con el banco o vinculadas entre sí por parentesco, responde a la preservación de factores esenciales para el sistema económico, entre ellos la transparencia, eficacia y pulcritud

del sector bancario, evitando la distracción de los fondos recibidos del público en inversiones de alto riesgo por haberse flexibilizado los requisitos ordinariamente exigidos.

El 31 de julio 2008 se publicó el Decreto con Rango, Valor y Fuerza del Ley N° 6.287 de Reforma Parcial de la Ley General de Bancos y otras Instituciones Financieras, en la *Gaceta Oficial de la Republica Bolivariana de Venezuela* N° 5.892, Extraordinario, del 31 de julio de 2008, mediante el cual se modificó el Decreto N° 1.526, con Fuerza de Ley de Reforma de la Ley General de Bancos y otras Instituciones Financieras, publicado en la *Gaceta Oficial* N° 5.555, Extraordinario, del 13 de noviembre de 2001.

Así las cosas, es necesario determinar la subsistencia del objeto de la pretensión incoada mediante la presente acción.

Al respecto, la Sala Constitucional ha sostenido, mediante jurisprudencia dictada por ella (sentencias N° 796 de 2 de mayo de 2007 y N° 3.099 de 14 de diciembre de 2004), que la acción de nulidad debe interponerse respecto de textos vigentes. Sin embargo, es posible mantener el interés en la sentencia si fuese derogada o reformada la ley que contiene la disposición impugnada en dos supuestos:

1.- Cuando la norma es reeditada en un nuevo texto, con lo que en realidad sigue vigente y lo que se produce es el traslado de la argumentación de la demanda a esa otra norma; y

2.- Cuando la norma, pese a su desaparición, mantiene efectos que es necesario considerar, como ocurre en los casos de la llamada ultra actividad.

2. *Acción de Amparo Constitucional*

A. *Competencia en materia de amparo contra sentencias en materia expropiatoria (Modificación de criterio).*

TSJ-SC (997) **16-7-2009**

Magistrado Ponente: Carmen Zuleta de Merchán

Caso: Reinaldo García Iturbe y Lea Josefina García Iturbe de Pomeda vs. Decisión Juzgado Segundo de Primera Instancia en lo Civil, Mercantil, Agrario y del Tránsito de la Circunscripción Judicial del Estado Falcón, con sede en Punto Fijo.

En atención a lo dispuesto en el artículo 23 de la Ley de Expropiación por Causa de Utilidad Pública o Social, la Sala Constitucional es competente para conocer de las acciones de amparo interpuestas contra las decisiones dictadas por los Juzgados de Primera Instancia en lo Civil, con ocasión a los juicios seguidos por expropiación por utilidad pública. Se modifica el criterio sentado en los fallos núms. 3303/2003, 10/2004 y 2631/2004, con base en los cuales se declinaba la competencia en la Sala Político Administrativa.

Corresponde a esta Sala Constitucional pronunciarse acerca de su competencia para conocer de la acción de amparo constitucional interpuesta. Al respecto, se observa que la misma fue ejercida en contra del auto y del fallo dictado por el Juzgado Segundo de Primera Instancia en lo Civil, Mercantil, Agrario y del Tránsito de la Circunscripción Judicial del Estado Falcón, con sede en Punto Fijo, el 12 de mayo de 2008 y el 26 de septiembre de 2008, respectivamente.

En ese sentido, conforme con lo dispuesto en el artículo 335 de la Constitución de la República Bolivariana de Venezuela, es competencia de esta Sala del Tribunal Supremo de Justicia, como órgano rector de la jurisdicción constitucional, establecer los criterios atributivos de competencia en la materia constitucional. En ejercicio de esa facultad, en sentencias del 20 de enero de 2000 (recaídas en los casos: *Emery Mata y Domingo Ramírez Monja*), la Sala estableció que le corresponde ejercer la jurisdicción constitucional en sede del Tribunal Supremo de Justicia y que es la competente por la materia «*para conocer, según el caso, de las acciones de amparo constitucional propuestas conforme a la Ley Orgánica de Amparo sobre Derechos y Garantías Constitucionales*».

En las aludidas sentencias la Sala también fijó los criterios atributivos de competencia para conocer de las distintas acciones de amparo constitucional dentro del nuevo marco constitucional, aplicando el criterio de afinidad establecido en el artículo 7 de la Ley Orgánica de Amparo sobre Derechos y Garantías Constitucionales, que dispone:

> Son competentes para conocer de la acción de amparo, los (i) Tribunales de Primera Instancia (ii) que lo sean en la materia afín con la naturaleza del derecho o de las garantías constitucionales violados o amenazados de violación, (iii) en la jurisdicción correspondiente al lugar donde ocurrieren el hecho, acto u omisión que motivaren la solicitud de amparo.
>
> En caso de duda, se observarán, en lo pertinente, las normas sobre competencia en razón de la materia.
>
> Si un Juez se considerare incompetente, remitirá las actuaciones inmediatamente al que tenga competencia.
>
> Del amparo de la libertad y seguridad personales conocerán los Tribunales de Primera Instancia en lo Penal, conforme al procedimiento establecido en esta Ley (numeración y subrayado de esta Sala).

De la norma transcrita se coligen tres parámetros atributivos de competencia en amparo, estos son: i) en razón del grado de la jurisdicción; ii) en razón de la materia; y iii) en razón del territorio. La conjunción de estos tres elementos, ha dicho la Sala a lo largo de ya casi una década de labor jurisdiccional, permite determinar -en principio- el concreto órgano jurisdiccional competente para sustanciar el amparo invocado.

Por su parte, en lo que atañe concretamente a la acción de amparo contra sentencia, tal como lo señala el artículo 4 de la Ley Orgánica de Amparo sobre Derechos y Garantías Constitucionales, «*...la acción de amparo debe interponerse por ante un tribunal superior al que emitió el pronunciamiento...*». Es por ello que las acciones de amparo contra sentencia las conocen los Juzgados de alzadas que corresponden en la estructura competencial ordinaria de la materia que se trate, pues, tal como lo señala el artículo 7 aludido, «*...se observarán, en lo pertinente, las normas sobre competencia en razón de la materia*».

Con base en esta sencilla regla de Derecho Procesal, mientras sea conteste con el criterio de afinidad que rige en materia de amparo constitucional, se determina la competencia del órgano jurisdiccional llamado a ejercer la justicia constitucional, en específico, cuál es el órgano jurisdiccional competente para conocer de una acción de amparo contra sentencia; sin embargo, aplicar en el amparo constitucional las normas sobre competencia en razón de la materia no siempre resulta acorde con el criterio de afinidad. Ese es el caso que se presenta cuando la alzada del Juzgado accionado en amparo dentro del régimen competencial ordinario sería una de las Salas de este Tribunal Supremo de Justicia, lo cual, por obra del principio de doble instancia, **suele** ocurrir en la medida en que se accione en amparo constitucional contra una decisión de un Juzgado Superior (exceptuando los contencioso administrativo), las Cortes de Apelaciones o las Cortes de lo Contencioso Administrativo.

En estos casos, tal como se señaló en los precedentes del 20 de enero de 2000 (recaídas en los casos: *Emery Mata y Domingo Ramírez Monja*), la competencia para conocer de las acciones de amparos interpuestas contra las sentencias emitidas por tales Tribunales corresponde a esta Sala Constitucional, en virtud de la afinidad que existe entre las competencias asignadas a esta Sala por los artículos 335 y 336 de la Constitución de la República Bolivariana de Venezuela, y el objeto de la acción de amparo contra sentencias, cual es la tutela de los derechos y garantías constitucionales a través del restablecimiento de la situación jurídica que se alega como infringida. De modo que de todas las Salas que conforman este Alto Tribunal de la República, es esta Sala Constitucional la que posee la competencia por la materia para conocer, según el caso, de las acciones de amparo constitucional propuestas conforme a la Ley Orgánica de Amparo sobre Derechos y Garantías Constitucionales.

Esto explica, por ejemplo, por qué, a pesar de que la Sala de Casación Social es la alzada ordinaria de los Juzgados Superiores Laborales, sea esta Sala Constitucional la que conozca de las acciones de amparo contra las sentencias dictadas por esos Juzgados. Lo mismo aplica tanto para la Sala de Casación Civil como para la Sala de Casación Penal, incluso para la Sala Político Administrativa, con excepción en este caso de los amparos constitucionales que se interpongan de forma conjunta con el recurso contencioso administrativo de nulidad (en virtud de la accesoriedad) y de las acciones de amparo que se interponga contra las decisiones que resuelvan estos amparos cautelares (en virtud de la coherencia). Y también frente a la Sala Electoral, ya que a pesar de que es el único órgano jurisdiccional llamado a ejercer la jurisdiccional electoral mientras se dicte la Ley que regirá a la jurisdicción electoral, es esta Sala Constitucional la que conoce de las acciones de amparo ejercidas de manera autónoma contra el Directorio del Consejo Nacional Electoral.

En todo caso, lo que se debe destacar es que la afinidad de la competencia asignada a esta Sala para conocer de las acciones de amparo contra sentencias no opera con ocasión de la nominación del Juzgado accionado en amparo (Superior, Corte de Apelaciones o Cortes de lo Contencioso Administrativo); sino con ocasión de las normas sobre competencia en razón de la materia aplicables a la relación jurídica controvertida.

Al ser ello así, si dentro del régimen competencial ordinario la alzada del Juzgado accionado en amparo resulta ser una de las Salas de este Alto Tribunal, la competencia para conocer de esa acción de amparo le corresponde a esta Sala Constitucional, indistintamente de la nominación de ese Juzgado, en razón de la afinidad que existe entre el objeto del amparo y las competencias que les son propias, siguiendo lo dispuesto en el artículo 4 interpretado concatenadamente con el artículo 7, ambos de la Ley Orgánica de Amparo sobre Derechos y Garantías Constitucionales.

Lo señalado en el párrafo anterior no varía frente a una excepcional distribución competencial *per saltum*, como la contemplada en el artículo 23 de la Ley de Expropiación por Causa de Utilidad Pública o Social, que dispone:

> *El Juez de Primera Instancia en lo Civil de la jurisdicción de la ubicación del bien, conocerá de los juicios de expropiación; y de las apelaciones y recursos contra sus decisiones conocerá, en segunda instancia, el Tribunal Supremo de Justicia en Sala Político administrativa.*
>
> *Cuando la República sea quien solicite la expropiación, el juicio se intentará directamente ante la Corte Primera de lo Contencioso Administrativo, y de las apelaciones y recursos contra sus decisiones conocerá, en segunda instancia, el Tribunal Supremo de Justicia en Sala Político Administrativa* (resaltado añadido).

Así, la distribución competencial *per saltum* contemplada en el artículo 23 de la Ley de Expropiación por Causa de Utilidad Pública o Social no puede establecer un fuero jurisdiccional atrayente que distorsione la distribución competencial de la justicia constitucional, en específico, la atinente al régimen de amparo contra sentencia, ya que esto distorsionaría las competencias que la Constitución de la República Bolivariana de Venezuela le ha atribuido en forma exclusiva a esta Sala, como máxima instancia de la justicia y la jurisdicción constitucional.

Es por ello, que aunque esta Sala Constitucional en ocasiones anteriores ha declinado el conocimiento en la Sala Político Administrativa de amparos interpuestos en términos similares (*vid.* sentencias núms. 3303/2003, 10/2004 ó 2631/2004), en esta oportunidad se aparta expresamente de los fundamentos jurídicos de tales declinatorias, y asume la competencia para conocer de las acciones de amparo constitucional que se interpongan contra los Juzgados de Primera Instancia en lo Civil con base en lo dispuesto en el artículo 23 de la Ley de Expropiación por Causa de Utilidad Pública o Social, pues esa es la conclusión verdaderamente acorde tanto con lo dispuesto en los artículos 4 y 7 de la Ley Orgánica de Amparo sobre Derechos y Garantías Constitucionales, como con las competencias asignadas a esta Sala por los artículos 335 y 336 de la Constitución de la República Bolivariana de Venezuela y con la razón jurídica de los precedentes sentados el 20 de enero de 2000 (recaídas en los casos: *Emery Mata y Domingo Ramírez Monja*).

Siendo ello así, esta Sala declara, con carácter vinculante, que de conformidad con lo establecido en los artículos 4 y 7 de la Ley Orgánica de Amparo sobre Derechos y Garantías Constitucionales, **la Sala competente para conocer de las acciones de amparo interpuestas contra las decisiones dictadas por los Juzgados de Primera Instancia en lo Civil, con ocasión a los juicios seguidos por expropiación por utilidad pública en atención a lo dispuesto en el artículo 23 de la Ley de Expropiación por Causa de Utilidad Pública o Social, es esta Sala Constitucional** del Tribunal Supremo de Justicia. Por tanto, se modifica el criterio sentado en los fallos núms. 3303/2003, 10/2004 y 2631/2004, con base en los cuales se declinaba la competencia en la Sala Político Administrativa de este Alto Tribunal. En virtud de lo cual ordena, a los solos efectos divulgativos, la publicación de este fallo en la *Gaceta Oficial* así como su reseña en el portal web de este Alto Tribunal. Así se decide.

Con fundamento en lo expuesto, esta Sala Constitucional se declara competente para conocer de la acción de amparo interpuesta por el abogado Guillermo Pomenta García, con el carácter de apoderado judicial de los ciudadanos REINALDO GARCÍA ITURBE y LEA JOSEFINA GARCÍA ITURBE de POMENTA, en contra del auto y del fallo dictados por el Juzgado Segundo de Primera Instancia en lo Civil, Mercantil, Agrario y del Tránsito de la Circunscripción Judicial del Estado Falcón, con sede en Punto Fijo, el 12 de mayo y el 26 de septiembre de 2008, en el juicio que por expropiación intentó la Procuraduría General del Estado Falcón contra los accionantes. Así se declara.

B. *Admisibilidad: Legitimación. Representación*

TSJ-SC (997) **16-7-2009**

Magistrado Ponente. Carmen Zuleta de Merchán

Caso: Reinaldo García Iturbe y Lea Josefina García Iturbe de Pomeda vs. Decisión Juzgado Segundo de Primera Instancia en lo Civil, Mercantil, Agrario y del Tránsito de la Circunscripción Judicial del Estado Falcón, con sede en Punto Fijo.

La legitimación activa en materia de amparo constitucional corresponde a quien se afirme agraviado en sus derechos constitucionales, que puede actuar asistido de abogado o mediante apoderado judicial.

Asumida la competencia por esta Sala se observa de las actas que conforman el expediente que la acción de amparo constitucional fue interpuesta por el abogado Guillermo Pomenta García, quien aduce actuar como "*apoderado judicial*" de los ciudadanos Reinaldo García Iturbe y Lea Josefina García Iturbe de Pomenta, sin que conste en autos algún instrumento que acredite tal representación.

En ese sentido, en sentencia 821 del 15 de mayo de 2008 (caso: *sociedad mercantil MAYRECA, C.A.*), la Sala, al constatar que el abogado actor no consignó el poder que lo acreditaba para actuar ante este Máximo Tribunal, sostuvo lo siguiente:

> Ahora bien, esta Sala observa que la pretensión de amparo interpuesta fue presentada ante esta Sala Constitucional por el abogado Quiro Rafael Arbeláez, inscrito en el Instituto de Previsión Social del Abogado, bajo el N° 29.265, actuando con el carácter de apoderado judicial de la sociedad mercantil Mayreca, C.A.
>
> Al respecto, esta Sala estima necesario aclarar que para la interposición de la pretensión de amparo la accionante debe inexorablemente estar asistida o debidamente representada por un abogado debiendo ello constar en el escrito que la contiene y ser consignado en el expediente el documento poder debidamente otorgado que acredite la representación ante este Máximo Tribunal, con el fin de verificar dicho carácter.
>
> (omissis)
>
> En este sentido, es pertinente señalar que la Sala no puede suplir la carga que corresponde única y exclusivamente a quien pretende del órgano jurisdiccional el acto de administración de justicia, máxime cuando ello es requerido para determinar la admisibilidad de la pretensión de amparo constitucional, de conformidad con lo previsto en el artículo 19 de la Ley Orgánica del Tribunal Supremo de Justicia aparte quinto que señala lo que sigue:
>
> Se declarará inadmisible la demanda, solicitud o recurso cuando así lo disponga la ley; o si el conocimiento de la acción o recurso compete a otro tribunal; o si fuere evidente la caducidad o prescripción de la acción o recurso intentado; o cuando se acumulen acciones o recursos que se excluyan mutuamente o cuyos procedimientos sean incompatibles; o cuando no se acompañen los documentos indispensables para verificar si la acción o recurso es admisible; o cuando no se haya cumplido el procedimiento administrativo previo a las demandas contra la República, de conformidad con la Ley Orgánica de la Procuraduría general de la República; o si contiene conceptos ofensivos o irrespetuosos; o es de tal modo ininteligible que resulte imposible su tramitación; o **cuando sea manifiesta la falta de representación o legitimidad que se atribuya al demandante, recurrente o accionante**; o en la cosa juzgada" (resaltado de este fallo).

Asimismo, la doctrina jurisprudencial de la Sala establecida en esta materia, ha quedado expresada en sentencia N° 1364 del 27 de junio de 2005, (caso: *Ramón Emilio Guerra Betancourt*); ratificada, entre otras, en sentencias: N° 2603 del 12 de agosto de 2005 (caso: *Gina Cuenca Batet*); N° 152 del 2 de febrero de 2006 (caso: *Sonia Mercedes Look Oropeza*); N° 1316 del 3 de junio de 2006 (caso: *Inversiones Inmobiliarias S.A.*); y N° 1894 del 27 de octubre de 2006 (caso: *Cleveland Indians Baseball Company*), en las que se señaló que:

> Para la interposición de un amparo constitucional, cualquier persona que considere haber sido víctima de lesiones constitucionales, que reúna las condiciones necesarias para actuar en juicio, puede ser parte actora en un proceso de ese tipo. Sin embargo, al igual que para cualquier otro proceso, si ese justiciable, por más capacidad procesal que posea, no puede o no

quiere por su propia cuenta postular pretensiones en un proceso, el *ius postulandi* o derecho de hacer peticiones en juicio, deberá ser ejercido por un abogado que detente el derecho de representación, en virtud de un mandato o poder auténtico y suficiente.

Así las cosas, para lograr el 'andamiento' de la acción de amparo constitucional, será necesario por parte del abogado que no se encuentre asistiendo al supuesto agraviado, demostrar su representación de manera suficiente; de lo contrario, la ausencia de tan indispensable presupuesto procesal deberá ser controlada de oficio por el juez de la causa mediante la declaratoria de inadmisibilidad de la acción (…).

Dentro de este orden de ideas, cabe destacar que la legitimación activa en materia de amparo constitucional corresponde a quien se afirme agraviado en sus derechos constitucionales, que puede actuar asistido de abogado o mediante apoderado judicial; y visto que en el caso de autos la parte supuestamente agraviada no otorgó un mandato o poder que permitiera que el profesional del derecho ejerciera su representación válidamente en el presente procedimiento de amparo constitucional, la Sala, de conformidad con lo previsto en el artículo 19 de la Ley Orgánica del Tribunal Supremo de Justicia, aplicable supletoriamente de acuerdo a lo establecido en el artículo 48 de la Ley Orgánica de Amparo sobre Derechos y Garantías Constitucionales declara inadmisible la acción de amparo interpuesta contra el auto del 12 de mayo de 2008 y el fallo del 26 de septiembre de 2008 dictados por el Juzgado Segundo de Primera Instancia en lo Civil, Mercantil, Agrario y del Tránsito de la Circunscripción Judicial del Estado Falcón, con sede en Punto Fijo. Así se decide.

Voto Salvado de la Magistrado Luisa Estella Morales Lamunño

Quien suscribe, Magistrada Luisa Estella Morales Lamuño, salva su voto por disentir del fallo que antecede el cual, luego de establecer el criterio vinculante relativo a la competencia de la Sala Constitucional para conocer, el cual se comparte plenamente, declaró inadmisible la acción de amparo constitucional interpuesta por el abogado Guillermo Pomenta García, aduciendo actuar con el carácter de apoderado judicial de los ciudadanos Reinaldo García Iturbe y Lea Josefina García Iturbe de Pomenta, contra el auto dictado el 12 de mayo de 2008 y el fallo dictado el 26 de septiembre de 2008, por el Juzgado Segundo de Primera Instancia en lo Civil, Mercantil, Agrario y del Tránsito de la Circunscripción Judicial del Estado Falcón, con fundamento en las razones que se señalan a continuación:

1.- En criterio de la mayoría sentenciadora:

"Asumida la competencia por esta Sala se observa de las actas que conforman el expediente que la acción de amparo constitucional fue interpuesta por el abogado Guillermo Pomenta García, quien aduce actuar como 'apoderado judicial' de los ciudadanos Reinaldo García Iturbe y Lea Josefina García Iturbe de Pomenta, sin que conste en autos algún instrumento que acredite tal representación.

....

Dentro de este orden de ideas, cabe destacar que la legitimación activa en materia de amparo constitucional corresponde a quien se afirme agraviado en sus derechos constitucionales, que puede actuar asistido de abogado o mediante apoderado judicial; y visto que en el caso de autos la parte supuestamente agraviada no otorgó un mandato o poder que permitiera que el profesional del derecho ejerciera su representación válidamente en el presente procedimiento de amparo constitucional, la Sala, de conformidad con lo previsto en el artículo 19 de la Ley Orgánica del Tribunal Supremo de Justicia, aplicable supletoriamente de acuerdo a lo establecido en el artículo 48 de la Ley Orgánica de Amparo sobre Derechos y Garantías Constitucionales declara inadmisible la acción de amparo …".

2.- Se fundamenta la sentencia que antecede, en lo dispuesto en el aparte quinto del artículo 19 de la Ley Orgánica del Tribunal Supremo de Justicia, aplicable en virtud de lo establecido en el artículo 48 de la Ley Orgánica de Amparo sobre Derechos y Garantías Constitucionales, haciendo alusión expresa a lo establecido por esta Sala Constitucional en la sentencia N° 1.364 del 27 de junio de 2005 (caso: "*Ramón Emilio Guerra Betancourt*"), entre muchas otras, a los fines de declarar la inadmisibilidad de la acción de amparo incoada.

3.- Quien aquí disiente, encuentra oportuno señalar que siendo la acción de amparo constitucional uno de los mecanismos de defensa judicial de mayor acceso para los ciudadanos, la inadmisibilidad por falta de representación, no siendo ya un asunto de legitimidad, debería dar paso a la posibilidad de poder subsanar dicho defecto mediante el mecanismo previsto en el artículo 19 de la Ley Orgánica de Amparo sobre Derechos y Garantías Constitucionales, corrigiendo así el requisito exigido en el artículo 18 numeral 1 *eiusdem*.

4.- Tal consideración tiene su razón en lo dispuesto en el artículo 26 de la Constitución de la República Bolivariana de Venezuela, pues no cabe duda, que siendo el amparo constitucional un medio de impugnación judicial de tanta trascendencia social, debe facilitarse su ejercicio, como manifestación del derecho de acceso a los órganos de administración de justicia, sin formalismos que lo obstruyan. Se trata de hacer efectivo el principio *pro actione*, en virtud de que, se reitera, el asunto de la representación no involucra problemas de legitimidad para accionar en amparo, además de no estar previsto como causal de inadmisibilidad en la Ley Orgánica de Amparo sobre Derechos y Garantías Constitucionales. Aspecto este también importante, ya que el artículo 13 *eiusdem* prevé que el amparo puede ser ejercido por cualquier persona natural o jurídica, por representación o directamente.

5.- Cabe plantearse entonces, la posibilidad que siendo la representación judicial completamente subsanable, como en innumerables casos similares lo ha señalado esta Sala Constitucional, se haga una reconsideración sobre el criterio que hasta ahora sostiene al respecto. Queda así expresado el criterio de la disidente.

La Presidenta de la Sala,

Voto Salvado del Magistrado Pedro Rafael Rondón Haaz

El Magistrado Pedro Rafael Rondón Haaz manifiesta su disentimiento del fallo que antecede, razón por la cual, de conformidad con el artículo 20 de la Ley Orgánica del Tribunal Supremo de Justicia, salva su voto en los siguientes términos:

1. La discrepancia de la referida decisión atañe a la declaración de inadmisión de la demanda de amparo, con base en la aplicación supletoria del artículo 19 de la Ley Orgánica del Tribunal Supremo de Justicia. Al respecto, se advierte:

1.1 En primer lugar, las aplicaciones supletorias de normas jurídicas positivas tienen como propósito único, la solución de una situación que no aparezca regulada, o lo esté insuficientemente, por la ley que, en principio, sea la aplicable. Se trata, en otros términos, de la necesidad de subsanación de vacíos legales o de puntos dudosos que existan en el texto normativo que deba aplicarse al caso concreto, tal como, por ejemplo, lo establecía, de manera expresa, el artículo 20 del Código de Enjuiciamiento Criminal. En la situación que se examina no existe tal insuficiencia, ya que la Ley Orgánica de Amparo sobre Derechos y Garantías Constitucionales regula claramente cuáles son los requisitos que debe satisfacer la solicitud de amparo –entre ellos, la "*suficiente identificación del poder conferido*"-, so pena de declaración de inadmisión de la pretensión, luego de que el Juez de la causa verifique que el demandante no acató la orden de subsanación de la falta o defecto de acreditación de la representación que se hubiera atribuido quien dijo actuar como tal representante del actor (artículos 18 y 19). Entonces, no tiene justificación alguna que hubiera sido traída a la presente causa una norma legal, para su aplicación supletoria, en relación con la falta de debida acreditación de la representación judicial, habida cuenta de que, como se expresó anteriormente, dicha situación fue suficientemente normada por el instrumento legal que regla el amparo, de suerte que no había, en dicha ley –tan orgánica, por lo demás, como la del Tribunal Supremo de Justicia- vacío ni punto dudoso que, al respecto, hubiera que suplir o esclarecer en la Ley Orgánica de Amparo sobre Derechos y Garantías Constitucionales;

1.2 Por otra parte, tampoco puede afirmarse que, para la apreciación de la admisibilidad de la pretensión de amparo, tenga primacía el artículo 19 de la Ley Orgánica del Tribunal Supremo de Justicia, sobre las equivalentes de la también Ley Orgánica de Amparo sobre Derechos y Garantías Constitucionales, que anteriormente se nombró, no sólo por razón de que la antinomia entre tales normas de estas leyes de igual jerarquía debió resolverse sobre la base del principio de especialidad normativa, sino, porque, además, la aplicación del citado artículo 19 de la antes mencionada ley que regula a este Supremo Tribunal (la cual fue creada para "*establecer el régimen, organización y funcionamiento del Tribunal Supremo de Justicia*"), como fundamento de la negación de admisión de las demandas de amparo, sólo sería posible contra las que sean presentadas ante el Máximo Tribunal de la República, pero no ante los tribunales de instancia que conozcan en primer grado de jurisdicción, porque, en éstos, la admisión o no de la pretensión de tutela tiene que ser decidida, en principio, con base en la Ley Orgánica de Amparo sobre Derechos y Garantías Constitucionales, razón por la cual la aplicación, en el particular que se analiza, de la referida norma de la Ley Orgánica del Tribunal Supremo de Justicia, en el juicio de amparo, crea un desfase en el tratamiento de la tutela, cuando de la misma deba conocerse, en primera instancia, por los juzgados ordinarios y cuando dicho conocimiento sea de la competencia del Tribunal Supremo de Justicia. Más aún, si, por ejemplo, la Sala Constitucional actúa como órgano de alzada, tal órgano jurisdiccional deberá resolver un innecesario dilema sobre la ley aplicable: la Ley Orgánica de Amparo sobre Derechos y Garantías Constitucionales o la del Tribunal Supremo de Justicia, para la valoración del pronunciamiento que, sobre admisibilidad de la pretensión de tutela, hubiera expedido el *a quo*, conforme a la Ley de Amparo y el Código de Procedimiento Civil. Así las cosas, ¿deberá esta segunda instancia revocar la decisión del a quo mediante la cual se admitió un amparo porque se estimó que el mismo satisfacía los requisitos que, sobre tal respecto, preceptúan el cuerpo legal que disciplina la tutela constitucional y el Código de Procedimiento Civil, pero que, en el curso de la apelación, se encuentre que dicha demanda no observe conforme a las exigencias del artículo 19 de la Ley Orgánica del Tribunal Supremo de Justicia?;

1.3 En criterio del salvante, los supuestos de inadmisibilidad que tienen pertinencia en el procedimiento de amparo son los que derivan de los artículos 6, 18 y 19 de la Ley Orgánica de Amparo sobre Derechos y Garantías Constitucionales, así como los generales que dispone el artículo 341 del Código de Procedimiento Civil, de acuerdo con la norma de remisión que contiene el artículo 48 de la Ley Orgánica de Amparo sobre Derechos y Garantías Constitucionales y con los criterios jurisprudenciales que ha establecido esta Sala;

1.4 De conformidad con las consideraciones que anteceden, se concluye que si quien señaló que actuaba en nombre y por cuenta de los quejosos de autos no acreditó debidamente dicha representación, junto con la demanda de amparo, tal omisión debió dar lugar al referido pronunciamiento de inadmisión sólo después de que caducara el lapso que establece el artículo 19 de la Ley Orgánica de Amparo sobre Derechos y Garantías Constitucionales, sin que dicho abogado hubiera subsanado el defecto de acreditación de su cualidad procesal, tal como debió haberle sido ordenado, de acuerdo con dicha disposición legal;

1.5 La negativa de admisión que fue expedida, en el fallo que antecede, con afincamiento en el artículo 19 de la Ley Orgánica del Tribunal Supremo de Justicia produjo, además del antes anotado efecto de desfase entre el procedimiento que corresponda, en primera instancia, a los tribunales ordinarios y el que deba aplicar el Tribunal Supremo de Justicia, un inconstitucional efecto de desigualdad que favorece a quienes demanden amparo ante los órganos jurisdiccionales ordinarios, porque ellos tendrán oportunidad de subsanación de los defectos que el Juez aprecie respecto de la formalización de su pretensión, en tanto que aquéllos, que deban ocurrir ante el Tribunal Supremo de Justicia para la interposición del amparo, no gozarán de dicha oportunidad, porque la misma está negada por el referido artículo 19 de la ley orgánica que rige a este Máximo tribunal.

2. Como conclusión, quien suscribe estima que la admisibilidad del amparo de autos no debió ser valorada según el artículo 19 de la Ley Orgánica del Tribunal Supremo de Justicia sino según las normas que, como se afirmó anteriormente, son las aplicables para el particular en examen.

Quedan expresados, en los términos precedentes, los motivos del disentimiento del Magistrado que expide el presente voto salvado.

C. *Carácter extraordinario de la acción*

TSJ-SC (1189) 30- 9-2009

Magistrado Ponente: Luisa Estella Morales Lamuño

Caso: Silverio González Plaza

El amparo constitucional concebido como una acción destinada al restablecimiento de un derecho o una garantía constitucional lesionados, sólo es admisible como una medida extraordinaria destinada a evitar que el orden jurídico quede lesionado, ante la inexistencia de una vía idónea que, por su rapidez y eficacia, impida la lesión de un derecho constitucional.

Le corresponde a esta Sala conocer de la presente causa en virtud del recurso de apelación ejercido por el abogado Rigoberto Quintero Azuaje, defensor del ciudadano Silverio González Plaza, contra la decisión dictada el 2 de octubre de 2008 por la Corte Marcial del Circuito Judicial Penal Militar, en la que declaró improcedente *in limine litis* la acción de amparo ejercida por el prenombrado defensor contra la decisión dictada el 19 de septiembre de 2008, por el Consejo de Guerra de Caracas del señalado Circuito Judicial, que declaró sin lugar la solicitud de revisión de la medida de privación judicial preventiva de libertad, por cuanto, a su criterio, la misma es lesiva de los derechos de su defendido a la igualdad y a libertad personal, consagrados en los artículos 21 y 44 de la Constitución de la República Bolivariana de Venezuela.

La referida Corte Marcial estimó la improcedencia *in limine litis* del amparo ejercido, con fundamento en que "(...) el accionante ha pretendido mediante la vía del amparo, replantear una situación que ya fue decidida, buscando una decisión favorable, que anule en los términos solicitados, un auto inapelable conforme a la parte (*sic*) *in fine* del artículo 264 del Código (*sic*) adjetivo".

El criterio sustentado por el a quo fue objetado por la defensa con base en que "(...) tenemos entendido, en nuestro modesto Criterio (*sic*) que, el término '*in limine litis*', se esgrime como en Etapas Preliminares (*sic*), o en materia civil, antes de Contestar la Demanda (*sic*) (...) **PERO LOS DERECHOS CONSTITUCIONALES CONSAGRADOS EN NUES-**

TRA CONSTITUCIÓN Y EN ATODOLOS (*sic*) TRATADOS INTERNACIONALES (...) TIENEN APLICACIÓN EN TODO GRADO DEL PROCESO, MÁXIME EN MATERIA (*sic*) PENAL, CUANDO UN CIUDADANO SE ENCUENTRA ENCARCELADO, POR UN ÓRGANO JURISDICCIONAL MILITAR SIN COMPETENCIA POR LA MATERIA, INCUMPLIENDO CON EL ARTÍCULO 261 CONSTITUCIONAL" (Mayúsculas y negrillas de la defensa).

Planteados así los límites de la controversia, debe la Sala señalar que ha sido jurisprudencia reiterada que las causales de inadmisibilidad de la acción de amparo son de orden público, razón por la cual el juez de amparo puede declarar dicha inadmisibilidad sin trámite del procedimiento, si de la simple lectura de la solicitud puede percatarse que la misma está incursa en alguno de los supuestos previstos en el artículo 6 de la Ley Orgánica de Amparo sobre Derechos y Garantías Constitucionales.

Así las cosas, en el presente caso, aprecia la Sala que indudablemente la pretensión de tutela constitucional invocada es inadmisible. En efecto, la queja constitucional estuvo dirigida contra el mantenimiento de la medida de privación de libertad personal a la cual se encontraba sometido el accionante, no obstante que, a criterio, de la defensa éste "(...) *fue condenado nuevamente a 5 (sic) años de prisión sin concederle un ápice (sic) de beneficio procesal (sic) a que todo venezolano tiene derecho*".

Si bien en el presente caso, la solicitud de la defensa fue de revisión de la medida privativa de libertad, la misma no debe entenderse como la de una revisión de la medida de coerción personal, a tenor de lo establecido en el artículo 264 del Código Orgánico Procesal Penal, toda vez que dicha norma sólo se aplica en aquellos casos en los cuales han variado las razones o motivos por los que la misma fue dictada, circunstancia distinta –se reitera- a la del presente asunto, como es la privativa de libertad que se aplica directamente al castigo del delito, esto es, la pena que nace de una sentencia condenatoria como la que, este caso, fue dictada contra el accionante.

Ahora bien, si la libertad es negada por el tribunal que conoce de la causa, ello no imposibilita a la parte afectada que dicha negativa pueda ser también objeto del recurso de apelación de la sentencia definitiva dictada en el juicio oral, por violación de la ley o inobservancia o errónea aplicación de una norma jurídica.

Ello así, reitera la Sala su doctrina respecto de la idoneidad de los medios ordinarios de impugnación, en el sentido que, al pronunciarse una sentencia definitiva o interlocutoria apelable, si de ella resulta que se infringe algún derecho o garantía constitucional, no puede pensarse, que la situación no pueda ser reparada de inmediato si se apela, y la alzada decide dentro de los términos para ello. De allí, la negación del amparo al accionante, con base a la existencia de la vía procesal ordinaria de la apelación, ya que por esta vía se puede restablecer la situación jurídica infringida antes que la lesión cause un daño irreparable, descartándose así la amenaza de violación lesiva, y sólo si los jueces de la alzada, quienes igualmente son protectores de la Constitución, que conocieren de esta petición decidieran con violación de derechos y garantías constitucionales, que amenazaran de irreparable su situación, podría acudir a la vía del amparo.

El amparo constitucional concebido como una acción destinada al restablecimiento de un derecho o una garantía constitucional lesionados, sólo es admisible como una medida extraordinaria destinada a evitar que el orden jurídico quede lesionado, ante la inexistencia de una vía idónea que, por su rapidez y eficacia, impida la lesión de un derecho constitucional. La admisibilidad de la acción de amparo surge cuando los medios ordinarios son insuficientes para restablecer la situación infringida, o cuando su procedimiento, dada la naturaleza de la lesión alegada, no cumple con la finalidad de lograr la protección de inmediato o, en todo caso, sus efectos vienen a ser retardados o diferidos, de modo que no permiten reparar el daño sufrido, cuando el derecho constitucional está conculcado.

De manera que, ante la existencia de la vía ordinaria -el recurso de apelación- en el presente proceso la acción de amparo resulta inadmisible, conforme lo establecido en el artículo 6.5 de la Ley Orgánica de Amparo sobre Derechos y Garantías Constitucionales, mas no improcedente *in limine litis*, como la declaró la Corte Marcial del Circuito Judicial Penal Militar, toda vez que dicha improcedencia deviene de la inexistencia de violación de derecho o garantía constitucional alguna, lo cual hace que resulte innecesario abrir el contradictorio cuando *ab initio* se ha verificado que la acción es manifiestamente improcedente, ello en aras a salvaguardar el principio de celeridad y economía procesal que informan el proceso de amparo.

En consecuencia, se declara sin lugar la apelación interpuesta, se revoca -en los términos expuestos en el presente fallo- la sentencia dictada el 2 de octubre de 2008 por la referida Corte Marcial y se declara inadmisible el amparo ejercido por el abogado Rigoberto Quintero Azuaje, en su carácter de defensor del ciudadano Silverio González Plaza, y así se declara.

PRINCIPIO PROPORCIONAL Y VALOR DEL VOTO EN LA JURISDICCIÓN CONSTITUCIONAL ALEMANA "Comentario crítico de la sentencia del Tribunal Constitucional Federal sobre los mandatos excedentes"

Dieter Nohlen
Profesor emérito de la Universidad de Heidelberg

Original en alemán bajo el título "Erfolgswertgleichheit als fixe Idee oder: Zurück zu Weimar?", publicado en Zeitschrift für Parlamentsfragen 40 (1), 2009, 179-195; traducción de José Reynoso Núñez.
Tribunal Electoral del Poder Judicial de la Federación, México.
Texto revisado y adaptado al mundo hispanoparlante por el autor.

Resumen: *El Tribunal Constitucional Federal alemán, en su sentencia del 3 de Julio de 2008, ha declarado inconstitucional el "peso negativo del voto", posible efecto de los mandatos excedentes en el sistema proporcional personalizado, por lesionar la norma de igualdad e inmediatez del voto. El autor comparte la decisión que obliga al legislador de reformar el sistema electoral. No obstante, pone seriamente en cuestión los argumentos del máximo tribunal alemán sobre los que la sentencia se funda.*

El Tribunal Constitucional Federal (TCF) ha tenido que ocuparse una vez más del sistema electoral para el *Bundestag* alemán (Parlamento Federal). Esta vez se presentaron dos quejas de revisión electoral que consideraban lesionados los principios de igualdad e inmediatez en los efectos paradójicos de los escaños excedentes en el sistema de la representación proporcional personalizada.[1]

Como es sabido, los escaños excedentes tienen lugar en el sistema electoral federal alemán, cuando un partido obtiene más escaños con los primeros votos en las circunscripciones uninominales, que los que le corresponderían con base a los segundos votos cuya distribución entre los partidos determina la composición política del *Bundestag*.[2] A los escaños

1 Bundesverfassungsgericht [Tribunal Constitucional Federal] (BVerfG) BvC 1/07 y 2 BvC 7/07, Beschluss vom 3. Juli 2008 [Decisión del 3 de julio de 2008] (Negatives Stimmgewicht [peso negativo del voto]), citado en lo que sigue de la versión publicada por Internet, indicando los Randnummern (Rn) [números al margen] originales. Véase también la reproducción en: NJW 2008, p. 2700 y ss., así como DVBl 2008, p. 1045 y ss.

2 El sistema electoral alemán es un sistema combinado. Vincula la regla decisoria de la mayoría con el principio de representación proporcional de manera que resulte un sistema de representación proporcional. Este sistema está personalizado en la medida en que permite al votante elegir entre

excedentes prácticamente no se les dedicaba atención, después de que, por una parte, el TCF en 1957 los había declarado condicionados por el sistema electoral combinado y compatibles con el principio de igualdad,[3] y por otra parte, en las elecciones de 1965 a 1987 tuvieron lugar sólo ocasionalmente y en un número reducido (véase Nohlen 2004: 272).

Esta situación cambió repentinamente en 1994 cuando fueron repartidos 16 escaños excedentes, 12 de los cuales correspondieron a la CDU.[4] Precisamente los escaños excedentes le permitieron a la coalición ganadora CDU/CSU[5] y FDP[6] una suficiente mayoría parlamentaria. Aunque bajo la perspectiva de la estabilidad de gobierno este efecto de la representación proporcional personalizada pudiera tener una connotación positiva, a partir de esta situación renacen las dudas acerca de la adecuación de los escaños excedentes con el principio de la igualdad en el derecho electoral. El TCF resolvió en su sentencia del 10 de abril de 1997, que el legislador puede prever una compensación en los escaños, pero ésta no sería obligatoria para el tipo de representación proporcional personalizada.[7] El TCF reconoció que el legislador, al establecer una barrera legal del cinco por ciento, quiso limitar la proporcionalidad. En consecuencia, el principio de proporcionalidad no sería una pauta absoluta para la valoración de los elementos individuales de la representación proporcional personalizada, y tampoco de los escaños excedentes. En su momento, el Tribunal sostuvo el arreglo convencional como de derecho, siempre que se cuidara que el número de escaños excedentes no excediera límites prudentes.

Sin embargo, diez años después, el TCF se vio confrontado en relación al mismo tema con una argumentación modificada. Debe considerarse que ya se sabía que los escaños excedentes pueden conducir a que un partido, en el caso de conseguir una mayor proporción de

---

personas. De allí su nombre: representación proporcional personalizada. Es importante tener presente esta categorización a la hora de pasar revista a la decisión del TCF que aquí se analiza. En relación a los detalles del sistema, el elector tiene dos votos. Con el primer voto elige en los distritos uninominales, cuyo número corresponde a la mitad de los escaños parlamentarios, a un candidato del distrito, y con el segundo voto elige la lista regional (del *Land* [Estado miembro]) de un partido. Las listas son cerradas y bloqueadas. La distribución del número total de escaños se lleva a cabo a nivel federal de acuerdo a la participación total de votos de los partidos, aplicando la fórmula electoral *Sainte-Laguë/Schepers*. Se aplica una barrera legal del cinco por ciento, la cual puede ser obviada por un partido en el momento en que éste gane tres escaños llamados directos en los distritos uninominales. Una vez que está definido cuántos escaños recibirá un partido, estos escaños se distribuyen al interior del partido de forma proporcional entre las listas regionales de los partidos, aplicando de nuevo la fórmula *Sainte-Laguë/Schepers*. De este número se descuentan los escaños directos que se hayan alcanzado en cada caso; los escaños restantes les corresponden a los candidatos en las listas regionales correspondientes. Si los partidos han alcanzado en los distritos electorales uninominales más escaños directos que los que les corresponden proporcionalmente (los llamados escaños excedentes), los conservan y no se hace una compensación. De acuerdo con esto, el elector determina a través de su primer voto la composición individual de la mitad del *Bundestag*, pero sin por ello influir en principio (si se prescinde de los escaños excedentes) sobre la composición del parlamento respecto a los partidos políticos).

3 BVerfG 2 BvR 9/56, Beschluss vom 3. Juli 1957 (*Listenwahl*); BVerfG 7, p. 63 y ss.; véase también DÖV 1957, p. 715 y ss.

4 CDU: Christlich Demokratische Union [Unión Demócrata Cristiana].

5 CSU: ***Christlich Soziale Union [Unión Social Cristiana].***

6 FDP: ***Freie Demokratische Partei [Partido Liberal Democrático].***

7 BVerfG 2 BvC 3/96, Beschluss vom 10. April 1997 (*Grundmandatsklausel*); BVerfG 95, p. 408 y ss; compárense también NJW 1997, p. 1568 y ss., DÖV 1997, p. 595 y ss.

segundos votos, puede perder en cantidad de escaños (véanse Meyer 1994; Behnke 2003). El caso se agudizó por primera vez en una elección uninominal, rezagada por la muerte de un candidato en Dresden en 2005. Se corroboró y se hizo de conocimiento general, que puede ser ventajoso para un partido con escaños excedentes, recibir menos votos en un Estado miembro, cuando con ello el número de escaños en la distribución a nivel federal entre los partidos (*Oberverteilung*) no les afecte negativamente. El número de votos más bajo puede tener efectos en la distribución de escaños entre las listas particulares de los partidos en los *Länder* (*Unterverteilung*), porque un número de segundos votos más bajo aquí, puede ocasionar que otra lista regional del partido se beneficie con un escaño. Si en un Estado miembro un partido pierde en segundos votos, en el que alcanzó un escaño excedente, no sufre ninguna desventaja, porque su lista de todas formas no hubiera tenido ninguna pretensión a un escaño, pero él no puede perder los escaños directos conseguidos. Sin embargo, en otra lista regional puede agregarse un escaño. Por ello el partido en cuestión incrementa también su parte de escaños a nivel federal. El efecto inverso es igualmente imaginable. Un partido puede perder un escaño excedente en un Estado miembro a partir de haber conseguido allí una cantidad de segundos votos más alta, y con ello igualmente perder un escaño en el nivel federal.

Este "peso negativo del voto", o en otros términos, este "valor de logro inverso", fue declarado por el máximo tribunal alemán el 3 de julio de 2008 como inconstitucional. Un procedimiento que posibilita (de acuerdo con el artículo 7 párrafo 3 y artículo 6, párrafos 4 y 5 de la Ley Electoral Federal) "que un aumento en segundos votos pueda llevar a una pérdida en escaños de las listas de partido de los Estados miembro o a que una pérdida en segundos votos ocasione un aumento en los escaños para las listas de partido de los Estados miembro", de acuerdo al TCF lesiona el artículo 38 párrafo 1 frase de la Ley Fundamental. A partir de esta interpretación, el TCF determinó que el legislador está obligado "a más tardar hasta el 30 de junio de 2011 a establecer una regulación compatible con la Constitución".[8]

I. VALORACIÓN DE LA SENTENCIA

Si primero se analiza la sentencia en su resultado, entonces se debe estar absolutamente de acuerdo con el TCF. El recurrente había argumentado en la línea de la jurisprudencia reiterada del Tribunal, en el sentido de que desviaciones en la proporcionalidad en el sistema de representación proporcional personalizada son aceptables y respecto a esto había remitido a la barrera legal del 5%, que limita el principio de proporcionalidad puro. También había resaltado que debía ser reconocible para los electores "cómo sus votos podrían contribuir al éxito o fracaso de los candidatos". Sin embargo, esto sólo podría ser entendido considerando un conocimiento de los efectos teóricamente concebibles, porque los efectos reales sólo podrían ocurrir en relación a la votación de todos los electores". Con ello, el recurrente hizo patente no haberse dado cuenta, de que con el valor de logro inverso se trataba de algo muy distinto, lo que el Tribunal reconoció claramente: los efectos de una barrera legal son previsibles. Los votos para los partidos que traspasan el umbral, tienen el mismo valor de logro. Por el contrario, cómo afectan los segundos votos que en su caso ocasionan el valor de logro inverso, no es previsible para los electores.

El valor de logro inverso es un efecto del procedimiento específico previsto en el sistema electoral para el *Bundestag*, tiene que ver con la forma en que el cómputo de los escaños uninominales tiene lugar en relación al total de los escaños distribuidos de manera proporcional entre los partidos. Esta regulación es especialmente difícil, porque puede producir resul-

8 BVerfG 2 BvC 1/07 y 2 BvC 7/07, Rn 240.

tados arbitrarios. El elector ya no es en realidad el "señor" de su voto. Él vincula con su voto una determinada intención que en el procedimiento de cómputo de los escaños uninominales puede, sin embargo, resultar lo contrario. Por consiguiente, al sistema le falta transparencia. El elector no puede encauzar su voto, pierde la confianza en el sistema electoral y, en consecuencia, el sistema pierde legitimidad. Transparencia y legitimidad son criterios decisivos para medir la calidad de un sistema electoral. Por ello es imperiosamente necesaria una reforma de la representación proporcional personalizada que regule de nuevo el cómputo de los escaños uninominales sobre los escaños adjudicados proporcionalmente a los partidos.

Ciertamente, los sistemas electorales viven con paradojas de sus resultados, a las que voy a regresar más adelante. El reclamo por una reforma es facilitado en este caso, porque el peso negativo del voto no es consecuencia indispensable del sistema de representación proporcional vinculado con la elección de personas, porque los escaños excedentes en el tipo de sistema electoral de la representación proporcional personalizada no deben tener lugar forzosamente. Se puede excluir su surgimiento *a priori*, pero se les puede también compensar proporcionalmente, de tal manera que ni tengan un efecto que restrinja la representación proporcional de los partidos, ni que puedan implicar a los electores acciones electorales tortuosas. Se trata de la corrección de un elemento, de un procedimiento dentro de la representación proporcional personalizada, no de una reforma más amplia. El que ahora sea obligado llevar a cabo correcciones con motivo de la sentencia del TCF, y que esto lleve a reflexionar sobre una reforma fundamental es, sin embargo, otro tema. El propio Tribunal insinúa —con la indicación de que una reforma en el sentido de un sistema electoral segmentado (*Grabensystem*) sería constitucional— reflexiones sobre la reforma del sistema electoral más allá del tipo de la representación proporcional personalizada.

II. VALORACIÓN DEL FUNDAMENTO DE LA SENTENCIA EN GENERAL

Si se puede coincidir con el juicio del Tribunal, resulta que no sólo diferentes fundamentos —como ya se mostró— sino algunos argumentos del TCF son altamente problemáticos desde el punto de vista de la teoría de los sistemas electorales. En primer lugar, llama la atención que no se realiza ninguna diferenciación conceptual entre sufragio y sistema electoral. Eso da pie a la tendencia dominante en la sentencia de equiparar las exigencias en el derecho electoral individual y la elección como proceso de creación de una asamblea representativa, con las de un sistema electoral.

El sufragio, el derecho de elegir y de ser elegido, tiene principios claros cuya lesión es relativamente fácil de diagnosticar y de valorar. Con la característica "universal" se puede revisar si en realidad todos los ciudadanos disfrutan del derecho electoral, es decir, están incluidos en las listas de electores. Con la característica "igual", se puede verificar si cada elector tiene el mismo peso electoral, es decir, ningún voto más que el que tiene otro elector: el derecho de grupos, estratos o individuos de tener más votos está descartado. Con la característica "directo" se pregunta si el elector elige directamente un candidato o un partido y no lo hace por él una persona o un gremio, que efectúe entonces la propia elección del titular del escaño. Estos principios constitucionales de un derecho electoral democrático no son trasladables directamente al sistema electoral. Especialmente el manejo dogmático de los principios del sufragio es menos apropiado para la valoración de cuestiones relacionadas con el sistema electoral. Son otros los criterios los que tienen relevancia, por ejemplo el cumplimiento de las funciones que se esperan del sistema electoral, la legitimidad a la que los sistemas electorales aspiran y disfrutan en la realidad.

En el ámbito de los sistemas electorales no hay ninguna solución óptima. Los sistemas electorales tienen ventajas y desventajas. Existen ilimitadas posibilidades de diseño en relación a cómo los electores expresan sus preferencias políticas en votos y cómo pueden éstos convertirse en escaños. Se trata entonces de ponderar y de decidir políticamente, con lo cual el contexto respectivo juega un rol muy importante. Todo lo anterior no tiene aplicabilidad en el caso del derecho a sufragio en ambos sentidos, del derecho al voto y del derecho a ser votado.

Es bien comprensible que un tribunal constitucional se valga de principios fijos para resolver sobre la interpretación de principios establecidos en la Constitución. Debido a que la Ley Fundamental alemana no se manifiesta con respecto al sistema electoral, es también comprensible la tendencia del TCF de trasladar los principios clásicos del derecho a sufragio a las materias del sistema electoral. Así, se argumenta que para el sistema electoral, la igualdad y la inmediatez de la elección serían criterios esenciales de la valoración del sistema electoral, o en su caso de su conformidad con la Constitución. Su utilización en casos concretos ha llevado también continuamente en el ámbito jurídico a críticas a la argumentación del TCF (véase por ejemplo Frowein 1974). La perspectiva jurídico constitucional del TCF está además impregnada por las normas y la relación con ideas normativas de la Ley Fundamental. La investigación comparada de los sistemas electorales no puede naturalmente adoptar esta conexión.

Las constituciones democráticas de todo el mundo establecen que las elecciones en general deben ser iguales, directas y secretas; sin embargo, los sistemas electorales son muy diferentes en los países, también y precisamente en el ámbito de los sistemas electorales de representación proporcional. Casi en ninguna parte se desprende de los principios del derecho electoral, como lo hace el TCF, que los sistemas electorales se deban medir constitucionalmente no sólo por el mismo valor numérico, sino también y precisamente por el mismo valor de logro de los votos de los electores. Frente al trasfondo de la investigación internacional comparada de los sistemas electorales, la jurisprudencia de la República Federal Alemana sobre el sistema electoral estrecha y deforma su horizonte de valoración, lo que se manifiesta en las siguientes carencias.

En primer lugar en una ausencia de referencia empírica. Se torna con ello claro que variables de conducta que inciden en las consecuencias de los sistemas electorales, no son consideradas suficientemente. Las instituciones contribuyen a configurar la conducta de los electores. Los sistemas electorales establecen fundamentalmente para ello diferentes condiciones, para que el voto de un elector cuente para algo. El que determinadas reglas de un sistema electoral influyan a los electores en la emisión de su voto (véase Cox 1997, Pappi/Shikano 2007, Norris 2008), es un efecto buscado por los sistemas electorales. Los sistemas electorales de representación proporcional no constituyen por ello una excepción.

- En segundo lugar, en una carencia de experiencia internacional comparada, que es el fundamento del desarrollo conceptual y de consultoría política de la teoría de los sistemas electorales. La mirada sólo a las particularidades y experiencias alemanas limita innecesariamente las ideas normativas y posibilidades de configuración funcionales de los sistemas electorales. El día de hoy el legislador no decide más entre los clásicos sistemas electorales de mayoría y representación proporcional, sino configura sistemas electorales de acuerdo a los requerimientos funcionales que se le presentan en contextos específicos.

- En tercer lugar, en una carencia de criterios amplios de valoración para los sistemas electorales, lo que se demuestra en su agudización unidimensional y aplicación no homogénea, según se trate de representación proporcional o de mayoría. En los sistemas electorales no sólo es un asunto de consecuencias directas sobre la relación de votos y escaños, sino de efectos de más largo alcance. También de efectos secundarios y costos derivados en otros, más allá de las referencias exclusivamente tematizadas a través de la igualdad del derecho electoral. De igual forma se recomiendan criterios que al mismo tiempo se puedan utilizar en la representación por mayoría y en la representación proporcional, para posibilitar una comparación conveniente.

II. EL PRINCIPIO DE MAYORÍA Y EL PRINCIPIO DE REPRESENTACIÓN PROPORCIONAL

¿Qué es el principio de mayoría y qué es el principio de representación proporcional? Si se sigue el sentido de la resolución del TCF, entonces corresponde al "objetivo de la representación por mayoría (...), que sólo los votos otorgados para los candidatos mayoritarios lleven al reparto de escaños. Los votos otorgados a los candidatos minoritarios, por el contrario, no son considerados en el reparto de escaños". De acuerdo al TCF, "el objetivo de la representación proporcional consiste en que todos los partidos en una relación lo más aproximada a la distribución de los votos, estén representados en los órganos elegidos". En estas afirmaciones se lleva a cabo una comparación de naturaleza asimétrica. La representación por mayoría ha sido definida de acuerdo a la regla de decisión en la circunscripción, y la representación proporcional de acuerdo a la composición política del parlamento. Esta comparación equivocada ha sido superada sin embargo hace mucho tiempo por la doctrina de los sistemas electorales (Nohlen 1969: 39 y Nohlen 1978: 48, Sartori 1994: 4).

Cuando Roman Herzog, Ex-Juez Constitucional y Ex-Presidente de la República, se pronuncia por un sistema de mayoría relativa (Süddeutsche Zeitung, 17-3-2008), no opina que la mayoría relativa de votos debe decidir en las circunscripciones uninominales. Eso ya sucede para la mitad de los diputados. Herzog tiene en mente las consecuencias que este sistema electoral ocasiona en la composición del parlamento. Por su parte, Paul Kirchhof, antiguo juez constitucional, incluso es más explícito en su orientación del concepto del sistema de mayoría hacia la formación de mayorías en el parlamento, cuando propone (Alpbacher Gespräche, 28-8-2008 así como Rhein-Neckar-Zeitung 28-8-2009) que aquel partido o coalición que obtenga la mayoría relativa de los votos, automáticamente obtenga la mayoría absoluta de los escaños —quintaesencia de la reforma de Berlusconi en Italia (al respecto también Poier 2001).

El TCF no considera la diferencia entre regla de decisión y principio de representación. Esta diferenciación es importante cuando, por ejemplo, hay que valorar la garantía de la igualdad de valor de logro de los votos, lo que será tratado más adelante. Si la representación por mayoría se define desde el punto de vista técnico, entonces la igualdad de valor de logro está descartada. Los votos para la(s) minoría(s) no cuentan. Sin embargo, si se entiende la representación por mayoría como principio de representación, entonces es posible conformar sistemas de mayoría que consideran en cierto sentido el punto de vista de la igualdad de valor de logro. Cada sistema de mayoría que opera con circunscripciones en las que se elije más de un diputado, abre ya un espacio para una adjudicación proporcional de escaños. En un sistema de circunscripciones trinominales puede ser conseguida una observable igualdad de valor de logro de los votos. Las pequeñas circunscripciones de tamaño par, por ejemplo la circunscripción binominal, son especialmente adecuadas para que los votos de la minoría consigan un valor de logro sobreproporcional. Respecto a la representación proporcional, su definición como regla de decisión excluye en realidad la lesión de la igualdad de valor de logro de los votos. Existen sólo límites matemáticos, especialmente en circunscripciones pequeñas. Por el contrario, para la representación proporcional entendida como principio de representación, sin duda se pueden pensar limitaciones intencionadas de la igualdad de valor de logro, porque este objetivo está en competencia con otros, que entran en juego en el marco de una valoración política más completa y de criterios de mayor importancia (funcionalidad y capacidad de supervivencia de la democracia). Esto puede reflejarse (como el ejemplo más fácil) en el establecimiento de barreras legales.

¿Cuál es, entonces, la finalidad política de la representación por mayoría? En los sistemas de mayoría se persigue la mayoría parlamentaria para un partido o coalición. Se trata en esencia de que un partido (o coalición de partidos) esté en la capacidad de obtener la mayoría de escaños, aunque no haya obtenido la mayoría absoluta de votos. Así lo considera también el constitucionalista Hans Meyer (1987: 37): el objetivo de la representación por mayoría "no consiste hoy ya fundamentalmente en que la mayoría (relativa) de los electores en una circunscripción (uninominal) otorguen un escaño a un partido, sino en posibilitar a un partido obtener la mayoría de los escaños en el parlamento, justo cuando no obtuvo la mayoría de los votos." El objetivo político del principio de representación por mayoría es: un gobierno de un solo partido, independientemente de si ese partido obtuvo la mayoría de los votos.

¿Cuál es el objetivo político del principio de representación proporcional? En los sistemas de representación proporcional se persigue en principio la reproducción más fiel posible de las fuerzas sociales existentes en la población y de los grupos políticos. La distribución de votos y escaños deben de corresponderse de manera aproximada. Como un objetivo adicional de la representación proporcional, se considera también que el valor numérico y el valor de logro de los votos de los electores se correspondan de manera aproximada. Histórica y sistemáticamente este objetivo es una consecuencia de la buscada proporcionalidad de votos y escaños, no su condición (véase Braunias 1932: 191-203). En el marco del desarrollo general de las ideas de la igualdad y en el ámbito de los sistemas electorales, este principio ha logrado un cierto —en Alemania extraordinario— reconocimiento.

Esta orientación de fines de la representación proporcional no significa, sin embargo, que en el sistema de representación proporcional "todos los partidos estén representados en los órganos elegidos en una relación lo más aproximada al número de votos", como se sostiene en la sentencia que aquí se comenta. También en la representación proporcional existen barreras de representación, las que evitan, legítimamente, que todos los partidos lleguen al parlamento. Se observan, por ejemplo, en la forma más frecuente de representación proporcional: el sistema proporcional en circunscripciones de distinto tamaño. El tamaño de la circunscripción es —junto con la barrera legal— el factor más importante para la desproporcionalidad de los resultados electorales (véase Lijphart 1994).

La criticada frase del TCF es expresión de la idea de que con la representación proporcional no sólo el valor numérico sino también el valor de logro de los votos deberían ser igual. Esta idea se impone en la sentencia completa y es llevada a la cumbre cuando se trata del procedimiento para convertir votos en escaños, que fue reformado en 2008 (sustituyendo Hare/Niemeyer por Sainte-Laguë/Schepers). Como "resultado desigual" el TCF considera todo lo que no corresponda "con proporcionalidad exacta y por ello tampoco de manera exacta al principio de igualdad de valor de logro"; sólo es vista como justificada la "inevitable consecuencia de un procedimiento de distribución de cualquier clase".[9] El valor de logro es fijado por ello en la máxima proporcionalidad de los resultados electorales.

Con tales ideas estamos en un camino de regreso a Weimar, donde en el sistema de representación proporcional automático había un escaño para un determinado número de votos distribuidos en el territorio completo del *Reich*. Sin embargo, no hay ninguna duda de que la representación proporcional personalizada en la entonces dimensión política viable fue percibida como un sistema electoral alternativo al sistema proporcional puro de Weimar (véanse

---

9 BVerfG 2 BvC 1/07, Rn 104; al contrario, Hans Meyer decía ya en 1973 (p. 189) correctamente: "Son concebibles sistemas más o menos proporcionales igual que sistemas mayoritarios con mayor o menor efecto mayoritario".

Fromme 1962: 162 y sig.; Vogel/Nohlen/Schultze 1971: 188). Eso también se manifestó en la errónea, pero siempre vigente idea, de que en la representación proporcional personalizada se elige la mitad de los escaños de acuerdo a la mayoría y la otra mitad de acuerdo a la representación proporcional.

Pensado en categorías de la sistemática electoral, se podría deducir más allá de la sentencia, la imagen de un *continuum* unipolar de los sistemas electorales, que lleve a la diferenciación esencial de los sistemas electorales entre representación proporcional pura y todos los demás sistemas electorales; aquí, "la más exacta proporción entre los votos ganados y la porción de asientos en el parlamento", allí, una creciente restricción contra las oportunidades de los —en cada caso— partidos pequeños [...] hasta una situación en la que prácticamente apenas sólo dos partidos tengan la oportunidad de ganar escaños parlamentarios" (Meyer 1973: 189). La representación proporcional en forma "de la más exacta proporción pensable" como núcleo de la igualdad de derecho electoral y de la valoración del sistema electoral, es "Weimar".

Desde una perspectiva de sistemática electoral comparada debe ser planteada la pregunta fundamental de ¿qué tan conveniente es la primacía absoluta puesta en la exactitud de la proporcionalidad en la representación proporcional personalizada? La exactitud es sólo una dimensión de sentido. Otras dimensiones son simplicidad, transparencia y sustentabilidad. La exactitud en la distribución proporcional tiene en general como costo un alto grado de complejidad en el cálculo proporcional. Surge la pregunta ¿quién puede comprender en su caso un sistema electoral fijado exclusivamente en la exactitud proporcional elevada que alcanza el procedimiento? El elector común y corriente seguramente no. Con ello se pierde mucho en transparencia. La sustentabilidad tampoco puede tener a su favor la gran exactitud, porque la crítica a la representación proporcional personalizada debido al incomprensible cálculo de escaños y la exigencia de un cambio fundamental del sistema electoral estaría aumentando. Este paso fue realizado recientemente por el antiguo juez constitucional Hans Hugo Klein (Frankfurter Allgemeine Zeitung del 14 de Agosto de 2008: 7). Partiendo del derecho del ciudadano, para que "el sistema electoral sobre cuyo fundamento se elige el parlamento, se pueda entender sin la utilización de expertos en sistemas electorales y matemáticos", considera la opción de introducir "el sistema electoral de mayoría fácilmente comprensible para cada persona."

III. REPRESENTACIÓN PROPORCIONAL PERSONALIZADA COMO TIPO DE SISTEMA ELECTORAL

Al TCF siempre le ha resultado difícil definir y clasificar el sistema electoral para el parlamento alemán. Es sintomática la sentencia del 10 de abril de 1997, con la que los escaños excedentes sin compensación proporcional fueron declarados como compatibles con la Ley Fundamental. La votación en el Tribunal fue de cuatro contra cuatro. El primer grupo de los jueces constitucionales utilizó diversas descripciones para explicar cómo debería entenderse la representación proporcional personalizada, comenzando por la imagen de la combinación de la representación por mayoría y representación proporcional, pasando por la de un sistema proporcional compensatorio hasta la de una representación proporcional con "mayoría intercalada". La proporcionalidad en la distribución de los escaños, resultante de los segundos votos, no habría sido establecida por el legislador como un criterio exclusivo, aun cuando la elección del Parlamento tuviera el carácter fundamental de una elección por representación proporcional. Por el contrario, el otro grupo de jueces definió de manera concluyente al sistema electoral de la República Federal como de representación proporcional, realmente desatendiendo la problemática de combinación de sus elementos constitutivos y de esta manera orientando la evaluación del sistema de forma exclusiva en la proporcionalidad, como si la distribución proporcional fuera el único criterio.

Según la Ley Electoral Federal artículo 1 párrafo 1 oración 2, se elige de acuerdo al principio de una representación proporcional vinculada con la elección de personas. Ni siquiera se menciona a la representación por mayoría. Sólo en la determinación del criterio de decisión para la "elección en circunscripciones (uninominales)" (artículo 5 frase 2: "será electo el candidato que obtenga el mayor número de votos") se señala que se elegirá a través de la mayoría relativa. El concepto representación proporcional "personalizada" pone el acento todavía más claro. Se trata de la representación proporcional. La incorporación de elementos relativos a la elección de personas no lo cambia en lo más mínimo, por lo que todas las definiciones que denominan al sistema electoral alemán como un sistema mixto, llevan al error. La representación proporcional como principio de representación para la elección del parlamento alemán en su totalidad se combina con el criterio de decisión de la mayoría con la finalidad de elegir a personas en el caso de la mitad de los integrantes del parlamento. Con esta combinación pueden darse limitaciones al principio de proporcionalidad, cuya utilización ilimitada de todas formas no fue deseada a través de la introducción de la barrera legal.

En la sentencia aquí comentada se continúa con la inseguridad del TCF en la definición del sistema electoral alemán, en la medida en que en una parte señala que tiene lugar una "compensación proporcional a través de los escaños adjudicados por la representación proporcional", mientras que en otro lado, se destaca, por el contrario, "que el primer voto decide fundamentalmente sólo cuáles personas llegarán como diputados por una circunscripción uninominal al parlamento, pero —en principio— la relación de las fuerzas políticas sólo se determina por la proporción de segundos votos". Las diferencias definitorias parecen insignificantes, incluso irrelevantes bajo criterios matemáticos. Sin embargo, empíricamente no lo son debido a que los sistemas de representación proporcional con escaños compensatorios —llamados sistemas electorales compensatorios— aspiran a una distribución proporcional, que frecuentemente no alcanzan porque intervienen muchas otras variables que lo impiden. En la configuración técnica también se pueden fijar acentos que permiten perseguir otros objetivos que los de la proporcionalidad.

Este es el caso de la representación proporcional en Hungría, donde primero se distribuyen 176 escaños en circunscripciones uninominales según mayoría absoluta con balotaje. Las desproporciones resultantes se intentan corregir en dos subsecuentes fases de adjudicación de 210 escaños en total. Sin embargo, la intencionada alta proporcionalidad de los resultados electorales no fue alcanzada debido a efectos contrarios de los modelos de comportamiento de los partidos y del electorado (véase Nohlen, 2004: 306-314). Como otro ejemplo podría servir Italia después de la reforma de 1993, sobre todo en relación a los efectos de los factores de contexto (véase Nohlen 2009: 222-228). En la representación proporcional personalizada, por el contrario, está garantizada la distribución proporcional de escaños a los partidos en cada caso, a través de la utilización de la regla de decisión proporcional a nivel nacional. La definición de los sistemas electorales es sin duda de importancia para precisar el significado que se puede atribuir en su valoración a determinados criterios normativos (véase Meyer 1978: 182).

IV. EL PRINCIPIO DE LA IGUALDAD DEL SUFRAGIO

Aquí no es el lugar para reproducir la historia de la aplicación del principio de igualdad por parte del tribunal más alto, en relación a los elementos individuales de la representación proporcional, entre ellos los escaños excedentes (véase Nohlen/Nohlen 2007, véase también Nohlen 2008b: 31-78). Me limitaré a los argumentos centrales del TCF en relación con el peso negativo del voto, los cuales tienen que ver con los conceptos de igualdad, igualdad de valor de logro e igualdad de oportunidad de logro.

El TCF sostiene que el principio de igualdad de elección estaría lesionado, porque requiere que el valor de logro de cada voto sea igual. Según el Tribunal, esto implica que el voto "debe poder desenvolver un efecto positivo" para el partido para el que fue otorgado (BVerfG 2 BvC 1/07 y 2 BvC 7/07). También la igualdad de oportunidad de logro sería afectada, cuando con la emisión de un voto surge la posibilidad de dañar la propia finalidad del voto.

Los sistemas electorales se distinguen precisamente en que diferencian el valor de logro de los votos. Esto también lo ha expresado el TCF ya al inicio de sus resoluciones sobre el sistema electoral, e incluso ha hecho depender la igualdad de valor de logro del sistema electoral. Conforme a esto, ella vale para la representación proporcional como criterio de la igualdad del voto, pero no para la representación por mayoría (aunque se tiene que recordar que el Tribunal piensa respecto a esta alternativa básica en la regla de decisión y no en el principio de representación). Al mismo tiempo, con esta diferenciación rígida el TCF ha sometido a la representación proporcional al criterio estricto de garantizar un máximo en igualdad de valor de logro de los votos. Desde entonces, las desviaciones de la igualdad del voto tienen que fundamentarse. Esto se ha aplicado en el sistema de representación proporcional personalizada para las barreras legales, el requisito de escaños mínimos para participar en la distribución proporcional de los escaños (*Grundmandatsklausel*), los escaños excedentes y el procedimiento de cómputo. Todos y cada uno fueron revisados por el TCF respecto a su conformidad con la Constitución, y en principio fueron considerados como compatibles con el principio de igualdad.

El enfoque de la investigación comparada de los sistemas electorales es sin duda diferente. Representación proporcional y representación por mayoría (ambos definidos como principios de representación) varían internamente en valor de logro de los votos. Los sistemas de representación proporcional aspiran en mayor medida a la igualdad de valor de logro que los sistemas de mayoría. Pero ni es correcto que los sistemas de representación proporcional estén obligados a alcanzar la mayor aproximación posible de ambos valores, ni que estos puedan ser garantizados a través de la más alta medida en lealtad al principio de proporcionalidad formal. Las particularidades empíricas deben ser consideradas.

El grado de igualdad de valor numérico y valor de logro de los votos no depende por cierto sólo de la configuración del sistema electoral, sino del sistema de partidos y de la conducta de los electores. En general, resulta válido que: entre más partidos (posiblemente como consecuencia de la representación proporcional), menor es la igualdad de valor de logro. También el elector reacciona al sistema electoral y éste puede hacerle equivocarse en su cálculo. En general es válido que: entre más proporcionalidad se incorpore en un sistema electoral, tanto más pronto el elector está inclinado a esperar que su voto cuente, también para pequeños y muy pequeños partidos. Él subestima las barreras naturales de representación que de todos modos están dadas con la pura matemática debido al número limitado de escaños disponibles (fíjense en la relación entre el tamaño del electorado y del parlamento), por lo que, sumados los votos de los partidos que no sobrepasan la barrera natural, un número grande de votos puede no contar. Los votos que corresponden a candidatos o a partidos que no fueron exitosos, dejan de hecho que se contraiga la igualdad de valor de logro del sistema proporcional. Por el contrario, si a través de barreras efectivas que limitan de manera reconocible la igualdad de valor de logro, el elector es estimulado a votar útil, es decir a otorgar su voto a partidos o candidatos que tienen la posibilidad de ser elegidos, entonces se reduce el número de votos que permanecen sin logro. De hecho aumenta la igualdad de valor de logro de los votos. Estas consecuencias contradictorias al respectivo propósito teórico, que efectivamente demuestran sistemas de representación proporcional puros y con barreras legales, las denomino "paradoja de proporcionalidad".

Es entonces posible que mediante la dotación de un sistema electoral con más igualdad de valor de logro teórico, surja una menor igualdad de valor de logro efectivo. A partir de una determinada medida de realización de la idea de ajustar por legislación electoral el valor numérico y el valor de logro de los votos, se puede en general sostener lo siguiente: cuanto más proporcionalidad, tanto menor igualdad de valor de logro. Por ello el argumento de la igualdad de valor de logro para la valoración de los sistemas de representación proporcional es sólo limitadamente adecuado y puede empíricamente contradecirse por sí mismo. Por esta razón tampoco es conveniente argumentar que el principio de igualdad de voto estaría siendo lesionado, porque él favorecería que el valor de logro de cada voto fuera igual. Ya no es razonable asegurar que el principio de igualdad del voto, concretado en la igualdad de valor de logro, significaría que los votos que fueron otorgados para los partidos "deben poder desenvolver un efecto positivo". Sólo es razonable descartar que la emisión del voto para un partido desenvuelva un efecto negativo en su contra.

En el fondo vale descartar desde una perspectiva jurídico legislativa (*rechtspolitisch*), que un sistema electoral posibilita que mediante la emisión de un voto existe el peligro que ese voto —que debería favorecerlo— pueda tener efectos en contra del partido; formulado de manera general, que el voto impacta contra el objetivo que persigue. El problema no es por ello que los sistemas electorales estimulen al elector a que se comporte tácticamente en su voto, para abrirse paso a su voluntad política, a la representación parlamentaria, al triunfo electoral de un partido, al surgimiento de una determinada coalición de gobierno. Es suficiente que el elector pueda reconocer el mecanismo de logro de un sistema electoral y correspondientemente pueda comportarse de manera racional. Así, la conducta electoral de muchos electores de la CDU en la elección complementaria en Dresden —lo que llevó la cuestión del peso desigual ante el TCF— ha sido del todo legítima y habla de la inteligencia de los electores. Ellos supieron utilizar el sistema para no perder ningún escaño. La elección complementaria en Dresden ha echado más bien luz sobre el problema, que el elector normalmente en el cálculo de los escaños directos en el nivel de los *Länder* no puede apreciar, si su voto para un partido también tiene este beneficio, si ayuda a fortalecer su parte de escaños, o si tiene el efecto contrario. Es la falta de transparencia la que expone el voto de un elector a efectos arbitrarios. El elector no puede comportarse racionalmente. Decisivo por consiguiente, no es considerar la conducta electoral táctica como ajena a la esencia de la elección o contraria a la igualdad de voto, sino la falta de transparencia del mecanismo de efectos en la vinculación de los elementos individuales del sistema electoral.

Esta diferenciación es importante en la medida en que sin ella, el terreno argumentativo es preparado para evaluar constitucionalmente otros mecanismos del sistema electoral que posibilitan e impulsan la conducta táctica electoral. Se debe pensar, por ejemplo, en el sistema de doble voto de la representación proporcional personalizada, que ya ha ocasionado una queja constitucional.

En general, son unidimensionales las reflexiones que van en la dirección de medir a los sistemas electorales bajo la idea adoptada estrictamente de la igualdad de valor de logro, y de requerir la mayor aproximación posible entre igualdad de valor numérico e igualdad de valor de logro. Ellas desatienden los efectos secundarios y los posibles costos derivados. Lesionan también el precepto de que los sistemas electorales persiguen más que un solo objetivo. Sin duda, en la representación proporcional el resultado más apreciado es la proporcionalidad, mucho más que en el sistema de mayoría, pero no se justifica ninguna consideración parcial.

El TCF introduce en su sentencia además el argumento de que también la igualdad de oportunidad de logro sería afectada a través del peso negativo del voto, cuando con la emisión de un voto existe el peligro de dañar el propio objetivo del voto. Seguramente la igualdad de oportunidad de logro relativiza el principio de la igualdad de valor de logro, de la misma manera como lo hace la igualdad de oportunidades con el principio de igualdad. Con ello el Tribunal quizá quiere expresar que, tampoco por pretensiones más pequeñas de igualdad a un sistema electoral, puede ser aceptado un efecto inverso a la intención electoral del voto entregado. Aunque también las posibilidades de éxito que tienen los electores, son diferentes de acuerdo a los sistemas electorales, también y precisamente en los sistemas de representación proporcional.

Mientras que en el clásico sistema de mayoría relativa en general las posibilidades de éxito para los electores de los partidos más pequeños a nivel nacional son, en principio, igual a cero debido a la utilización de la regla decisoria de pluralidad en distritos uninominales, en los sistemas de representación proporcional las posibilidades de éxito son altamente diferentes, no sólo entre éstos, sino también dentro de cada sistema. En los sistemas de representación proporcional con circunscripciones de distinto tamaño no está dada de ningún modo la igualdad de oportunidad de logro de los votos. En circunscripciones grandes existen tendencialmente algunas posibilidades de éxito para los electores de pequeños partidos, en pequeñas circunscripciones no. Empíricamente, la distribución geográfica de las preferencias de los electores es una variable importante en el caso particular.

V. EL PRINCIPIO DE LA INMEDIATEZ DE LA ELECCIÓN

El TCF también ve lesionado el principio de la inmediatez de la elección. De nuevo argumenta aquí con el efecto positivo o negativo del voto y considera que el principio estaría lesionado porque el elector no podría reconocer qué efectos tendría su voto.

Las elecciones para el *Bundestag*, según establece el artículo 38 de la Ley Fundamental, son directas. El principio de la inmediatez se refiere a que no se permite la intervención de ningún gremio intermediario entre los electores y el órgano representativo a integrar. La referencia al procedimiento de la elección del Presidente en Estados Unidos puede ser suficiente para dejar claro *ex negatione,* qué significa aquí inmediatez. En Estados Unidos, los electores en los Estados miembro eligen a electores de segundo grado que a su vez elegirán al Presidente (véase Lindner/Schultze 2005: 646-729). Estas elecciones son indirectas. Con ello puede suceder que un presidente elegido aglutine para sí los votos de la mayoría de los electores, aunque la mayoría de los votos no hayan sido para él. En principio, los electores de los Estados miembro están vinculados a la decisión de la mayoría de los electores. Sin embargo, también ha habido casos en los que los electores han procedido de manera diferente. La elección indirecta tiene entonces inconvenientes. En todo caso, la voluntad de los electores es mediatizada, lo que descarta la elección directa.

Ahora el TCF argumenta en su sentencia que también el principio de la elección directa estaría lesionado a través del peso negativo del voto. Por qué es así, se pregunta el lego en derecho. El recurrente argumentó que "porque los votos no tuvieron efecto directo, sino que los votantes estuvieron obligados a denegar sus votos a su partido". No se necesita explicar mucho que esta argumentación no tiene nada que ver con el verdadero objeto con el que es regulada la inmediatez del voto. Por otra parte, la descrita "obligación" no aparece mediante una elección normal (llevada a cabo en el mismo día en todo el territorio nacional), porque, como ya se mencionó, el elector no sabe cómo afecta su voto, consecuentemente él mismo tampoco se puede ver obligado a nada. El peso negativo del voto, como se ha establecido correctamente en la sentencia, "no es previsible ni planeable y no puede ser influenciado por el elector en particular". El elector sabe, sin embargo, cuáles son las oportunidades electorales de su partido en una elección rezagada (complementaria), cuando existen determinados cálculos; entonces el elector puede comportarse de manera táctica al emitir su voto, de modo que su partido obtenga la mayor utilidad.

¿Tiene sentido considerar la conducta electoral racional como elección no directa? El Tribunal no ha incluido la argumentación del recurrente, sin embargo ha considerado en la sentencia la lesión a la inmediatez de la elección. El principio exigiría "un procedimiento electoral en el que el elector pueda reconocer antes del acto de votar, cuáles personas concurren por un escaño parlamentario y cómo el propio voto puede afectar al éxito o fracaso de los candidatos. No sería decisivo que el voto tenga el efecto querido por el elector, ya bastaría la sola posibilidad de una influencia positiva en el resultado electoral", con lo cual se entiende probablemente una influencia en el sentido intentado por el elector. En realidad, a la elección pertenece la propuesta electoral (Sternberger 1961), es entonces un requerimiento a la elección en sí misma, no tanto a su inmediatez. El aspecto adicional se refiere a la transparencia para el elector, como ya más arriba se planteó: "cómo el propio voto puede afectar al triunfo o fracaso de los candidatos". En el fondo, dicho aspecto tampoco tiene que ver con la inmediatez. Resumiendo, se muestra poca sustancia para sostener que el peso negativo del voto lesionaría el principio de inmediatez de la elección.

Casi lo mismo sucede con la lesión de la libertad de elección, que se afectaría según el recurrente, "porque los electores, que podrían dañar a su partido con su voto, se abstendrían de ello, dejando de darle su voto". Es importante contradecir esta argumentación, porque de lo contrario se podría afirmar *a la longue* que un elector que vota racional, y aleja el daño a su partido a través cualquier tipo de conducta electoral, también infringiría a la libertad de elegir. Afortunadamente el TCF no ha hecho suyo el punto de vista del recurrente, esto sin embargo, sin una consideración más detenida.

Se pregunta además, si en realidad habría sido necesaria la argumentación del Tribunal en relación a la lesión de la inmediatez de la elección, que se sostiene en los efectos positivos o negativos del voto no previsibles. Porque la problemática de la incertidumbre sobre cuáles efectos tiene el voto, no se plantea más cuando ya no es admisible el voto con efectos negativos sobre el partido elegido. Hacer valer el principio de la inmediatez del voto no está para nada exento de problemas. De nuevo conviene tener presente que en un sinnúmero de sistemas electorales el elector no puede reconocer con exactitud al votar, qué sucede con su voto. Mientras que en los sistemas electorales de mayoría el votante puede formarse una idea al respecto, en los sistemas de representación proporcional es casi imposible que el votante tenga en la cabeza el mecanismo de cómputo, cuya utilización contribuye también en el efecto que su propio voto tenga en la determinación del resultado electoral, más aún, cuando hay diferentes niveles de cómputo, a través de los cuales su voto se cuenta de esta u otra manera. La inmediatez del voto no debe ponerse en duda por esta ignorancia natural. Aquí también sería conveniente hablar más bien de la transparencia, que debería estar garantizada en relación a la dirección del efecto que tenga el voto entregado. Los sistemas electorales son construcciones complejas y entre más exigencias tienen que cumplir, menos comprensible se convierte su *modus operandi*. La representación proporcional personalizada no es ninguna excepción. Desde luego debe existir la confianza de que todo sucede rectamente, pero esta confianza es socavada cuando un sistema electoral admite efectos paradójicos.

VI. ALTERNATIVAS DE REFORMA

En su sentencia, el TCF obliga al legislador a llevar a cabo una reforma al sistema electoral en concordancia con la Constitución. Para poder entender claramente qué significaría "conforme a la Constitución", ha esbozado posibilidades de reforma: o abandono de vinculaciones de listas a nivel de distribución nacional de los escaños, o que el cómputo de escaños directos se efectúe no a nivel regional sino a nivel federal, o que la elección del *Bundestag* sea por mitades: una mitad según el principio de mayoría y otra según la representación proporcional (sistema segmentado). Con la consideración de que también otro tipo de sistema electoral —y el sistema segmentado es uno de ellos— sería una opción viable constitucionalmente, el Tribunal ha proporcionado al legislador un ámbito de acción notablemente creativo. En virtud de que el TCF nunca ha puesto en duda que también un sistema electoral de mayoría sería conforme a la Constitución, todas las opciones parecen abiertas. Algunas posturas de personalidades de la vida pública, para introducir este o aquel sistema electoral de mayoría, nutren igualmente esta posición.

La experiencia internacional en las reformas electorales dice, sin embargo, que son raras las reformas fundamentales (Nohlen 1984, Lijphart 1994, Katz 2008). Al contrario, tienen lugar pequeñas reformas, adaptaciones de los sistemas electorales vigentes a nuevas experiencias y (leves) objetivos modificados. Dichas reformas tienen la ventaja de que sus efectos probables pueden ser mejor previstos, tanto los efectos queridos como también los famosos y desacreditados efectos secundarios. Es importante recordar que todos los sistemas electorales tienen ventajas y desventajas y que no existe un mejor sistema electoral, sino sólo aquel que mejor funcione. Sin embargo, sobre la forma adecuada deciden en los procesos de reforma, no los dadores de ideas en los medios de comunicación que recurren con gusto a los sistemas electorales clásicos de la representación por mayoría, y los expertos en sistemas electorales, que dominan el moderno *institutional engineering,* sino los partidos políticos. Y ellos son altamente precavidos en relación a las grandes reformas. También son cautelosos para pequeñas reformas motivadas sobre todo por intereses de poder; en su desarrollo cuentan no tanto las posibles ventajas partidistas, sino el afán de impedir una posible desventaja partidista. Sin embargo, ahora una reforma es obligatoria.

La solución más probable es, seguramente, efectuar la adjudicación de los escaños directos no más en el nivel de las listas de los Estados miembro, sino en el nivel nacional, inmediatamente después de la distribución proporcional de los escaños a los partidos políticos. El tipo de sistema electoral de representación proporcional personalizada en principio no se vería afectado por una reforma como esta. Sería la corrección del sistema vigente más neutral para los partidos, la más cuidadosa de las instituciones y no afectaría las virtudes de la representación proporcional personalizada. Ciertamente, con la reforma del cálculo de los escaños excedentes, se volvería caduca la parte relevante de los escaños en la vinculación de la elección de personas con la representación proporcional, de la que pueden surgir efectos formadores de mayoría. Pero, ¿sería suficiente tal reforma mínima, para salir de manera constructiva de la crisis de confianza del sistema electoral?

VII. CONSIDERACIONES FINALES

La crítica a la argumentación del TCF no tiene que ver con mi apreciación de que el resultado obtenido convence. El elemento no necesario en el sistema de representación proporcional personalizada, el peso negativo del voto, tiene que ser suprimido. Seguramente es de apreciar que el Tribunal ha reconocido de nuevo la posibilidad de diferenciaciones en el sistema electoral, que se apartan de requerimientos de la igualdad de valor de logro. Se requieren por ello razones que deben estar legitimadas por la Constitución. "Son suficientes en esta relación" —así establece el Tribunal— "razones satisfactorias resultantes de la naturaleza del ámbito de la elección del órgano de representación popular. Aquí cuenta en especial la realización de los objetivos perseguidos con la elección. A ello pertenecen la seguridad del carácter de la elección como uno de los procedimientos para la integración de la formación de la voluntad política del pueblo y la garantía de la capacidad de funcionamiento de la representación popular a elegir" (BVerfG 2 BvC 1/07 y 2 BvC 7/07, Rn 98; véase también BVerGE 95, 408, 418).

Hubiera sido deseable que el TCF en su argumentación hubiese procurado validez decidida y consistente a estas generales y muy fundadas reflexiones. Ellas se pueden vincular sin más con las funciones consideradas esenciales del sistema electoral, que he abstraído de los debates internacionales de reforma (véase Nohlen 2004: 147 y sig.), como son las funciones de representación (proporcionalidad), concentración (gobernabilidad), participación (elección de personas), sencillez (transparencia) y legitimidad (reconocimiento merecido y tributado). En lugar de eso, el TCF orienta —sobre lo que yo he intentado llamar la atención— la valoración de la representación proporcional personalizada en una sola función, la igualdad del valor de logro, y radicaliza esta función en varias argumentaciones, que para la fundamentación de la sentencia resultante no habrían sido para nada necesarias. Con ello, el Tribunal decae en parte en una acrobacia argumentativa, especialmente llamativa en la fundamentación de la lesión de la inmediatez de la elección, que asimismo resulta incomprensible como la parte criticada del sistema electoral — sólo con la diferencia de que a aquélla se le puede encontrar racional. Desde mi punto de vista, no se trata de argumentar en favor de reforzar y asegurar formal y normativamente la igualdad de valor de logro, entre otras razones debido al efecto paradójico demostrado de tales intentos de maximización, sino sólo de eliminar de la legislación el valor de logro inverso, es decir, evitar que la emisión de un voto por un partido pueda ocasionar una carga de efecto negativo para ese partido, sin que el elector lo pueda saber al momento de emitir su voto.

Si la impresión no falla, los juristas y matemáticos se han apoderado cada vez más del tema de los sistemas electorales.[10] Si al principio de la República Federal el objeto de los sistemas electorales fue tratado fuertemente por los politólogos —de una entonces todavía joven disciplina—, tanto en lo relativo a lo normativo como a lo empírico (Ferdinand A. Hermens, Dolf Sternberger, Rudolf Wildenmann, Werner Kaltefleiter etc.), los que sin excepción favorecieron la representación por mayoría o los elementos formadores de mayorías en el sistema electoral, entonces el cuadro ha completamente cambiado.

La actitud reservada de los politólogos (exceptuando a Eckard Jesse, entre otros 2003, véase también Pehle 1999) tiene seguramente que ver con que la representación proporcional personalizada entretanto se ha acreditado, e internacionalmente se ha convertido en un modelo de sistema electoral; en algunos países incluso ha sido introducida y en Nueva Zelanda ha desplazado al tradicional sistema de mayoría relativa (véase Lösche 2004). En Gran Bretaña, la hasta el momento última comisión para la reforma electoral en 1998 se pronunció a favor de un sistema electoral combinado según la comprensión del sistema alemán (véase Nohlen 2009: 303 y sig.).

Mientras en la ciencia política el debate sobre el sistema electoral perdió intensidad — Sternberger consideró a finales de los años 1970 que debido a la práctica de las reglas de juego no se debería efectuar ninguna modificación que lo trastornaran en lo fundamental — los juristas y los matemáticos se quedaron con el balón; los juristas como consecuencia de la objeción contra “los absurdos” de la representación proporcional personalizada, que resultan de la vinculación de diferentes elementos de la regla decisoria (de acuerdo a la pluralidad en los distritos uninominales) y principio de representación (en el nivel de la integración del parlamento por los partidos). El TCF había participado de manera decisiva en esta preemi-

10 Es una lástima que el reconocido jurista especialista en sistemas electorales, Hans Meyer haya fungido no como experto, sino como apoderado, es decir como abogado del recurrente. Como único perito fue invitado un matemático, lo que no habla en contra del colega Friedrich Pukelsheim, quien ha hecho un sobresaliente trabajo en el ámbito de los aspectos matemáticos de la investigación de los sistemas electorales, y que ha sido entretanto galardonado con el Premio de Investigación del Instituto Max Planck.

nencia con sus sentencias en relación a la barrera legal, al sistema de doble voto y a los escaños excedentes. Los matemáticos de nuevo descubrieron los procedimientos de cómputo en sistemas de representación proporcional como campo de ejercicio de sus modelos matemáticos. Mientras a nivel internacional la gran mayoría de los países en los que se elige según la representación proporcional, se utiliza el sistema d'Hondt, o el más sencillo procedimiento (cuota Hare más resto mayor), en Alemania se introdujo el procedimiento Hare/Niemeyer, del que ahora se dice, llevaría a resultados paradójicos, y ahora el procedimiento Sainte Laguë/Schepers (introducido en 2008; véase Nohlen 2009: 327 y sig.), que es muy complicado, trabaja con redondeos y agita el material numérico, hasta que surge la mejor proporcionalidad supuesta con ello (Pukelsheim 2000). Respecto a la igualdad de valor de logro, los juristas y matemáticos tienen una *idée fixe* común.

Si se considera que dado el desarrollo de un sistema de cinco partidos, corresponden menos componentes de los votos a aquellos dos partidos que hasta ahora estaban casi exclusivamente en la posición de obtener escaños uninominales, se hace entonces reconocible cuál componente formador de mayorías en forma de escaños directos se pierde precisamente en un tiempo, donde éstos bien podrían contribuir en su caso a la formación de mayorías. Más allá de todas las sutilezas de la explicación en el surgimiento de escaños excedentes (véanse Grotz 2000, Behnke 2003), cada quien puede discernir que en una situación de fuerte concentración de los votos en dos (o dos y medio) partidos surgen pocos escaños excedentes, pero aumentan en la medida en que la parte de los votos totales de los dos grandes partidos disminuye, sin que terceros partidos puedan alcanzar escaños uninominales.

Por eso es razonable promover en la reforma del sistema electoral no sólo un arreglo "conforme a la Constitución", sino también pensar en una substitución del elemento de mayoría ahora suprimido, que precisamente estaría en la posibilidad de desenvolver un efecto relativo de formación de mayoría cuando la proporción (a pesar de la validez de una barrera legal, hoy común y corriente en casi todos los sistemas de representación proporcional) da rienda suelta a la desconcentración en el sistema de partidos políticos y a las crecientes dificultades en la formación de mayorías parlamentarias. Por la pérdida de escaños excedentes como recursos relevantes del elemento mayoritario en el sistema electoral alemán, la representación proporcional personalizada merece una compensación que favorezca la formación de mayorías parlamentarias, para no dejar surgir problemas de gobernabilidad *à la* Weimar.

VIII. BIBLIOGRAFÍA

Behnke, Joachim 2003: Von Überhangmandaten und Gesetzeslücken [De Escaños excedentes y vacíos legales], en: Aus Politik und Zeitgeschichte B 52, 21-28.

Behnke, Joachim 2003a: Ein integrales Modell der Ursachen von Überhangmandaten [Un modelo integral de causas de los escaños excedentes], en: Politische Vierteljahresschrift 44 (1), 41-65.

Braunias, Karl 1932: Das parlamentarische Wahlrecht [El derecho electoral parlamentario], 2. Band, Berlin/Leipzig: Walte der Gruyter.

Cox, Gary W. 1997: Making Votes Count. Strategic Coordination in the World's Electoral Systems, Cambridge: Cambridge University Press.

Fromme, Friedrich Karl 1960: Von der Weimarer Republik zum Bonner Grundgesetz [De la República de Weimar a la Ley Fundamental], Tübingen: Mohr.

Frowein, Jochen Abr. 1974: Die Rechtsprechung des Bundesverfassungsgerichts zum Wahlrecht [La jurisprudencia del Tribunal Constitucional sobre el derecho electoral], en: Archiv des öffentlichen Rechts 99, 72-110.

Grotz, Florian 2000: Die personalisierte Verhältniswahl unter den Bedingungen des gesamtdeutschen Parteiensystems. Eine Analyse der Entstehungsursachen von Überhangmandaten seit der Wiedervereinigung [La representación proporcional personalizada bajo las condiciones del sistema de partidos alemán. Un análisis de las causas de surgimiento de los escaños excedentes desde la reunificación], en: Politische Vierteljahresschrift 41(4), 707-729.

Hermens, Ferdinand A. 1968: Demokratie oder Anarchie. Untersuchungen über die Verhältniswahl [Democracia o anarquía. Investigaciones sobre la representación proporcional], 2. Aufl., Köln/Opladen: Westdeutscher Verlag.

Jesse, Eckard 2003: Reformvorschläge zur Änderung des Wahlrechts [Propuestas de reforma para la modificación del derecho electoral], en: Aus Politik und Zeitgeschichte 41 (4), 3-11.

Katz, Richard S. 2008: Why are there so Many (or so Few) Electoral Reforms, en: Michael Gallagher/ Paul Mitchell (Eds.): The Politics of Electoral Reform, Oxford: Oxford University Press, 57-79.

Klein, Hans Hugo 2008: Eine klare Wahl [Una elección clara], en Frankfurter Allgemeine Zeitung, 14. August, 7.

Lijphart, Arend 1994: Electoral Systems and Party Systems, Oxford: Oxford University Press.

Lindner, Ralf y Schultze, Rainer-Olaf 2005: United States of America, en: Nohlen, Dieter (Ed.) 2005: Elections in the Americas, dos tomos, Oxford: Oxford University Press, primer tomo, 646-729.

Lösche, Peter 2004: Do Electoral Systems Matter? Überlegungen am Beispiel Neuseelands [Do Electoral Systems Matter? Reflexiones sobre el ejemplo de Nueva Zelanda], en: Zeitschrift für Parlamentsfragen 35 (2), 340-358.

Meyer, Hans 1973: Wahlsystem und Verfassungsordnung. Bedeutung und Grenzen wahlsystematischer Gestaltung nach dem Grundgesetz [Sistema electoral y orden constitucional. Significado y límites de la configuración del sistema electoral según la Ley Fundamental], Frankfurt/Main: Metzler-Verlag.

Meyer, Hans 1987: Demokratische Wahl und Wahlsystem [Elección democrática y sistema electoral], en: Josef Isensee/Paul Kirchhof (Comp.): Handbuch des Staatsrechts der Bundesrepublik Deutschland, Band 2, Tübingen: Mohr, 249-267.

Meyer Hans 1994: Der Überhang und anderes Unterhaltsames aus Anlass der Bundestagswahl 1994 [El excedente y otros temas amenos con motivo de la elección parlamentaria de 1994], en: Kritische Vierteljahresschrift für Gesetzgebung und Rechtswissenschaft 77, 312-362.

Nohlen, Dieter 1969: Begriffliche Einführung in die Wahlsystematik [Introducción conceptual en la sistemática electoral], en: Dolf Sternberger / Bernhard Vogel (Eds.) Die Wahl der Parlamente und anderer Staatsorgane, Band I: Europa, Berlin: Walter de Gruyter, 1-54.

Nohlen, Dieter 1978: Wahlsysteme der Welt [Sistemas electorales del mundo], München: Piper.

Nohlen, Dieter 1981: Sistemas electorales del mundo, Madrid: Centro de Estudios Constitucionales.

Nohlen, Dieter 1984: Changes and Choices in Electoral Systems, in: Arend Lijphart/ Bernie Grofman (Eds.): Choosing an Electoral System, New York: Praeger, 217-224.

Nohlen, Dieter 2004: Sistemas electorales y partidos políticos, tercera ed., México: Fondo de Cultura Económica.

Nohlen, Dieter 2008a: Sistemas electorales en su contexto. Introducción de José Reynoso Núñez, México: UNAM.

Nohlen, Dieter 2008b: Derecho y política en su contexto. Introducción de Pedro Salazar Ugarte, México: UNAM.

Nohlen, Dieter 2009: Wahlrecht und Parteiensystem [Derecho electoral y sistema de partidos], sexta ed., Opladen: Barbara Budrich.

Nohlen, Dieter/ Nohlen, Nicolas 2007: El sistema electoral alemán y el Tribunal Constitucional Federal, La igualdad electoral a debate- con una mirada a Venezuela, *Revista de Derecho Público* 109 (Caracas), 7-26.

Nohlen, Dieter/Stöver, Philip (Eds.) 2010: Elections in Europe, Baden-Baden: NOMOS.

Norris, Pippa 2008: Electoral Engineering. Voting Rules and Political Behavior, Cambridge: Cambridge University Press.

Pappi, Franz U./ Shikano, Susumu 2007: Wahl und Wählerforschung [Elecciones e investigación electoral], Baden-Baden: Nomos.

Pehle, Heinrich 1999: Ist das Wahlrecht in Bund und Ländern reformbedürftig? Eine Bilanz seiner Mängel und Ungereimtheiten [¿Debe reformarse el derecho electoral en la Federación y en los Länder? Un balance de sus carencias y absurdos], en: Gegenwart 2, 233-256.

Poier, Klaus. 2001: Minderheitenfreundliches Mehrheitswahlrecht [Sistema electoral mayoritario abierto a las minorías], Wien u.a.: Böldau.

Pukelsheim, Friedrich 2000: Mandatszuteilungen bei Verhältniswahlen: Vertretungsgewichte der Mandate [Distribución de escaños en la representación proporcional: peso de representación de los escaños], en: Kritische Vierteljahresschrift für Gesetzgebung und Rechtswissenschaft 83 (1), 76-103.

Sartori, Giovanni 1994: Comparative Constitutional Engineering, An Inquiry into Structures, Incentives, and Outcomes, Houndmills, u.a.

Sternberger, Dolf 1961: Über Vorschlag und Wahl. Umriß einer allgemeinen Theorie [Sobre propuesta y elección. Perfil de una teoría general], en: Karl Heinz Kaufmann/ Helmut Kohl/Peter Molt: Kandidaturen zum Bundestag, Köln: Westdeutscher Verlag, Prólogo.

Sternberger, Dolf 1964: Die große Wahlreform [La gran reforma electoral], Opladen: Westdeutscher Verlag.

Vogel, Bernhard /Nohlen, Dieter / Schultze, Rainer-Olaf 1971: Wahlen in Deutschland [Elecciones en Alemania], Berlin-New York: Walter de Gruyter.

Wildenmann, Rudolf/ Kaltefleiter, Werner/ Schleth, Uwe (Hrsg.) 1965: Auswirkungen von Wahlsystemen auf das Parteien- und Regierungssystem der Bundesrepublik [Efectos de los sistemas electorales en el sistema de partidos y de gobierno de la República Federal], en: Scheuch, Erwin/ Wildenmann, Rudolf (Eds.): Zur Soziologie der Wahl, Köln/Opladen: Westdeutscher Verlag, 74-112.

LOS PRINCIPIOS DE LA ACTIVIDAD DE INTERMEDIACIÓN FINANCIERA EN LA RECIENTE JURISPRUDENCIA DE LA SALA CONSTITUCIONAL

José Ignacio Hernández G.
Profesor de la Universidad Central de Venezuela

Resumen: *El artículo analiza los criterios de la Sala Constitucional del Tribunal Supremo de Justicia sobre el marco constitucional aplicable a la regulación bancaria.*

I. LOS SEIS PRINCIPIOS QUE RIGEN A LA ACTIVIDAD DE INTERMEDIACIÓN FINANCIERA

Con ocasión de decidir sobre el recurso de nulidad de los numerales 1, 2, 3, 7, 8, 10, 15 y 18 del artículo 185 y el artículo 187 de la Ley General de Bancos y Otras Instituciones Financieras (los cuales desarrollan ciertas prohibiciones relacionadas con operaciones realizadas por personas vinculadas a la las instituciones financieras, facultando a la Superintendencia para su modificación), la Sala Constitucional del Tribunal Supremo de Justicia ha interpretado el marco constitucional aplicable a la regulación bancaria.

Así, en sentencia de 13 de agosto de 2009, con ponencia del Magistrado Carmen Zuleta de Merchán, la Sala declaró sin lugar el recurso de nulidad intentado, por considerar que las normas impugnadas no resultaban atentatorias a las cláusulas económicas de la Constitución económica. Para ello, la Sala estableció los ***principios que rigen a la actividad de intermediación financiera:***

.- En primer lugar, se afirma la **función social** que la actividad de intermediación financiera cumple "*visto que su funcionamiento constituye una de las áreas más relevantes y complejas en cualquier economía del mundo contemporáneo*". Reiterando la doctrina contenida en la sentencia N° 1107/2008, la Sala insiste en que la regulación bancaria "*debe ser conforme con el modelo de Estado Social de Derecho y de Justicia que adopta la Constitución*".

.- En *segundo* lugar, y como consecuencia de lo anterior, la Sala Constitucional reconoce la ***libertad de configuración*** con la que cuenta el Poder Legislativo para ***conformar el sistema bancario***, de acuerdo con su función social. Esto ha justificado –ha decir de la Sala- la existencia de prohibiciones en las distintas Leyes bancarias dictadas, prohibiciones que –como sucede en las normas cuya nulidad se solicitó- se justifican al orientarse moldear el sistema bancario de acuerdo con los principios de "*transparencia, eficacia y pulcritud*", evitando "*la distracción de los fondos recibidos del público en inversiones de alto riesgo*". En relación con lo anterior, observó la Sala "*cómo una crisis financiera ha sido en parte producto de la desatención de las normas equivalentes a las hoy impugnadas*". Al atender a estos fines de interés general, se estimó que las prohibición cuya nulidad se solicitó, no menoscaban el contenido esencial de la actividad de intermediación financiera ni resultan desproporcionadas.

.- El *tercer* principio aceptado en la sentencia de la Sala Constitucional citada es la ***ordenación jurídica de libertad económica en virtud de la cláusula del Estado social.*** Para la Sala, las restricciones a la libertad económica en materia bancaria, responden a la necesidad de tutelar los derechos de los usuarios del sistema financiero, lo que justifica, por ello, la existencia de la propia regulación bancaria.

.- En *cuarto* lugar, afirmó la Sala Constitucional ***la función social de la propiedad privada en la actividad de intermediación financiera.*** Para la Sala Constitucional, la propiedad privada no es más un derecho individual, sino que es un derecho que tiene una función social, lo que supone "*un criterio de valoración de las situaciones subjetivas con los principios de solidaridad social, utilidad pública, bienestar colectivo y otros de interés general o social que hace ceder los poderes del propietario ante las legítimas demandas de la sociedad*".

.- En *quinto* lugar, y como derivación de lo anterior, la Sala Constitucional ***negó la aplicación del derecho de propiedad privada sobre los depósitos***, reconociendo el poder de amplia configuración del Estado para regular el uso de tales depósitos. Para afirmar esta premisa, la Sala afirma que "*los bancos funcionan con capital propio y con capital captado de los usuarios*". Esto lleva a la Sala ha efectuar una acotación equívoca:

> "Por otra parte, en el caso de los depósitos bancarios, los depósitos a plazo y a la vista, por ejemplo, estos son activos en el patrimonio de los bancos destinados a la realización de operaciones de intermediación financiera; y no en cambio, pueden ser utilizados en provecho o con ventaja por los accionistas del banco, pues, el poder de disposición del banco sobre los depósitos bancarios está restringidamente regulado (*ius in re aliena*)".

Entiende la Sala Constitucional que los depósitos son "*activos en el patrimonio de los bancos*", sujetos en su uso y disposición a la regulación bancaria, vista la función social que ellos cumplen. Para la Sala, el derecho que las instituciones financieras tienen sobre estos bienes es un *derecho sobre cosa ajena*, distinto a la propiedad, y que está limitado por esta función social, reconociéndose en todo caso que "*la actividad bancaria es una gestión de carácter mercantil y tiene fines de lucro*". A tal fin, invoca las *Normas Sobre la Imprescriptibilidad de los Depósitos de Ahorro,* dictadas por el Consejo Bancario.

Al ser un derecho sobre cosa ajena, la Sala justifica la ***amplitud*** de la regulación que puede desarrollar el Estado, basada en el principio de dispersión de riesgos, conforme al Comité de Basilea:

> "De tal manera que la disponibilidad de los capitales y las operaciones de intermediación financiera puede ser condicionadas con el fin de consolidar el aparato económico en aspectos que la planificación y la acción gubernamental consideren necesario, permitiendo a su vez el desempeño de las instituciones bancarias y sus similares con todas aquellas garantías y derechos que brinda del modelo socio-económico señalado en el artículo 299 y siguientes del Texto Fundamental".

Con ello, se reitera no sólo la función social declarada sobre la actividad de intermediación financiera –y por ende, sobre los derechos de libertad económica y propiedad privada- sino también, la amplia libertad de configuración reconocida al Estado para moldear el sistema bancario. En especial, esa libertad configuradora se predica en materia de limitaciones a la disponibilidad de los depósitos. Para la Sala, existe así, como principio, la "*restricción al carácter autónomo que pudiera considerar tener una institución financiera acerca de la titularidad y propiedad de los fondos depositados, observándose que tales recursos deben ser administrados conforme a reglas de estricto cumplimiento a fin de evitar daños y perjuicios a los depositantes, con lo cual queda en evidencia el carácter regulatorio que se ejerce sobre las operaciones del sector, en virtud de interés general que subyace en la dinámica financiera*". Por ello, entiende la Sala que las prohibiciones, que limitan la disponibilidad sobre depósitos, son cónsonas con contenido esencial de la libertad económica y propiedad privada.

.- En *sexto* y último lugar, la Sala reitera que, en materia bancaria, ***rige el principio de legalidad matizado,*** en tanto la Ley habilita a la Administración para que, mediante normas sub-legales, desarrolle y complemente lo dispuesto en la Ley General de Bancos, principios que ya ha afirmado la Sala, por ejemplo, en su sentencia N° 825/2004. Esta legalidad atemperada es justificada, por la Sala, en "*razones en la celeridad y en el manejo de aspectos técnicos por parte del órgano administrativo que aseguran la eficacia y la eficiencia en la labor supervisora de la actividad bancaria*", en especial, a través de la llamada *normativa prudencial.* Acota la Sala, en todo caso, que esta regulación sub-legal siempre debe estar subordinada a lo preceptuado en la Ley.

II. CONSIDERACIONES SOBRE LOS SEIS PRINCIPIOS QUE RIGEN A LA ACTIVIDAD DE INTERMEDIACIÓN FINANCIERA, DE CARA A LA CONSTITUCIÓN ECONÓMICA

La sentencia examinada presenta, para nosotros, puntos favorables y desfavorables en la comprensión de la regulación bancaria de cara a las cláusulas económicas de la Constitución de 1999. Lo primero que debe advertirse de esta sentencia, en todo caso, es que ella no puede ser interpretada aisladamente, sino en el contexto de la propia doctrina de la Sala Constitucional que ha abonado por la ***funcionalización social*** de la empresa privada, comenzando con sentencia N° 85/2002, de 24 de enero, dictada en el caso de los créditos indexados. De acuerdo con este postulado, la empresa privada sólo puede desplegar su actividad de manera cónsona con la función social que ha de cumplir, lo que justificaría la regulación del Estado orientada a limitar positivamente el ejercicio de la empresa privada. En materia bancaria, este postulado ha pretendido afirmarse a partir de su calificación como servicio público.

Ahora bien, en cuanto a los ***aspectos positivos,*** la sentencia comentada de 13 de agosto ***no califica a la banca como servicio público,*** lo que no le impide afirmar la función social que ésta ha de desempeñar. Esto constituye, conceptualmente, un avance notable, pues la Sala reconoce que no se precisa acudir al siempre huidizo término de servicio público para reconocer las potestades de supervisión bancaria sobre tal actividad. En especial, entendemos que la Sala ha identificado adecuadamente cuál es el bien jurídico tutelado por la supervisión bancaria, en un todo de acuerdo con los principios de Basilea, a saber, la solidez y solvencia del sistema financiera, mediante el prudente manejo del riesgo bancario.

Otro elemento sin duda favorable, es que la Sala acepta que la función social que ha de cumplir la actividad de intermediación financiera, debe contabilizarse con el ***contenido esencial de la libertad económica y la propiedad privada,*** es decir, con el núcleo mínimo y básico de estos derechos que no puede ser afectado por el Estado, lo que supone un límite fundamental a ese poder de configuración que, sobre el sector bancario, se atribuye al Estado. En sintonía con lo anterior, la Sala esboza, tenuemente, cuál ha de ser ese contenido esencial, al aludir a la ***autonomía privada*** y la ***rentabilidad*** derivada de la actividad de intermediación financiera. El siguiente párrafo de la sentencia comentada resume esta adecuada visión del contenido esencial de la actividad de intermediación financiera llevada a cabo por empresas privadas:

> "Observa este Máximo Tribunal que a estos parámetros es que responde la labor configuradora de la actividad legislativa, de tal modo ***que, sin vaciar de contenido el núcleo esencial del derecho de propiedad o de libertad económica***, los cardinales impugnados le fijan a los entes financieros el alcance de la facultad de disposición de los montos depositados ***de cara a preservar el ánimo de lucro de la actividad de intermediación financiera***; pero protegiendo a los usuarios del sistema bancario de los desmanes de una administración bancaria errada. Por tanto, la Sala desestima el alegato presentado por la parte actora en tal sentido" (destacado nuestro)

En cuanto a los ***aspectos negativos*** del fallo, sin duda, resalta el tratamiento dado a los depósitos bancarios, pues de acuerdo con la Sala no puede invocarse, respecto de ellos, derecho de propiedad. La Sala entendió, así, que "tales depósitos figuren como activos del ente financiero en términos contables". Ya esto constituye, como se advirtió, una equívoca afirmación, pues los depósitos bancarios no son ***activos*** de las instituciones, sino muy por el contrario, ***pasivos***.

Pero, al margen de ello, la Sala ha negado que la relación entre las instituciones financieras y los depósitos pueda explicarse en función a la relación real de la propiedad, de lo que se deriva la amplitud de la regulación que pueda disponer el Estado. De hecho, la decisión cuenta con un voto salvado –Magistrado Pedro Rondón Haaz- que se basa, por el contrario, en afirmar que el "*dinero que se entrega a las instituciones financieras en cualquiera de las modalidades de depósito a la plazo, a la vista y de ahorro o en cuenta corriente bancaria pasa a la propiedad de la Institución*". Sobre esta idea, el Magistrado disidente asoma una duda relevante:

> "Por otro lado, indica quien discrepa, resulta incorrecto que se afirme que el supuesto derecho que constituyen los depositantes a favor de la banca tiene por finalidad la legitimación del lucro que obtienen las instituciones financieras, pues eso implica, por interpretación en contrario, que la ganancia que ellas obtienen por el uso del dinero que no proviene de los depósitos irregulares es, entonces, ilegítimo".

Por supuesto que esta conclusión no es afirmada expresamente en la sentencia, pero sin duda, responde al equívoco manejo dado a la relación jurídica entre las instituciones financieras y los depósitos.

En relación con este punto, dos conclusiones básicas dimanan de la sentencia estudiada:

.- La *primera* de ellas, que si bien es cierto que la relación entre las instituciones financieras y los depósitos no puede ser explicada desde la estricta visión del derecho de propiedad, desde la Constitución económica se ha entendido que la propiedad tiene una dimensión muy amplia, que se extiende al derecho de ***apropiación*** sobre bienes necesarios para llevar a cabo la actividad económica. Y en tal sentido, se observa que el giro o tráfico de las instituciones financieras supone, precisamente, el derecho a ***disponer*** de los depósitos para desplegar su actividad crediticia, con lo cual, frente a ese derecho de disposición, cabría predicar también la extensión del artículo 115 de la Constitución.

.- La segunda conclusión, es que a todo evento, negar la aplicación del derecho de propiedad sobre los depósitos (admitiendo que se trata de un derecho *sui generis,* o un derecho derivado del mutuo, por ejemplo) no podría derivar en admitir la configuración pública ilimitada del derecho de disposición sobre los depósitos, pues ese derecho es manifestación de la libertad económica, cuya vigencia en la actividad bancaria ha sido ratificada. Incluso, luego de su disertación sobre la ausencia del derecho de propiedad, la Sala Constitucional termina reconociendo que la regulación sobre esta disposición debe contabilizarse con el contenido esencial de la libertad económica.

En resumen, al margen de la teoría sobe la cual se explique la relación entre las instituciones financieras y los depósitos bancarios (propiedad, derecho *sui generis*, mutuo), lo cierto es que la regulación sobre la capacidad de disposición de estos depósitos, y en concreto, la regulación sobre la actividad crediticia, debe quedar protegida por la garantía del contenido esencial, tal y como admite la sentencia comentada, en relación a la autonomía empresarial y la rentabilidad razonable.

ÍNDICE

ÍNDICE ALFABÉTICO DE LA JURISPRUDENCIA

www.ingramcontent.com/pod-product-compliance
Lightning Source LLC
LaVergne TN
LVHW010431230826
846092LV00009BA/1128

* 9 7 8 9 8 0 3 6 5 3 8 3 5 *